Theorie des Städtebaus

D1694126

Dieter Frick

Theorie des Städtebaus

Zur baulich-räumlichen Organisation von Stadt

Coverabbildung:
Barcelona. Endgültige Fassung des Erweiterungsplans von Ildefonso Cerdá, 1863.
Aus: Joan Busquets i Grau u.a., Treballs sobre Cerdà i el seu eixample a Barcelona
(Readings on Cerdá and the extension plan of Barcelona). Barcelona: Ministerio de Obras
Públicas y Transportes/Ajuntament de Barcelona, 1992, S. 279

Dritte veränderte Auflage
© 2011 by Ernst Wasmuth Verlag Tübingen · Berlin
www.wasmuth-verlag.de
Druck und Einband: AZ Druck und Datentechnik GmbH, Kempten
Printed in Germany
ISBN 978 3 8030 0737 7

Vorwort

Es könnte scheinen, als stelle die gezielte Beschäftigung mit der *baulich-räumlichen* Dimension von Stadt- und Raumplanung, dem Städtebau, eine Verkürzung dar, welche die Eigenschaft der Stadt als soziales, kulturelles, ökonomisches Gebilde und die Verflechtung der unterschiedlichen Bezüge vernachlässigt. Dieser Anschein täuscht. Ohne Zweifel ist die Hauptsache an einem Haus das, was in ihm geschieht. Aber damit geschehen kann, was geschieht, müssen der Raum oder die Räume des Hauses die Chance eröffnen, dass es in der und der Weise geschehen kann. Und damit Raum da ist, der diese Chance anbietet, braucht es die Herstellung der baulichen Hülle, die Unterteilung in einzelne Räume, deren geeignete Verbindung miteinander usw. Die Qualität von Entwurf und Konstruktion ist daher in gewissem Umfang mitbestimmend für das, was in einem Haus geschieht, nicht mehr und nicht weniger. Was für das Haus gesagt ist, gilt analog für Stadt und Siedlung. Ihre baulich-räumliche Organisation als eine unter mehreren Bedingungen für das, was geschieht, unterliegt technischen und topologischen Voraussetzungen, die eigenen Gesetzmäßigkeiten folgen. Die Kenntnis oder Unkenntnis dieser Gesetzmäßigkeiten und der entsprechenden Regeln für das städtebauliche Handeln hat in der praktischen Anwendung unmittelbaren (wenn auch nicht ausschließlichen) Einfluss darauf, was in der Stadt geschieht oder nicht geschieht. Deshalb ist es sinnvoll und erforderlich, sich mit Stadt und Siedlung als *baulich-räumlichem* Konstrukt und mit dem Vorgang ihrer materiell-physischen Herstellung gesondert zu befassen. Unbestritten sei, dass dabei das, was in der Stadt geschieht oder geschehen sollte, immer die Leitlinie bilden muss.

Die baulich-räumliche Dimension von Stadt- und Raumplanung, der Städtebau, ist in der Praxis dominant, in der Theorie hingegen unterbewertet und unterentwickelt. Dies deutlich zu machen und hier einen Weg zur Abhilfe aufzuzeigen, ist ein erstes wichtiges Anliegen dieser Arbeit. Zweitens soll sie dazu beitragen, die teils pragmatistisch, teils ‚künstlerisch‘ bedingte verbreitete Sprachunsicherheit im Bereich des Städtebaus durch möglichst klare Begriffsbestimmungen einzugrenzen und diese in einen systematischen Ansatz erklärender und normativer Theorie einzuordnen. Drittens soll die Arbeit einen Abriss des Denkens und Nachdenkens über Städtebau vermitteln, der zwar nicht vollständig sein kann, aber vielleicht für das künftige planungspraktische Handeln einige Türen öffnet. Dabei muss auch manches wiederholt werden, was im fachlichen Diskurs allgemein als selbstverständlich vorausgesetzt wird.

Die theoretische Beschäftigung mit Städtebau, wenn sie nicht akademisch bleiben soll, ist der Praxis und der Gegenwart verpflichtet. Allerdings neigt Praxis nicht selten zu Betriebsblindheit, und ‚Gegenwart‘ ist vom jeweiligen Zeitgeist beeinflusst. Theorie hat demnach die Balance zu suchen zwischen der Verbindung zum praktischen Handeln und dem

Hinausschauen über den Tellerrand des Alltäglichen, einer weiter reichenden Perspektive. Dieses Hinausschauen betrifft unter anderem die Geschichte des Städtebaus und der Stadtplanung. Auch wenn die besonderen, aktuell drängenden lokalen und globalen Probleme der Siedlungsentwicklung unsere volle Aufmerksamkeit beanspruchen, sind damit die Erfahrungen und Regeln aus einer langen Vergangenheit nicht sämtlich überholt. Zum Mindesten erscheint es zweckmäßig, Erkenntnisse über die materiell-physisch überkommenen Städte und Siedlungsmuster und die überlieferten Schriften mit heranzuziehen, zumal die Moderne im 20. Jahrhundert eine betonte Neigung zum Ahistorischen hatte. Wir sollten die Gegenwart ernst nehmen, sie aber nicht als einzigartig überschätzen.

Dies bildet auch den Ausgangspunkt dafür, eine systematische Übersicht zu versuchen. Einigen erscheint es vermessen, unter den heutigen Verhältnissen einen solchen Versuch zu unternehmen. Sie verweisen, so der Herausgeber einer angesehenen Buchreihe, auf die reale Entwicklung etwa der Megastädte Asiens, Afrikas und Lateinamerikas und auf die soziale Erosion der großen Städte in Nordamerika und Europa. Der einheitliche, viele Aspekte und Erfahrungen, Bedürfnisse und Zielvorstellungen synthetisierende Blick sei seit langem abhanden gekommen und dürfte sich kaum wiederherstellen lassen. Dem halte ich entgegen, dass es ein Zeitalter ohne gravierende Probleme der Stadt- und Siedlungsentwicklung vermutlich niemals gegeben hat. Eine der wichtigsten theoretischen Arbeiten des neueren (vormodernen) Städtebaus, die *Teoría general de la urbanización* von Ildefonso Cerdá (1867), ist mitten im Prozess der drastischen Veränderungen durch die Industrialisierung geschrieben worden. Nachdenken über Städtebau erscheint mir gerade in der Krise des herkömmlich als *städtisch* Angesehenen legitim und erforderlich. Solches Nachdenken muss zusammenhängend sein, auch wenn die konkreten Untersuchungsansätze partiell bleiben. „Zusammenhängend" bezieht sich auf das Nachdenken, nicht auf die Illusion eines insgesamt einheitlichen oder konsistenten gebauten Ergebnisses.

Das Buch mag je nach besonderem Interesse auf unterschiedliche Weise gelesen werden: von den theoretisch Interessierten des Städtebaus und der anderen Teildisziplinen der Stadt- und Raumplanung zur kritischen Überprüfung der hier vorgetragenen (und ihrer eigenen) Position; von den Praktikern im Hinblick auf den Nutzen, den ein systematischer Ansatz und eine begriffliche Klärung für ihre Arbeit haben kann (allerdings nicht als kurz geschlossene Handlungsanweisung); von den Anfängern und Studierenden als Einführung, Übersicht und Anregung zu einem Denkgerüst, aber auch als ein Lehrbuch.

Urs Kohlbrenner und Birgit Schütze haben das Manuskript aufmerksam und interessiert durchgesehen, aus der Kompetenz und mit dem Blick einer je unterschiedlichen Generation von Stadtplanern und -planerinnen. Ich danke ihnen sehr für ihre zahlreichen kritischen Anmerkungen, die mich zu Klarstellungen und Ergänzungen geführt und mir geholfen haben, absehbare Schwierigkeiten beim Lesen möglichst gering zu halten.

Für die dritte Auflage wurden die Kapitel „Verhältnis zur Planungstheorie" (Abschnitt A 4) und „Räumliche Synergie und *supportiveness*" (Abschnitt B 3) sowie Ergänzungen zum Kapitel „Theoriebestand, Theoriediskussion" (Abschnitt A 4) hinzugefügt. Dem verschiedentlich geäußerten Wunsch nach zusätzlichen Abbildungen von städtebaulichen Entwürfen beziehungsweise ausgeführten Projekten konnte ich nicht entsprechen; es würde den Rahmen dieses Buches gesprengt haben. Ich verweise hierzu aber auf den Katalog der Berliner Ausstellung „Stadtvisionen 1910 | 2010", der eine gute Auswahl historischer und gegenwärtiger Beispiele einschließlich kurzer Beschreibungen enthält (Bodenschatz u.a. 2010). Leonhard Weiche danke ich für die in seiner Thesisarbeit formulierte intelligente Kritik, die ich an einigen Stellen versucht habe zu berücksichtigen (Weiche 2010).

Inhalt

A Einführung

1 Gegenstand Stadt

Stadt wird in dieser Arbeit als *gebaute* Stadt, als ‚Bauwerk', betrachtet, Bauwerk aber nicht im Sinne eines einzelnen Gebäudes, einer geschlossenen Konstruktion, sondern im Sinne einer „Anordnung von (einzelnen) Gebäuden" und ihrer „Beziehung und Verbindung zueinander" (Cerdá 1867, Bd. I, S. 32). Dabei bleibt gegenwärtig, dass Stadt gleichermaßen als örtliche Gesellschaft, als Markt, als Biotop wie als Bauwerk zu begreifen ist: als soziales, ökonomisches, ökologisches ebenso wie als baulich-räumliches Gebilde. Im zentralen Blickfeld liegt hier der Vorgang der materiell-physischen Herstellung von Stadt und seine Planung: Wie Stadt durch *Bautätigkeit* hergestellt und laufend verändert wird und wie sich die Koordination beziehungsweise Steuerung der Bautätigkeit vollzieht, also der Städtebau.

Stadt im engeren Sinne

Stadt im engeren Sinne ist eine Siedlungsform mit über fünftausendjähriger Geschichte. Sie ist durch einige grundlegende Merkmale gekennzeichnet, die sich trotz einschneidender Veränderungen der sozialen, ökonomischen und technologischen Bedingungen bis an die Schwelle zur Gegenwart erhalten haben. *Sozial* ist sie durch bestimmte Lebens- und Organisationsformen bestimmt, die ein hohes Maß an Kommunikation mit sich bringen und dadurch Innovation begünstigen; *ökonomisch* durch Arbeitsteilung, entsprechende Produktivität, Warenaustausch und Dienstleistungen, die sich alle erst auf der Grundlage von landwirtschaftlicher Überproduktion entwickeln konnten; *ökologisch* durch die Akkumulation energetischer und materieller Ressourcen auf begrenztem Raum, insbesondere der Massengüter Wasser, Biomasse, Baumaterialien und Energieträger; und nicht zuletzt *baulich-räumlich* durch die Konzentration vieler Gebäude, technischen Anlagen und Pflanzungen auf einer begrenzten Bodenfläche und die Art ihrer Anordnung, Beziehung und Verbindung zueinander. „Physisch gesehen sind Städte Lager *(stocks)* von Gebäuden, verbunden durch Raum und Infrastruktur. Funktional gesehen unterstützen sie ökonomische, soziale, kulturelle und ökologische Prozesse" (Hillier 1996, S. 149).

Von Beginn an und bis heute hat die gebaute Stadt nicht nur praktischen Lebensbedürfnissen gedient, sondern über ihre sinnliche Wahrnehmung Symbolwirkung entfaltet und Bedeutung erlangt, die sich in der topologischen oder geometrischen Anordnung ihrer baulich-räumlichen Elemente und in der Hervorhebung bestimmter Gebäude, Gebäudegruppen, öffentlichen Räume und Quartiere darstellen: Mauern und Türme, Paläste und Lagerhäuser, Tempel, Kirchen und Klöster; Festplatz, Marktplatz, Versammlungsplatz; die Oberstadt (Akropolis, Burg) gegenüber der Unterstadt; Rathäuser, Hospitäler, Theater, Konzerthäuser, Museen und hohe Schulen; im 19. Jahrhundert Fabriken mit hohen Schornsteinen, Eisenbahnen und Kraftwerke, im 20. dann Autobahnen, die Hochhäuser der Banken, Versicherungen, großen Handelshäuser und Industrieunternehmen, die heute die wirtschaftlichen Zentren der Welt markieren; die ‚City‘, der *Central Business District* (CBD).

Die archaischen Könige, die Repräsentanten der antiken und mittelalterlichen Stadtrepubliken, die religiösen Amtsträger, die absolutistischen Herrscher, die bürgerlichen Stadtpräsidenten, die modernen Wirtschaftsführer – sie alle haben sich der Symbolwirkung von Architektur und gebauter Stadt bedient und tun dies noch heute. Die Einwohner eignen sich nicht zuletzt über diese Symbolwirkung ihre Stadt an. Auch die Fremden erkennen eine Stadt unter anderem an ihren charakteristischen Gebäuden, öffentlichen Räumen und Quartieren, an ihrer Stadtsilhouette oder *skyline*.

Stadt im weiteren Sinne

Bis in unsere Zeit hinein wurde Stadt unterschieden vom *Land*, vom Dorf, das fast alle die besonderen sozialen, ökonomischen und baulich-räumlichen Merkmale *nicht* besaß. Dies hat sich im Verlauf des 19. und 20. Jahrhunderts in den wirtschaftlich entwickelten Teilen der Welt wesentlich geändert. Aufgrund des Rückgangs der in der Landwirtschaft tätigen Bevölkerung von über 80% auf weit unter 10% in den vergangenen 200 Jahren (vgl. Fourastié 1954, S. 133 ff.), der fortgesetzten Wanderung von den kleinen und mittleren zu immer größeren Siedlungseinheiten (‚Verstädterung‘) und der Verfügbarkeit fast aller technisch-zivilisatorischen Errungenschaften auch am entferntesten Ort bestehen städtische Lebensbedingungen insoweit *überall*. Im gleichen Zeitabschnitt haben sich zahlreiche historisch entwickelte Städte ungewöhnlich erweitert und zusammen mit den Gemeinden ihres Umlands große Agglomerationen gebildet, die neue regionale Lebensräume darstellen. Insgesamt kann deshalb nicht mehr sinnvoll nach städtischen und ländlichen Siedlungen unterschieden werden, auch wenn (zum Beispiel in Europa) die Grundstruktur des vorindustriellen, im Wesentlichen auf das Mittelalter, zum Teil auf die Antike zurückgehenden Siedlungssystems noch weithin durchscheint. Die neuen regionalen Lebensräume bilden die Stadt im weiteren Sinne.

Die Unterschiede in der Wichtigkeit von Orten, von Städten im herkömmlichen Sinne, auf überregionaler wie auf regionaler Ebene, sind allerdings keineswegs verschwunden. Diese Unterschiede haben auf den ersten Blick überwiegend wirtschaftliche Gründe, bei näherem Hinsehen sind sie aber ebenso kulturell und sozial bedingt. Sie sind in gewissem Umfang von der Größenordnung der Agglomerationen und Siedlungseinheiten abhängig und von ihrer Lage in den Verkehrswegenetzen. Die Netze sind einerseits, was bemerkenswert erscheint, in starkem Maß an der historisch entwickelten Siedlungsstruktur orientiert (Land-straßen und Eisenbahnen), andererseits folgen sie, vor allem innerhalb der Agglomerationen, der neueren Siedlungsentwicklung nach (neue Hauptverkehrs- und Schnellstraßen, Linien des öffentlichen Nahverkehrs). Einerseits sind klassische, rational erklärbare, ‚harte' Standortfaktoren mit der Wichtigkeit der Orte verbunden; andererseits haben emotionale, Image-bezogene, ‚weiche' Standortfaktoren an Einfluss gewonnen, zu denen unter anderem das historische Erbe gehört.

Die an der vorindustriell geprägten Siedlungsstruktur beobachteten Stufen von Zentralität (Christaller 1933, Lösch 1944) sind zwar niedriger geworden und teilweise aufgehoben. Die wirklich wichtigen Standorte sind aber fast immer noch die von historisch einflussreichen Städten. Und die aus ihnen erwachsenen Agglomerationen tragen mit wenigen Ausnahmen auch deren Namen. „Die Linien der städtischen (Straßen und) Wege … sind Ursprung und Endpunkt der großen, universellen Wegsamkeit *(vialidad)*" (Cerdá 1867, Bd. I, S. 271). Cerdá geht – vor über 140 Jahren – über die begrenzte Vorstellung der herkömmlichen Stadt bereits deutlich hinaus. Er schließt alle denkbaren Formen der Agglomeration, von welcher Ausdehnung und Dispersion auch immer, mit ein und hat bereits alle Arten von Bewegung einschließlich der Telekommunikation im Blickfeld.

Der *Gegenstand Stadt*, wie er in dieser Arbeit betrachtet wird, bezieht sich auf das gesamte Siedlungssystem, auf alle Formen und Ausprägungen von Siedlungseinheiten und Agglomerationen, die heutzutage bestehen, auf die Stadt im engeren wie im weiteren Sinne. (Dem entspricht der Begriff von Stadtplanung als Teil der Raumplanung.) Gleichwohl ist der verwendete Begriff von Stadt mit einer Vorstellung von Qualität, der Qualität städtischer Lebensbedingungen, verbunden, die es erlaubt, innerhalb dieses Siedlungssystems zwischen ‚Stadt' und ‚Nicht-Stadt' zu unterscheiden. Dies entspricht allerdings nicht der alten Unterscheidung zwischen städtischen und ländlichen Siedlungseinheiten und hat nur noch bedingt etwas mit Zentralität zu tun. Der heute *vorhandenen Stadt* im weiteren Sinne, das heißt dem empirisch erfassbaren Siedlungssystem in seiner gegebenen räumlichen Anordnung und Verteilung, wird eine in die Zukunft weisende Vorstellung von Qualität gegenüberzustellen sein, die der Aufgabe des Städtebaus, der *zu planenden Stadt*, eine Richtung gibt.

In Übersicht 1 sind Grundbegriffe zu Gegenstand, Entwicklung und Planung von Stadt zusammengestellt, die in diesem und den folgenden Abschnitten behandelt werden. Der Anteil des Städtebaus ist besonders gekennzeichnet.

Übersicht 1: Gegenstand Stadt, Entwicklung, Planung

Gegenstand Stadt

Stadt als *Gesellschaft*	Stadt als *Markt*	Stadt als *Biotop*	Stadt als *‚Bauwerk'*
städtische Lebens- und Organisationsformen: Kommunikation, Innovation	städtische Wirtschafts- formen: Arbeitsteilung, Produktivität, Austausch von Gütern und Dienstleistungen	Akkumulation energe- tischer und materieller Ressourcen: Wasser, Biomasse, Baumaterialien, Energieträger	Art der Anordnung, Beziehung und Verbindung von Gebäuden, technischen Anlagen und Pflanzungen

Vorgang der Entwicklung von Stadt

soziale Entwicklung	*wirtschaftliche* Entwicklung	*ökologische* Entwicklung	***baulich-räumliche*** Entwicklung

Intervention durch Stadt- und Raumplanung

Stadt- und Regional*soziologie*	Stadt- und Regional*ökonomie*	Stadt- und Landschafts*ökologie*	***Städtebau und Siedlungswesen***
Gemeinwesenarbeit Sozialplanung	Finanz- und Investitionsplanung Wirtschaftsförderung	Landschafts- und Freiraumplanung	Bodenordnung Bebauungsplanung usw.

Maßstabsebenen

	Raumeinheiten	*Planungsebenen*
Stadt *im engeren Sinne*	Inselfläche/Block, Raumabschnitt	Detailplanung
	Quartier/Stadtteil	Quartiers- und Stadtteilplanung
	Gesamtstadt	kommunale Gesamtplanung
Stadt *im weiteren Sinne*	Region usw.	Regionalplanung Landesplanung, nationale und europäische Raumplanung

2 Baulich-räumliche Organisation

Die jeweils materiell-physisch vorhandene Stadt ist das Ergebnis von Bautätigkeit, das heißt der Errichtung von Gebäuden, technischen Anlagen und Pflanzungen und des (mehr oder weniger gezielten) Entstehens von Zwischenräumen. Dieses Ergebnis – auf ein bestimmtes Gebiet bezogen – nenne ich *baulich-räumliche Organisation*. Die baulich-räumliche Organisation besteht im Sinne von Cerdá in der Art und Weise der Anordnung von Grundstücken oder Gebäuden und ihrer Beziehung und Verbindung zueinander; im größeren Maßstab regionaler Siedlungsstrukturen (der Stadt im weiteren Sinne) in der Anordnung von bebauten Gebieten oder Siedlungseinheiten und ihrer Beziehung und Verbindung zueinander. Die darin enthaltene hochgradige Komplexität wird hier über den Begriff der *Organisation* erfasst. Organisation meint ein „zielgerichtetes soziales System, in dem Menschen und Objekte dauerhaft in einem Strukturzusammenhang stehen" (Brockhaus in 15 Bänden, Bd. 10, 1998, S. 268). Wenn die Gebäude, technischen Anlagen und Pflanzungen in bestimmter Art und Weise zueinander geordnet sind oder werden, entsteht *öffentlicher Raum*, eine Qualität, die über die des reinen Zwischenraums hinausgeht. Wie noch zu zeigen sein wird, hat der öffentliche Raum (als Teil des städtischen Außenraums insgesamt) eine Schlüsselfunktion sowohl im Verhältnis zu den Gebäuden usw. als auch zur Nutzung, Wahrnehmung und gesellschaftlichen Funktion von Stadt. Die baulich-räumliche Organisation ist aus der hier vorgetragenen Sicht der eigentliche Gegenstand von Städtebau. Sie ist nicht unabhängig von der sozialen Organisation der Stadt (siehe weiter unten), aber sie unterliegt eigenen und gesondert beschreibbaren Gesetzmäßigkeiten. Jürgen Friedrichs spricht im Zusammenhang mit Stadt von der räumlichen Organisation im Unterschied zur sozialen Organisation der Gesellschaft. „Definierbare Formen sozialer Organisation führen regelmäßig zu bestimmten Formen räumlicher Organisation. Zudem bleibt zu untersuchen, welche Rückwirkungen die jeweilige räumliche Organisation auf die soziale hat" (Friedrichs 1977, S. 50).

Raumbegriff

Während *Bauen* und *Gebäude* ein verhältnismäßig klares Begriffsspektrum liefern, ist der Begriff *Raum* vielgestaltig und muss im Zusammenhang mit Städtebau eingegrenzt und präzisiert werden. Dieter Läpple hat sich ausführlich mit dem (gesellschaftswissenschaftlichen) Raumbegriff beschäftigt (Läpple 1992). Er stellt zunächst fest, dass Raum kein Ding an sich ist, sondern dass sich die räumliche Wahrnehmung auf die räumlichen Verhältnisse und Konfigurationen der Gegenstandswelt, insbesondere auf das Neben- und Hintereinander, auf Nähe und Ferne, Tiefe und Höhe, Fixiertheit und Bewegung der Gegenstände richtet. Statt von Raum sei es sinnvoller, von Raum*begriffen* oder Raum*konzepten* zu sprechen und gleichzeitig anzugeben, auf welche Problemstellung sich der jeweilige Raumbegriff bezieht: physikalisch, geographisch, sozial, ökologisch (S. 164). Er kritisiert das ‚chorische' Raumkonzept der Geographie (Bartels) als ungenügend, bei dem es lediglich um das (zweidimensionale) erd-räumliche Anordnungsmuster der Standorte von materiellen Artefakten (einschließlich der gesellschaftlich angeeigneten Natur) und von Menschen geht; denn die ökonomische und so-ziale Dimension dieser Artefakte bleibe hier außerhalb der Betrachtung (S. 191). Das Gleiche gelte für die Auffassung von Raum als (dreidimensionalem) ‚Behälter' oder als ‚Gefäß'.

Läpple geht stattdessen von der Vorstellung eines „relationalen Ordnungsraums" aus, nach der Raum und Materie (Artefakte), wie in der modernen Physik, nicht gesondert, son-dern in Bezug aufeinander betrachtet werden. Er plädiert für ein erweitertes Raumkonzept, um gesellschaftliche Räume aus ihrem gesellschaftlichen Funktions- und Entwicklungszu-sammenhang heraus erklären und die jeweils historisch bedingten gesellschaftlichen Kräfte, die das materiell-physische Substrat des Raums und damit auch die Raumstrukturen formen und gestalten, einbeziehen zu können. Läpple nennt vier Komponenten eines entsprechen-den „gesellschaftlichen Raumes" oder „Matrix-Raumes": (1) das materiell-physische Substrat, (2) die gesellschaftlichen Interaktions- und Handlungsstrukturen, (3) ein institutionalisiertes und normatives Regulationssystem und (4) ein mit dem materiell-physischen Substrat ver-bundenes räumliches Zeichen-, Symbol- und Repräsentationssystem (Läpple 1992, S. 194 ff.).

Ich verwende diese Einteilung im Hinblick auf zwei Aspekte: Erstens, dass der gebau-te städtische Raum ein gesellschaftlicher ist, also nicht rein geographisch oder topologisch betrachtet werden kann; denn wahrgenommen wird er über ein Zeichen- und Symbolsystem (Komponente 4), und seine Funktion erhält er durch die gesellschaftlichen Interaktions- und Handlungsstrukturen (Komponente 2), die sowohl seine Herstellung als auch seine Nutzung bestimmen. Zweitens, dass der gebaute städtische Raum zunächst und wiederholt für sich selbst als materiell-physisches Substrat (Komponente 1) betrachtet werden kann und muss, wenn er nämlich Gegenstand bewussten Entwerfens und eines Bau-Plans werden soll; denn in diesem müssen Maß und Volumen (Länge, Breite, Höhe) sowie Abstände und Entfernun-gen angegeben werden, nach denen gebaut werden kann. Zur Koordination und Steuerung der Bautätigkeit dient ein institutionalisiertes und normatives Regulationssystem (Kompo-nente 3). Eine zutreffende Beschreibung und Erklärung des gebauten städtischen Raums eben-so wie darauf aufbauend die Formulierung von Zielvorstellungen für seine Herstellung und weitere Entwicklung erfordern eine fortlaufende iterative Betrachtung der vier von Läpple ge-nannten Komponenten und zugleich die möglichst präzise Definition ihrer selbst und der Ver-bindungen zwischen ihnen.

Konfiguration

Der in dieser Arbeit in den Mittelpunkt gestellte Begriff der *baulich-räumlichen Or-ganisation* bezieht sich auf das „materiell-physische Substrat" (Läpple), auf das, was durch Bautätigkeit geschaffen oder verändert wird: Bebauung, Erschließung, Bepflanzung. Dies stellt sich (innerhalb eines jeweils betrachteten Gebiets) in einer bestimmten Anordnung der materiell-physischen Gegenstände, der Gebäude, technischen Anlagen und Pflanzungen, dar, sodann in der Art und Weise ihrer Beziehung und Verbindung zueinander. Durch die Bautätigkeit entstehen Räume *innerhalb* der Gebäude (Innenräume), durch die Anordnung der Gebäude entstehen Räume *zwischen* den Gebäuden (Außenräume) und unbebaute Gebietsflächen (Freiräume). Die Außenräume und Freiräume weisen ebenfalls eine bestimmte Anordnung auf, sozusagen als Negativ-Bild zur Anordnung der Gebäude. Die Außenräume sind entweder geschlossen und diskontinuierlich (zum Beispiel Höfe) oder sie sind offen und kontinuierlich (zum Beispiel Straßen und Wege) und bilden so den *öffentlichen* Raum, differenzierbar nach Raumabschnitten. Die besondere Bedeutung und die Schlüsselfunktion des öffentlichen Raums liegt darin, dass er als Raum-Netz maßgeblich die Beziehung und Verbindung zwischen den Grundstücken, Gebäuden, Baublöcken, Quartieren usw. herstellt.

Eine geeignete Grundlage für die Beschreibung und Erklärung baulich-räumlicher Organisation bietet die Theorie der *Konfiguration* von Bill Hillier *(configurational theory of architecture)*, mit der er Gesetzmäßigkeiten baulich-räumlicher Organisation untersucht und dargestellt hat. Ich werde mehrfach darauf zurückgreifen. Sein Begriff der Konfiguration bezieht sich genau auf die Anordnung, Beziehung und Verbindung räumlicher oder baulicher Einheiten, auf die Art und Weise der Zusammensetzung der Stadt aus Raumabschnitten oder Orten. „Konfiguration ist eine Reihe unabhängiger (räumlicher) Beziehungen, wobei jede einzelne durch ihre Beziehungen zu allen anderen bestimmt ist" (Hillier 1996, S. 35) (vgl. den „relationalen Ordnungsraum" bei Läpple). Eine Stadt oder Siedlungseinheit besteht aus einer Anzahl von Raumabschnitten oder Orten, deren jeder eine bestimmte Weg-Entfernung zu allen anderen Raumabschnitten oder Orten hat. Sie unterscheiden sich dadurch, dass die Summe dieser Entfernungen jeweils unterschiedlich ist. Die Entfernung wird nach der Anzahl von Raumabschnitten gemessen, die jeweils zu durchschreiten oder zu durchfahren sind. Die Anzahl hängt erstens von der Lage des Ausgangsortes ab und zweitens von der Durchlässigkeit der Raumabschnitte, die auf dem Weg zu dem jeweils anderen Ort zu durchmessen sind.

Desgleichen ist die Wegeführung selbst von der Durchlässigkeit bestimmt, was bedeutet, dass nur diejenigen Raumabschnitte für den Weg benutzt werden können, die mindestens zu zwei benachbarten eine direkte Öffnung haben. Man kann nun den Grad der *Integration* eines jeden Raumabschnitts in den „globalen Zusammenhang" des betrachteten Gebiets errechnen; der sich ergebende Zahlenwert ist nichts anderes als die Summe der Weg-Entfernungen zu allen anderen Raumabschnitten. Je niedriger dieser Wert liegt, umso geringer ist die Distanz und umso höher die *Zugänglichkeit* des Raumabschnitts, was seine ‚Lage' ausmacht (Hillier 1996, S. 285 ff.). Die jeweils angrenzenden Gebäude oder Blöcke haben umso mehr Anteil an dieser Zugänglichkeit, je direkter sie mit dem jeweiligen Raumabschnitt verbunden sind. Die Integration ist eine entscheidende Messgröße für die Konfiguration der Raumabschnitte oder Orte. Es handelt sich dabei zunächst um eine rein räumliche (oder metrische) Größe, aber sie liefert zugleich auch eine Aussage über die *Nutzung*, wenn man den Grad der Integration der Raumeinheiten oder Orte, an denen die einzelnen Nutzungsarten oder Aktivitäten ausgeübt werden, betrachtet (S. 249).

Mit der Betrachtung der Stadt als Konfiguration von Raumabschnitten oder Orten und als räumliche Verteilung der für sie errechneten Zugänglichkeit sind wichtige Voraussetzungen und Folgerungen für die Nutzung und Wahrnehmung von Stadt verbunden (siehe ausführlicher in Teil B). Die von Hillier aus seinen theoretischen und empirischen Untersuchungen abgeleiteten Gesetzmäßigkeiten der Entwicklung baulich-räumlicher Organisation sind im Verlauf des Vorgangs der Herstellung von Stadt wirksam. Es hat negative Auswirkungen, wenn diese Gesetzmäßigkeiten bei der Planung von Stadt nicht beachtet werden oder gegen sie verstoßen wird. Deswegen sollten sie Eingang in die Zielvorstellungen für den Städtebau finden und bei deren Bewertung herangezogen werden (siehe Teil C).

Organisation

Der Begriff der baulich-räumlichen Organisation hat eine analytische Dimension: wie die (vorhandene) Stadt organisiert ist und organisiert sein kann, und zugleich eine normative Dimension: wie die (zu planende) Stadt organisiert werden soll. Die analytische Dimension ist Gegenstand der Beschreibung und Erklärung, die normative Dimension besteht in der Bestimmung von Zielvorstellungen und Handlungsfeldern. Für die Beschreibung und Erklärung (Teil B) unterscheide ich fünf verschiedene *Komponenten* baulich-räumlicher Organisation (die nicht mit den ‚Komponenten' von Läpple zu verwechseln sind). Sie erschließen den hier verwendeten Begriff von Organisation im Einzelnen und dienen zugleich als Referenz bei der Darstellung der Zielvorstellungen und Instrumente des Städtebaus (Teile C und D):

(1) Grundlegend im buchstäblichen Sinne ist die Komponente der *Bodeneinteilung*, mit der jeweils öffentliche oder private Verfügungsrechte etabliert sind, welche in aller Regel eine Nutzung des Bodens und seine Bebauung gesellschaftlich erst ermöglichen.

(2) Materiell-physisches Ergebnis von Bautätigkeit ist die *Bebauung* mit Gebäuden, die *Erschließung* der Gebäude oder Grundstücke durch Wegebefestigung, Kanalisation, Versorgungsleitungen usw. und die *Bepflanzung* der privaten und öffentlichen Außenräume.

(3) Die Art der Anordnung der Gebäude, technischen Anlagen und Pflanzungen in einem Gebiet bildet die materiell-physische Voraussetzung für das Entstehen von Außenraum, insbesondere *öffentlichem Raum*, der die sichtbare Beziehung und Verbindung zwischen ihnen herstellt.

(4) Der Begriff der Beziehung und Verbindung enthält zugleich die Unterscheidung zwischen einzelnen Raumabschnitten oder *Orten*, an denen bestimmte grundlegende Aktivitäten stattfinden, und dem *Netz* der Straßen und Wege, das die Bewegung zwischen den Orten gewährleistet.

(5)   Ein besiedeltes Gebiet, eine Stadt oder städtische Agglomeration ist oberhalb einer bestimmten Größenordnung durch unterschiedliche *Maßstabsebenen* bestimmt, die eine Gliederung im Hinblick auf Nutzung und Wahrnehmung darstellen: Inselfläche/Block (oder Raumabschnitt), Quartier/Stadtteil, Gesamtstadt, Region; sie bilden räumliche Organisationsstufen und zugleich unterschiedliche Bewegungsfelder.

Die Art der baulich-räumlichen Organisation insgesamt liefert die materiell-physischen Vorbedingungen für bestimmte menschliche Aktivitäten, für Behausung und Bewegung, für die Wahrnehmung und *Nutzung* von Stadt. Ihre Herstellung und ihr ‚Betrieb' sind immer mit einem gesteigerten Verbrauch von Ressourcen, mit *Energie- und Stoffströmen* und Eingriffen in den *Naturhaushalt* verbunden.

Es wird zu zeigen sein, in welcher Weise die *Bodeneinteilung*, die *Bebauung, Erschließung* und *Bepflanzung*, der *öffentliche Raum*, sowie das Verhältnis zwischen *Orten* und *Netz* die baulich-räumliche Organisation materiell-physisch konstituieren, welche Rolle und Bedeutung den unterschiedlichen *Maßstabsebenen* dabei zukommt und inwiefern das Verhältnis zur *Nutzung* sowie zu den *Energie- und Stoffströmen* und zum *Naturhaushalt* soziale und ökonomische beziehungsweise ökologische Kriterien für die Bewertung baulich-räumlicher Organisation bereitstellen kann.

3 Begriff „Städtebau"

Städtebau bezieht sich – nach dem Wortsinn – auf das Bauen von Stadt. Stadt ist der Gegenstand, Bauen eine auf die Herstellung, Veränderung oder Beseitigung von Gebäuden, technischen Anlagen und Pflanzungen gerichtete Tätigkeit. Beim Städtebau geht es aber im Unterschied zur Errichtung einzelner Gebäude nicht um das Bauen an sich, sondern um die *Anordnung* von Gebäuden und ihre *Beziehung und Verbindung* zueinander (Cerdá) und um die *Koordination* und *Steuerung* der Bautätigkeit in einem Gebiet. Das Bauen selbst ist Sache einer Vielzahl von Handelnden, privaten und öffentlichen. In einem allgemeinen Sinne muss es bestimmte Mechanismen der Koordination und Steuerung der Bautätigkeit gegeben haben, seit es Städte gibt, sonst hätten sie nicht ein Mindestmaß an baulich-räumlicher Organisation erlangt, die es den Einwohnern erlaubte, ihre Städte sinnvoll zu nutzen und wahrnehmen zu können.

Gegenstand von *Städtebau* ist die Stadt, genauer: Stadt in ihrer baulich-räumlichen Organisation. Ende des 19. Jahrhunderts, als im deutschen Sprachgebiet das Wort „Städtebau" aufkam, galt die Aufmerksamkeit vorwiegend der Stadt im engeren Sinne: den sich zu dieser Zeit im Zuge der Industrialisierung schnell erweiternden Städten. Allerdings wurden bereits damals vorstädtische und ländliche Siedlungsformen mitgedacht. Um 1910 kommt das Wort „Siedlungswesen" auf, das diese Siedlungsformen und damit auch den Zusammenhang zwischen den Siedlungseinheiten innerhalb eines größeren Gebiets (einer Region) ausdrücklich benennt. Das Fachgebiet wird seitdem oft als *Städtebau und Siedlungswesen* bezeichnet. (Zu den in anderen Sprachen verwendeten Begriffen siehe weiter unten.) Drei Generationen danach, zu Beginn des 21. Jahrhunderts, ist in den wirtschaftlich entwickelten Ländern die Unterscheidung zwischen städtischen und ländlichen Siedlungsformen historisch geworden, das heißt sie ist bestenfalls noch formal möglich (siehe Abschnitt A 1). Deshalb muss die Aufgabe von Städtebau auf alle Siedlungsformen bezogen werden. Sie betrifft das gesamte Siedlungssystem mit seinen bebauten oder zu bebauenden Teilgebieten. Der Gegenstand von Städtebau ist heute beides: Stadt im engeren wie Stadt im weiteren Sinne.

Städte, Siedlungseinheiten entstanden und entstehen mehr oder weniger geplant. Das heißt, die Koordination und Steuerung der Bautätigkeit findet in unterschiedlichem Umfang, zuweilen überhaupt nicht statt. Daraus ergibt sich zweckmäßig eine Unterscheidung zwischen dem *Vorgang der Herstellung* von Stadt und der *Planung* von Stadt. Städtebau als Planung von Stadt ist einerseits Bestandteil des Vorgangs ihrer Herstellung, kann aber andererseits als Intervention in diesen Vorgang gesondert betrachtet werden.

Der *Vorgang der Herstellung* von Stadt besteht in der Summe der Bautätigkeiten in einem Gebiet oder Teilgebiet, im fortlaufend stattfindenden Bau und Umbau von Stadt durch einzelne Bauvorhaben. Daran sind alle beteiligt, die bauen, von den armen Zuwanderern, die sich illegal ihre Wellblechquartiere errichten, über die bürgerlichen Haushalte, die das Land mit Einfamilienhäusern überziehen, die örtlichen und die weltweit agierenden Investoren mit ihren kleineren und großen Projekten bis zu Gemeinde und Staat mit den Einrichtungen der technischen und sozialen Infrastruktur. Der Vorgang der Herstellung (ebenso wie der Zerstörung) kann in seiner zeitlichen Abfolge quantitativ und qualitativ als Realgeschichte des Städtebaus beschrieben werden und ist zugleich Gegenstand einer *erklärenden Theorie*.

Städtebau als Bestandteil der *Planung* von Stadt besteht hingegen in der gedanklichen Vorwegnahme und Zielbestimmung ihrer baulich-räumlichen Organisation und der entsprechenden Koordination und Steuerung der Bautätigkeit. Obwohl Planung von Stadt in einer demokratisch verfassten Gesellschaft grundsätzlich kollektiver Natur ist, braucht es dazu eine Agentur, die bei der Erarbeitung der Zielvorstellungen und Konzeptionen vermittelt, notwendige Entscheidungen veranlasst und die Steuerungsfunktion bei deren Realisierung übernimmt. Diese Agentur ist folgerichtig die öffentliche Hand, in der Regel die politische Gemeinde oder von ihr beauftragte Personen und Institutionen, darunter die Profession der Stadt- oder Raumplaner. Städtebauliche Planung als gedankliche Vorwegnahme und Zielbestimmung kann als Ideengeschichte des Städtebaus beschrieben werden, gleichgültig ob ein Plan jeweils verwirklicht wurde oder nicht und unabhängig davon, wie groß oder unbedeutend sein Einfluss auf den Vorgang der Herstellung jeweils war. Die bei der städtebaulichen Planung von Stadt maßgebenden Zielvorstellungen und Handlungsfelder sind Gegenstand einer *normativen Theorie*.

Die Unterscheidung zwischen dem Vorgang der Herstellung und der Planung von Stadt kann helfen, einer verbreiteten Unklarheit im Gebrauch der Wörter „Städtebau" und „Stadtplanung" auf die Spur zu kommen. Städtebau ist ein *Teil* der Stadtplanung, der vornehmlich mit deren *baulich-räumlicher* Dimension befasst ist. Es ist demnach nicht zweckmäßig, „Städtebau" und „Stadtplanung" synonym zu gebrauchen, wie es seit den 1920er-Jahren in Übung gekommen und bis heute verbreitet ist. Es ist zudem unbegründet – so Joachim Bach – davon auszugehen, dass Stadtplanung die rational-wissenschaftlichen, Städtebau dagegen die kreativ-architektonischen Aspekte des Umgangs mit Stadt bezeichne, als ebenso unhaltbar sieht er die Annahme, dass Stadtplanung zweidimensional, Städtebau hingegen dreidimensional gedacht sei (Bach 1988, S. 5). Hierher gehört auch die irrtümliche Assoziation des Wortes „Städtebau" mit definitiven, statischen Zielvorstellungen (wie beim Entwurf eines Gebäudes) gegenüber der des Wortes „Stadtplanung" mit dem dynamischen Prozess, das heißt dem zeitlichen Aspekt der Steuerung der Veränderung von baulich-räumlicher wie auch sozialer, ökonomischer und ökologischer Organisation.

Auf der Grundlage der Unterscheidung zwischen dem Vorgang der Herstellung und der Planung von Stadt bezieht sich Städtebau nach der hier vorgeschlagenen Definition auf die *gebaute* Stadt und damit auf die *baulich-räumliche* Dimension, im Unterschied und in Ergänzung zur sozialen, ökonomischen und ökologischen Dimension der Stadt- und Raumplanung insgesamt (Raumplanung dabei als Oberbegriff für Stadt-, Regional- und Landesplanung verstanden). Städtebau ist im Kern durch den Umgang mit den materiell-physischen Ressourcen Bodenfläche, Bebauung, Erschließung und Bepflanzung gekennzeichnet. Und er ist mit den Aufgaben der Koordination und Steuerung der *Bautätigkeit*, der Bestimmung von Baugebieten und Nicht-Baugebieten, der Bodeneinteilung, der technischen Ausstattung von Baugebieten und der Zueinanderordnung von Gebäuden, technischen Anlagen und Pflanzungen zu Außenräumen, insbesondere dem öffentlichen Raum, befasst. Das Ziel ist die Sicherung und Weiterentwicklung der Qualität *baulich-räumlicher* Organisation von Stadt. Dass dabei die komplexen Wechselwirkungen mit den anderen Dimensionen beziehungsweise Teildisziplinen von Stadt- und Raumplanung einzubeziehen sind, steht außer Frage. Die frühe Definition von Cerdá hat vor diesem Hintergrund keineswegs ausgedient: „Städtebau *(urbanización)* ist ... ein Anordnen von Gebäuden, so zueinander in Beziehung und Verbindung gebracht, dass die Bewohner sich begegnen, sich selber helfen, sich verteidigen, sich gegenseitig beistehen und einander alle jene Dienste leisten können, die ohne eigenen Schaden zur Vermehrung und Entwicklung des allgemeinen Wohlbefindens und Gedeihens beitragen" (Cerdá 1867, Bd. I, S. 32). Und: „Städtebau ist eine Gesamtheit von Erkenntnissen, Grundsätzen und Regeln, die zeigen sollen, auf welche Weise jedwede Anordnung von Gebäuden vorzunehmen ist ..." (S. 31).

Der Begriff „Städtebau", bezogen auf Stadt im engeren wie im weiteren Sinne, bedarf einer Reihe weiterer, präzisierender Erläuterungen:

(1)   *Städtebau und Bautätigkeit.* Architekten und Ingenieure beziehungsweise ihre Bauherren als natürliche oder juristische Personen *bauen*. Indem sie einzelne Gebäude

und Anlagen errichten, bauen sie auch die *Stadt*, bewirken die Herstellung von Stadt. Dies erscheint unmittelbar einleuchtend und entspricht auch überwiegend der Vorstellung, welche die allgemeine Öffentlichkeit und selbst wichtige Entscheidungsträger von dem, was *Städtebau* sei, haben. Diese Vorstellung ist allerdings zugleich richtig und falsch und verursacht immer wieder erhebliche Missverständnisse. Richtig daran ist, dass die Stadt als baulich-räumliche Organisation durch Bauen entsteht und ein Bau-Werk darstellt. Falsch daran ist die Auffassung, die Aufgabe von Städtebau bestehe im Bauen, in *big architecture* oder *big engineering* (Lynch 1981, S. 291). Sie besteht viel mehr darin, die Bautätigkeit so zu koordinieren und zu steuern, dass die Anordnung der einzelnen Gebäude, technischen Anlagen und Pflanzungen zu räumlichen Synergien führt, die sich positiv auf die Qualität städtischer Lebensbedingungen auswirken (siehe u.a. Abschnitt B 3).

(2)   *Technik und Ästhetik.* Die Planung der Stadt im Sinne von Koordination und Steuerung der Bautätigkeit erscheint zunächst als eine technische Aufgabe. Diese ist aber von der ästhetischen Aufgabe des Städtebaus nicht zu trennen, auch wenn das immer wieder versucht wurde. Die Zivilingenieure des 19. und 20. Jahrhunderts konzentrierten sich auf die Anlagen der Wasserversorgung und Kanalisation, des Straßen- und Schienenverkehrs. Camillo Sitte setzte sich für den „Städte-Bau nach seinen künstlerischen Grundsätzen" ein (Sitte 1889). Die Autoren des Städtebaus der Moderne (des *modern movement*) stellten die technische und soziale *Funktion* in den Vordergrund, die vermeintlich oder tatsächlich in den Schatten bürgerlich-repräsentativer, formaler Zielsetzungen geraten war. Die Extreme von Stadt als Maschine und von Stadt als Kulisse wurden einander gegenübergestellt. In Wirklichkeit kommt es aber darauf an, Technik, Funktionalität und Ästhetik in ihrem engen Zusammenhang zu sehen und zu verwirklichen. Jede vorhandene Anordnung von Gebäuden und Außenräumen wird von den Einwohnern nicht nur benutzt, sondern zugleich (bewusst oder unbewusst) wahrgenommen und erzeugt somit eine ästhetische Wirkung. Ebenso ist die Planung der Anordnung von Gebäuden und Außenräumen, von zu bebauenden und nicht zu bebauenden Flächen, nicht nur vom technischen Kalkül, sondern genauso (gewollt oder ungewollt) vom ästhetischen Urteil der Planenden bestimmt. Dies geschieht sozusagen in Tateinheit: „.... ‚praktische' und ‚ästhetische' Aufgaben sind nicht zu trennen" (Lynch 1981, S. 104). Koordination und Steuerung der Bautätigkeit müssen dementsprechend gleichermaßen technischen und funktionalen wie ästhetischen Ansprüchen genügen, sie sind sowohl den Oberzielen der Grundsicherung und Nutzbarkeit als auch dem der Verständlichkeit von Stadt verpflichtet (siehe Abschnitt C 2).

(3)   *Wissenschaft und Kunst.* Städtebau ist sowohl Wissenschaft als auch Kunst, wie von Cerdá (1867, Bd. I, S. 17) sowie von Goecke und Sitte (Goecke/Sitte 1904) bereits festgestellt wurde. Die *Wissenschaft* ist die Seite der rationalen Vorbereitung von Planungsentscheidungen, die systematische Beschäftigung mit den Strukturen und Entwicklungsmustern von Stadt und Siedlung, das Nachdenken über mögliche und sinn-

volle städtebauliche Konzeptionen und deren Begründung, die laufende Überprüfung eines adäquaten Vorgehens bei der städtebaulichen Planung und die Evaluation ihrer Ergebnisse. Der *Kunst* im Städtebau ist die sinnliche Wahrnehmung und Erfahrung von Stadt zuzurechnen, die daraus zu gewinnende Intuition für den intelligenten Umgang mit der Form von Bodeneinteilung, Bebauung, Erschließung, Bepflanzung, für die Anlage und Gliederung des öffentlichen Raums und des Straßen- und Wegenetzes, für die Einbeziehung der Siedlungseinheiten in die Landschaft und der Freiräume in die Stadt. Wissenschaft und Kunst stehen beide als Paten bei der Schwierigkeit, sich im Suchprozess des Entwurfsvorgangs zurechtzufinden, der zu einer bestmöglichen Kombination der Elemente zu einem Ganzen führen soll. „Architektur (und Städtebau) ... erfordert sowohl den Prozess der Abstraktion, an dem wir Wissenschaft erkennen, als auch den Prozess der Konkretion, an dem wir Kunst erkennen" (Hillier 1996, S. 9). Gute Ergebnisse können nur erreicht werden, wenn der jeweils notwendige Anteil der Wissenschaft wie der Kunst in den Städtebau eingeht und wenn im Entstehungsprozess eine intensive und naturgemäß mühsame Rückkoppelung zwischen beiden, zwischen Wissenschaft und Kunst, stattfindet.

(4) *Architektur und Raumplanung.* Städtebau ist seiner Herkunft nach eine Architekturdisziplin. Bis zum Beginn des Industriezeitalters war dies unstrittig. Nicht nur Technik und Ästhetik lagen nahe beieinander, sondern auch Architektur und Städtebau. Architekt und Ingenieur waren in der Regel in einer Person vereint. Der Architekt-Ingenieur plante ebenso die Gebäude wie deren Anordnung, Beziehung und Verbindung zueinander. In dem berühmten Architektur-Lehrbuch von Leon Battista Alberti, *De re aedificatoria* (1485), das eine systematische Darstellung des Handlungsgerüsts für die Planung der gebauten Umwelt gibt, ist der Städtebau ausdrücklich und ausführlich eingeschlossen. Seit Mitte des 19. Jahrhunderts führten die Abschaffung des feudalen Obereigentums am Boden und die Einführung des privaten Verfügungsrechts über ihn zu der Unterscheidung zwischen dem Architekten, der die Gebäude im Einzelnen schuf, und dem Architekten oder Ingenieur, der für die öffentliche Hand den Rahmen für die Errichtung der einzelnen Gebäude setzte. Die so spezialisierten Tätigkeiten beziehungsweise ihr Ergebnis nannte man im ersten Fall weiterhin „Architektur", im zweiten Fall „Städtebau". Mit der seither zunehmenden Notwendigkeit, die Planung der Stadt (im engeren wie im weiteren Sinne) nicht nur in ihrer baulich-räumlichen, sondern auch in ihrer sozialen, ökonomischen und ökologischen Dimension zu betreiben, kommt dem Städtebau im Kontext der Stadt- und Raumplanung die Aufgabe zu, die Architektur und Technik zu vertreten. Das (Innen-)Verhältnis des Städtebaus zur Architektur und zu den Ingenieurdisziplinen ist hingegen insbesondere durch das Paradigma von Rahmensetzung und Rahmenausfüllung bestimmt (siehe Abschnitt D 0). Man kann insofern heute sagen, dass Städtebau einerseits eine Raumplanungsdisziplin, andererseits eine Architekturdisziplin ist.

(5) *Städtebau und Landschaftsplanung.* Städte und städtische Agglomerationen gleichen

zunehmend einem Flickenteppich von bebauten und unbebauten Bodenflächen unterschiedlicher Größe, so dass auch in dieser Hinsicht die Unterscheidung zwischen Stadt und Land(-schaft) nur noch bedingt möglich ist. Bei der statistischen Erfassung der Bodenflächen wird unter anderem nach Art der Bodennutzung und -beschaffenheit, nach bebauten und unbebauten Teilflächen unterschieden. Da Städtebau insbesondere auf die Siedlungs-(und Verkehrs-)flächen, also auf die bebauten oder zu bebauenden Teilgebiete gerichtet ist, wäre die Landschaftsplanung oder Landschaftsarchitektur demnach für die nicht bebauten oder nicht zu bebauenden Flächen (städtische Freiflächen, Parks, Wälder, Gewässer, landwirtschaftliche Flächen usw.) zuständig. Eine solche Arbeitsteilung zwischen Städtebau und Landschaftsplanung widerspricht aber der Tatsache, dass sich Gebäude und Freiraum, Siedlung und Landschaft vielfältig und auf allen Maßstabsebenen durchdringen. Obwohl die beiden Arbeitsfelder herkömmlich ihre Schwerpunkte bei der gebauten beziehungsweise bei der naturbezogenen Umwelt haben, sollte die Arbeitsteilung künftig weit gehend unabhängig von den entsprechenden Kategorien der Bodennutzung gesehen werden. Die Arbeitsteilung sollte vielmehr entlang der Trennlinie zwischen baulich-räumlicher und biologisch-ökologischer Kompetenz bei der Zueinanderordnung von Gebäuden und Außenräumen, von Baugebieten und Nicht-Baugebieten verlaufen und verlangt im Übrigen eine enge Kooperation.

(6) *Andere Sprachen.* Der deutschsprachige Begriff „Städtebau" hat nach seiner Entstehung zu Ende des 19. Jahrhunderts eine internationale Ausstrahlung gehabt. Das mag mit der führenden Rolle des deutschen und österreichischen Städtebaus zwischen 1890 und 1914 zusammenhängen, die ihm auch von ausländischen Autoren zuerkannt wird (z.B. Sutcliffe 1994, S. 122). Das holländische *Stedebouw* ist dem deutschen Begriff schon rein sprachlich ganz nahe und sozusagen identisch. Das englische Wort für Städtebau ist *urban design* oder *city design*, im Unterschied zu *urban planning (city planning, town planning)* für Stadtplanung. Hillier ordnet allerdings dem *urban design* die bauliche und räumliche Synthese, dem *urban planning* die Analyse und Kontrolle der sozialen und ökonomischen Prozesse zu (Hillier 1996, S. 149), was nicht mit meiner Auffassung übereinstimmt. Das französische *urbanisme* entspricht im Wesentlichen dem deutschen Begriff „Städtebau", nur gelegentlich wird auch das Wort *urbanisation* verwendet (vgl. Merlin/Choay 1988, S. 682 ff.). Für Stadtplanung steht im Französischen das Wort *aménagement urbain*, das allerdings ähnlich der häufigen Verwechslung von Städtebau und Stadtplanung im Deutschen oft synonym zu *urbanisme* gebraucht wird. Das Wort *urbanismo* im Spanischen und Italienischen (dort auch *urbanistica*) lässt sich dem französischen *urbanisme* anschließen. Zu dem von Cerdá geprägten spanischen Begriff *urbanización* siehe oben.

4 Theorie

Weshalb eine Theorie des Städtebaus?

Städtebau ist zuerst eine praktische Tätigkeit. Sie bezieht sich auf den Vorgang der Herstellung von Stadt und Siedlung und ist auf die Planung ihrer baulich-räumlichen Organisation ausgerichtet (siehe Abschnitt A 3). Der Vorgang der Herstellung ist in aller Regel kollektiver Natur, das heißt es bedarf einer Vielzahl von Handelnden und deren zielgerichteter Koordination, um das Ergebnis der gebauten Stadt (immer wieder neu) zu erreichen. Ziel der Koordination kann es sein, zu verhindern, dass sich die Handelnden bei ihrer Bautätigkeit und der Nutzung des Gebauten gegenseitig belästigen oder schaden und sich damit um die Frucht ihrer je einzelnen Bemühungen bringen. Es kann darüber hinaus darin bestehen, räumliche Synergien hervorzubringen, die mehr als die Summe der Einzelbemühungen sind. Dieses *Mehr* ist das Charakteristikum organisierter Siedlungstätigkeit, also von Städtebau sowie Stadt- und Raumplanung insgesamt. Es bezeichnet eine bestimmte Qualität von Siedlungsform, wie sie zum Beispiel in der herkömmlichen, historisch entstandenen Stadt verwirklicht war. Mit *räumlicher Synergie* bezeichne ich ein sich zu Gunsten der Nutzung und Wahrnehmung gegenseitig verstärkendes Zusammenwirken der verschiedenen Komponenten der gebauten Stadt: dass Gebäude, technische Anlagen und Pflanzungen öffentlichen Raum bilden; dass aus Orten oder Raumabschnitten, aus dem Netz der Wege, Straßen und Plätze ein Quartier entsteht usw. (siehe Abschnitte B 3, C 2).

Um die Koordination einer Vielzahl von Handelnden auf die Erreichung solcher räumlichen Synergie hin leisten zu können, müssen bestimmte Voraussetzungen erfüllt sein:

(1) Es ist eine Verständigung darüber notwendig, worin der gemeinsame Nutzen bestehen kann. Dies setzt eine hinreichend genaue Kenntnis des Planungsgegenstands, der jeweils vorhandenen Stadt (im engeren wie im weiteren Sinne), ihrer baulich-räumlichen Organisation und deren Wirkungsweise voraus, also darüber, was die gegebenen Bedingungen hergeben, welche Chancen sie eröffnen und welche Grenzen sie setzen.

(2) Es sind Vereinbarungen über mögliche Entwicklungsrichtungen und Zielsetzungen erforderlich, an denen die Handelnden ihre Maßnahmen orientieren wollen oder sollen. Dies verlangt die Bestimmung von Zielvorstellungen und Strategien zur Sicherung und Weiterentwicklung der Qualität baulich-räumlicher Organisation von Stadt.

(3) Es muss Regeln für die Zusammenarbeit geben und Kompetenzen für eine Agentur, welche die Koordination anleitet.

Bereits diese drei Voraussetzungen legen es nahe, einen in sich folgerichtigen Denkzusammenhang, eine Theorie des Städtebaus, zu formulieren.

Die Theoriediskussion über Städtebau ist außer vielleicht im angloamerikanischen Bereich nicht sehr entwickelt. Unter Stadt- und Raumplanern (wie auch bei Architekten und Ingenieuren) herrscht ein allgemeiner Pragmatismus vor. Soweit ein Nachdenken über die Beschreibung und Erklärung der baulich-räumlichen Erscheinungsformen von Stadt und die Entwicklung von Zielvorstellungen stattfindet, ist es überwiegend auf die Stadt- und Siedlungsentwicklung vor Ort gerichtet, also Fall bezogen auf einzelne Städte oder Regionen. Die Erfahrungen und Zielvorstellungen werden ausgetauscht, aber in der Regel kaum Verallgemeinerungen versucht, die den Blick über die lokale oder regionale Sichtweise hinaus lenken und umgekehrt für die Arbeit vor Ort wiederum fruchtbar werden könnten.

Nicht selten ist die Diskussion auf die normative Seite verkürzt, auf Zielvorstellungen und Handlungsfelder. Die Rückkoppelung zu einer soliden Analyse des Vorhandenen und die Abwägung der gegebenen Potenziale findet oft nicht statt. Manche Praktiker des Städtebaus, aber auch wissenschaftliche Autoren vertreten die Auffassung, dass die Koordination zwischen der Vielzahl der Handelnden schon aus einer entsprechend gründlichen Erfahrung heraus geleistet werden könne. Die Kenntnis der Verhältnisse vor Ort sei wichtiger als der Versuch einer systematischen Beschreibung und Erklärung der vorhandenen baulich-räumlichen Organisation und ihrer Wirkungsweise. Entwicklungsrichtungen und Zielsetzungen würden sich eher Stück für Stück („inkrementalistisch") aus dem praktischen Planungshandeln heraus als aus Leitvorstellungen ergeben, die dann anschließend wieder revidiert werden müssten (vgl. Bolan 1970, unter Bezugnahme auf Braybrooke/Lindblom 1963).

Bei Vertretern dieser Position wird allerdings leicht die Gefahr übersehen, dass dann die Kenntnis der vorhandenen Stadt, selbst vor Ort, subjektiv bleibt und deswegen nicht allgemein vermittelt werden kann und dass Zielvorstellungen, die nicht explizit gemacht sind und deshalb tendenziell unbewusst wirken, auf unkontrollierte Weise dennoch einfließen können. Eine demokratisch verfasste Gesellschaft verlangt aber, dass die Kenntnis des Planungsgegenstands ebenso wie die Zielvorstellungen möglichst weit gehend kommunizierbar sind und allgemein diskutiert werden können.

Gründe für die Notwendigkeit einer systematischen Beschreibung und Erklärung der vorhandenen Stadt und der systematischen Formulierung von Zielvorstellungen für ihre Entwicklung liegen zudem im Planungsgegenstand selbst:

(1) Das komplexe Gefüge von Stadt und Siedlung lässt es aussichtslos erscheinen, durch Eingriffe, die nicht vorbedacht und gedanklich koordiniert sind, eine für den Stadtzusammenhang positive Wirkung zu erzielen. Dies gilt auch dann, wenn man einräumt, dass gezielte Planung nur einen Teil des realisierten Städtebaus ausmacht.

(2) Auch im fachlichen Diskurs werden Gegebenheiten und Wirkungsweisen als selbstverständlich vorausgesetzt, die es nicht sind. Die baulich-räumliche Organisation der Stadt (selbst die eines einzelnen Gebäudes) ist durch Relationen bestimmt, die nicht unmittelbar einsehbar, „nicht-diskursiv" sind, das heißt „von denen wir nicht

wissen wie wir darüber sprechen könnten" (Hillier 1996, S. 38). Daraus erwachsen, wie die Erfahrung zeigt, Fehleinschätzungen von Gegebenheiten, Potenzialen und Wirkungsweisen und dementsprechend falsche Planungsentscheidungen. Eine analytische Theorie ist ein wesentlicher Beitrag dazu, über das Nicht-Diskursive sprechen zu lernen.

(3) Ohne Unterstützung durch eine (analytische) Theorie wird Städtebau (ebenso wie Architektur) leicht zum Gegenstand von außen auferlegter Restriktionen, im Zuge derer die Bedeutung genuin baulich-räumlicher Kreativität verkannt und durch „soziale Ideologie" ersetzt wird (Hillier 1996, S. 56). Eine Beschreibung und Erklärung der baulich-räumlichen Organisation von Stadt aus ihrem eigenen Systemzusammenhang heraus kann demgegenüber klar machen, dass weder die Form der Funktion noch die Funktion der Form folgt, sondern dass diese in einem Wechselverhältnis zueinander stehen.

Es gibt, wie Hillier gezeigt hat, Gesetzmäßigkeiten der Entwicklung baulich-räumlicher Organisation, die ihrerseits sowohl Möglichkeiten und Grenzen als auch die Wahrscheinlichkeit von Handlungs- und Nutzungsweisen bestimmen. Den sozialen und ökonomischen Anforderungen können entsprechend geeignete baulich-räumliche *Angebote* gegenübergestellt werden. Eine Theorie des Städtebaus kann darüber hinaus in einem doppelten Sinne das Auge für das Verhältnis zwischen der „physischen Materialität" der Städte und ihrer „kulturellen Bedeutung, der Rolle, die sie in der sozialen Organisation spielen und im Leben der Menschen", schärfen (Castells 1983, S. 302).

Der unter (3) genannte Grund betrifft die Frage, weshalb eine eigene Theorie des Städtebaus neben anderen Theorien zur Stadt- und Raumplanung nützlich und erforderlich sein könnte. Den sozialen, ökonomischen und ökologischen Dimensionen von Stadtentwicklung und Stadtplanung entsprechen je eigene Theoriefelder: die der Stadt- und Regionalsoziologie, der Stadt- und Regionalökonomie sowie die der Stadt- und Landschaftsökologie mit ihren sozialwissenschaftlichen, wirtschaftswissenschaftlichen beziehungsweise naturwissenschaftlichen Theoriebeständen. Das Theoriefeld des Städtebaus ist demgegenüber die *baulichräumliche* Dimension, gekennzeichnet durch den technischen Gegenstand (Bauen) und die gezielte Handlungsorientierung (siehe auch Übersicht 1); dies charakterisiert eine entsprechende Theorie als ingenieur- oder planungswissenschaftlich. Eine solche Spezialisierung erscheint in Bezug auf den Vorgang der Herstellung von Stadt (Bautätigkeit) sinnvoll wie auch für die Planung – um zu wissen, wie man das praktisch machen, wie man Stadt baulich-räumlich organisieren kann. Bei der Frage, was dabei herauskommen, wie man die gebaute Umwelt nutzen können soll, wie Aufwand und Ertrag zueinander stehen und ob dies mit den natürlichen Lebensgrundlagen harmoniert, wird hingegen die Notwendigkeit der engen Verknüpfung mit den anderen Theoriefeldern offensichtlich. Das Nachdenken über die *baulichräumliche* Organisation, die materiell-physische Form oder Gestalt der Stadt und ihre laufende Veränderung, sollte indessen nicht als Residuum von sozialen, ökonomischen und ökologischen Theorien der Stadt- und Raumentwicklung, sondern als eigenständige Systematisierung, eben eine Theorie des Städtebaus behandelt werden, zugleich als Baustein zu einer umfassenderen Theorie der Stadt- und Raumplanung.

Der hier vorgelegten Arbeit liegt als Auffassung zu Grunde:

(1)   dass eine Theorie des Städtebaus Voraussetzung ist, um die baulich-räumlichen Ressourcen von Stadt- und Raumplanung und die Gesetzmäßigkeiten der Entwicklung baulich-räumlicher Organisation, dessen was technisch möglich und räumlich wirksam ist, von vornherein und möglichst im vollen Umfang im Planungsprozess zu berücksichtigen;

(2)   dass eine entwickelte Theorie des Städtebaus, indem sie die ingenieurmäßige und künstlerische (architektonische) Erfahrungsweise um ein eigenes analytisches und normatives Denkkonzept erweitert, die Wechselbeziehungen zwischen den unterschiedlichen Teildisziplinen der Stadt- und Raumplanung verstärken wird und damit zugleich die Chance eröffnet, sozial- und naturwissenschaftliches Denken enger an die Handlungsebene heran zu führen;

(3)   dass damit die möglichen Ergebnisse von Stadt- und Raumplanung vom Grundsatz her verbessert werden können, weil die Auseinandersetzung zwischen den unterschiedlichen Theorie- und Untersuchungsansätzen (möglichst) schon zu Beginn in den Denk- und Handlungsprozess einfließen kann.

Verhältnis zur Planungstheorie

Planungstheorie beschäftigt sich mit Stadt- und Raumplanung insgesamt. Sie betrachtet die unterschiedlichen Arbeitsgebiete der Stadt- und Raumplanung, die soziale, ökonomische, ökologische und baulich-räumliche Dimension auf *einer* Ebene. Diese vier Dimensionen machen zusammen den *substanziellen* Teil einer Theorie der Stadt- und Raumplanung aus, während die Planungstheorie im engeren Sinne sich insbesondere mit dem *prozeduralen* Teil beschäftigt (siehe weiter unten) und zugleich einen Querschnitt zu den vier Dimensionen bildet. Der prozedurale Teil ist unabdingbar, da er die methodologische Grundlegung für die Stadt- und Raumplanung, also auch für den Städtebau, liefert. Planung ist danach zu sehen als „ein zielorientierter Prozess, ... als die Anwendung von Verfahren rationaler Entscheidungsfindung, ... als Förderung menschlichen Wachstums *(human growth)*. ... ein Handeln, das auf *korrekte Entscheidungsfindung betreffs künftiger Handlungen* zielt. ... Methodologie bedeutet (hier), Fragen zu stellen *über die anzuwendenden Regeln für die Darstellung von Absichten oder für Entscheidungen*, so dass man Vorschläge aus guten Gründen annehmen oder ablehnen kann. ... Rationalität ist eine Regel um richtige Entscheidungen von falsch begründeten zu unterscheiden" (Faludi 1986, S. 8 f.). *„Eine Entscheidung* ist rational, wenn sie das Ergebnis einer Evaluation aller Alternativen im Lichte all ihrer Konsequenzen ist" (S. 20 f.). Pläne bilden „Rahmenbedingungen für operationale Entscheidungen ... nichts mehr und nichts weniger" (S. 22). Dies gilt für städtebauliche ebenso wie für andere Pläne.

Für das Verhältnis einer Theorie des Städtebaus zur etablierten Planungstheorie ergibt sich die Frage, welche Rolle diese, also die Theorie der Stadt- und Raumplanung insgesamt, hierbei spielen soll. Es kann dazu auf die oben erwähnte Unterscheidung zwischen substanzieller und verfahrensbezogener Theorie, die Faludi (zuerst 1973) unternommen hat, zurückgegriffen werden. Er geht so weit, festzustellen, dass „Planungstheorie fest in der Tradition verankert ist, die allgemein als prozedurale, nicht als substanzielle Planungstheorie bezeichnet wird. Wie der Name nahe legt, ist sie mit den Verfahrensweisen von Planung und ebenso mit ihren Organisationsformen befasst" (Faludi 1986, Vorwort). Eine prozedurale Theorie ist mit dem *Wie* von Planung (*theory* of *planning*), das heißt mit den Verfahrensweisen und Organisationsformen einschließlich der Formen der Institutionalisierung von Planung befasst, eine substanzielle Theorie überwiegend mit dem *Was (theory* in *planning)* (S. 3). Danach wäre eine Theorie des *Städtebaus* – ebenso wie die meisten sozial- und die naturwissenschaftlichen Theoriebestände in der Stadt- und Raumplanung – überwiegend der *substanziellen* Theorie, das heißt der Beschreibung und Erklärung von Sachgesetzlichkeiten und der entsprechenden Begründung von Zielvorstellungen zuzuordnen. Selle spricht hier von „speziellen Planungstheorien" (Selle 2005, S. 96). In der Tat geht es aus meiner Sicht in einer Theorie des Städtebaus im Wesentlichen um die Sachgesetzlichkeiten im Verhältnis zwischen der gebauten Umwelt und dem Handeln und Verhalten der Einwohner und sonstigen Nutzer. Dies bedeutet nicht, dass im Planungsprozess die prozeduralen und die substanziellen Komponenten ohne weiteres voneinander getrennt werden könnten (vgl. Gualini 2001, S. 164, 192; Selle 2005, S. 367).

Kategorien einer Theorie des Städtebaus

Wenn es zutrifft, dass eine Theorie des Städtebaus nützlich und erforderlich ist, so ist zu bestimmen, welchen Anforderungen sie genügen und in welche Kategorien oder Hauptteile sie dementsprechend eingeteilt werden soll. Die Anforderungen ergeben sich aus der Aufgabe, die Vielzahl der Handelnden, welche die Stadt bauen, zu koordinieren und die Bautätigkeit zu steuern (siehe oben).

Der erste Hauptteil einer solchen Theorie sei der reflektierten Kenntnis der baulich-räumlichen Organisation der jeweils vorhandenen Stadt (des Planungsgegenstands) in ihren überwiegend komplexen Zusammenhängen einschließlich ihrer historischen Entwicklung gewidmet. Hier handelt es sich um eine *erklärende Theorie*. Sie ist an den vorhandenen materiell-physischen Tatbeständen zu orientieren. Sie untersucht die Gründe und Gesetzmäßigkeiten, nach denen das Vorhandene entstanden sein könnte und organisiert ist, und sie betrachtet dabei die Wechselwirkungen zwischen der baulich-räumlichen und der sozialen Organisation (der Nutzung von Stadt) sowie zwischen der baulich-räumlichen Organisation und den Energie- und Stoffströmen sowie dem Naturhaushalt. Forschungsgegenstände sind erstens die materiellen Ressourcen, welche die baulich-räumliche Organisation konstituieren: Bodeneinteilung, Bebauung, Erschließung, Bepflanzung und Außenraum | öffentlicher Raum in bestehenden Siedlungseinheiten, und zweitens Wirkungen und Wechselwirkungen der baulich-räumlichen Organisation im Hinblick auf die räumliche Verteilung menschlicher Aktivitäten in einem Gebiet sowie der damit einhergehenden Entwicklung von Stadt und Siedlung.

Der zweite Hauptteil soll sich mit der Darstellung und Begründung von Entwicklungsperspektiven, von Zielvorstellungen und Handlungsfeldern beschäftigen. Es handelt sich um eine *normative Theorie*. Eine normative Theorie des Städtebaus ist an dem, was werden könnte und werden sollte, zu orientieren, an den zu erwartenden und bewusst vorzunehmenden Veränderungen. Sie sucht Zielvorstellungen und Handlungsfelder für die zu planende Stadt aus der Kenntnis der baulich-räumlichen Organisation der vorhandenen Stadt und ihrer Wirkungsweise ebenso wie aus den absehbaren gesellschaftlichen Anforderungen zu begründen. Eine normative Theorie des Städtebaus betrifft die Ideen und Konzeptionen für anzustrebende Ziele und Maßnahmen bei der planmäßigen Beeinflussung der Entwicklung. Forschungsgegenstand sind städtebauliche Konzeptionen, die entweder schriftlich formuliert vorliegen oder sich in realen Projekten beziehungsweise Maßnahmen äußern. Dabei kann es sich sowohl um historische (an denen gelernt werden kann) als auch um projektive Konzeptionen handeln. Von Bedeutung ist, dass die jeweiligen Zielvorstellungen so formuliert sind, dass sie auf reale und somit empirisch erfassbare Sachverhalte der baulich-räumlichen Organisation der vorhandenen Stadt bezogen werden können. Die normative Theorie muss eine klar bezeichnete Verbindung zur erklärenden Theorie aufweisen, andernfalls wäre sie für das praktische Handeln nicht wirklich von Nutzen.

In einem dritten Hauptteil geht es um den Anteil des Städtebaus an der Organisation des Planungsprozesses, von der Problembestimmung bis zur Implementierung, und um die Verfahren und Instrumente, mittels derer die Koordination zwischen der Vielzahl der Handelnden und ihrer Bautätigkeit praktisch erreicht werden kann. Hier handelt es sich um eine *Methodologie*. Eine Methodologie des Städtebaus zielt auf die Steuerung der Entwicklung der baulich-räumlichen Organisation von Stadt und Siedlung. Forschungsgegenstände sind die Verfahren und Instrumente (institutionelle, materielle, informationelle), mittels derer die Koordination und Steuerung bewerkstelligt werden kann, sowie Definition, Wirkungsweise und Wirkungsgrenzen der Instrumente und ihr angemessener Einsatz im Rahmen politisch-administrativer Prozesse (Planungsprozesse).

In Übersicht 2 ist die Rolle von erklärender Theorie, normativer Theorie und Methodologie in Bezug auf das Verhältnis zwischen Praxis und Theorie (vertikal) sowie zwischen Realentwicklung und Planung (horizontal) zusammengefasst dargestellt: Bautätigkeit (oben links) bestimmt den Vorgang der *Herstellung* von Stadt; diese führt zu ihrer (wie auch immer gearteten) baulich-räumlichen Organisation. Deren jeweiliger Zustand (die vorhandene Stadt) ist Gegenstand *erklärender* Theorie. Koordination und Steuerung der Bautätigkeit (oben rechts) bezeichnen den Städtebau als Teil der *Planung* von Stadt; hierzu bedarf es geeigneter Zielvorstellungen. Die Systematisierung und Bewertung solcher Zielvorstellungen ist Gegenstand *normativer* Theorie. Normative Theorie muss, wenn sie etwas bewegen soll, (mittels der erklärenden Theorie) auf die vorhandene Stadt bezogen sein. Der Einfluss des Städtebaus (als Planung von Stadt) auf den Vorgang der Herstellung von Stadt erfolgt über bestimmte Verfahren und Instrumente, die Gegenstand einer *Methodologie* sind.

Übersicht 2: Praxis und Theorie, Realentwicklung und Planung

Bautätigkeit		Koordination und Steuerung der Bautätigkeit
Vorgang der Herstellung von Stadt	Verfahren und Instrumente *(Methodologie)*	Städtebau als Planung von Stadt *(Intervention)*
baulich-räumliche Organisation der jeweils *vorhandenen* Stadt		Zielvorstellungen für die baulich-räumliche Organisation der *zu planenden* Stadt
erklärende Theorie des Städtebaus		*normative* Theorie des Stadtebaus

Theoriebestand, Theoriediskussion

Im Folgenden wird keine generelle Übersicht zum Theoriebestand und zur Theoriediskussion im Bereich des Städtebaus gegeben, sondern es sind Positionen einzelner Autoren dargestellt, mit denen ich mich besonders beschäftigt habe und deren Gedanken in bestimmter Hinsicht in meine eigenen Überlegungen eingegangen sind. Dabei handelt es sich
sowohl um solche, die einer Theorie des Städtebaus skeptisch gegenüberstehen oder ihr nur
eine begrenzte Funktion einräumen, als auch um solche, die daran gearbeitet haben oder sie
für notwendig halten. Im Vordergrund stehen Arbeiten, in denen die analytische Beschäftigung mit dem ‚materiell-physischen Substrat‘, mit der baulich-räumlichen Organisation der
vorhandenen Stadt den Ausgangspunkt bildet. Mit einer Ausnahme stammen sie aus den
vergangenen 35 Jahren.

Ildefonso Cerdá mit seiner *Teoría general de la urbanización* (1867) ist der Altmeister
der Städtebautheorie im Industriezeitalter. Er verbindet die Sorgsamkeit des erfahrenen In-
genieurs und Städtebauers bei der historischen und systematischen Beschreibung von Stadt
mit einem Weitblick, der die wissenschaftliche Sichtweise ebenso wie die heutige weltweite
Verknüpfung der menschlichen Siedlungen und die Interdependenz der Lebensbedingungen
zu großen Teilen vorweg nimmt. Er kommt von der Praxis zur Theorie: „Ich bin mit zunehmendem Umfang meiner Studien und Forschungen jeden Tag mehr überzeugt, dass der Städtebau eine wirkliche Wissenschaft ist. Und ich sehe deshalb die Notwendigkeit, die Grundlagen und Prinzipien zu erforschen, zu begründen und zu befestigen, auf denen diese Wissenschaft aufzubauen ist. ... Ich hielt es für am meisten zuträglich und angemessen, mit einer eingehenden und möglichst minutiösen Analyse all der vielen Elemente zu beginnen,
die die städtischen Zentren ausmachen“ (Cerdá 1867, Bd. II, S. 1). „... Stadt, dieses außergewöhnliche Zusammenspiel von Wegen und Gebäuden, die ... in ihrer Gesamtheit und allen
ihren Einzelheiten dem Menschen und seiner Familie zu dienen bestimmt ist und den leich-
ten, bequemen und wirtschaftlichen Verlauf *(funcionamiento)* seines Lebens, seines individuellen und kollektiven Wohlbefindens und Gedeihens unterstützen soll“ (Bd. I, S. 199). Da
dieses hohe Ziel nicht immer der Wirklichkeit entspricht, müssen die Gründe untersucht werden, die den Mangel an Entsprechung zwischen Mitteln und Zielen hervorrufen, und deshalb bedarf es „einer Theorie, die uns lehrt, was ein vollkommener Städtebau zu sein hat“
(S. 199). In dem Wort „vollkommen“ scheint der große Optimismus oder auch Positivismus
durch, der das 19. Jahrhundert kennzeichnet. Dabei ist das Verhältnis zwischen erklärender
Theorie, normativer Theorie und Praxis klar bestimmt: Es gilt „die Strenge der theoretischen
Grundsätze auf eine angemessene Elastizität zurückzuführen, die sie anwendbar, nutzbar
und vorteilhaft macht, (und zwar) mittels praktischer Regeln, die das Feld bereiten und den
Weg zum Übergang (in die Praxis) ebnen“ (S. 17).

Die erstaunliche Aktualität der Theorie von Cerdá liegt nicht nur in der deutlich sozialen Ausrichtung des Städtebaus: ein „vorzüglich soziales Problem“, „eine große soziale
Notwendigkeit“ (S. 14 f.). Sie liegt vor allem auch in der Definition des Gegenstands Stadt:

Dazu gehören alle Arten von Behausung „mehr oder weniger vollkommen, mehr oder weniger zahlreich, mehr oder weniger entfernt voneinander, deren Anordnung den Zweck und das Ziel hat, Beziehungen und Verbindungen zwischen ihnen herzustellen" (S. 44). Diese Verbindungen betreffen den Stadtkern *(núcleo urbano)* ebenso wie die Vorstädte, die Peripherie und die Region *(comarca)* als „Aktionsraum der Stadt" (S. 211 f.).

Christopher Alexander, Sara Ishikawa und *Murray Silverstein* (Alexander/Ishikawa/Silverstein 1977) haben eine *pattern language*, eine Sprache aus räumlichen Mustern von Stadt, Gebäude und Bauen entwickelt. 94 der dargestellten 253 *patterns* oder räumlichen Muster (Bauteile, Raumteile, Nutzungsarten) beziehen sich auf Stadt. Sie dienen einerseits dazu, baulich-räumliche Elemente zu definieren und in Begriffe zu fassen, um Stadt besser lesen und verstehen können, andererseits sollen sie es ermöglichen, Projekte für ihre Veränderung oder Erweiterung besser zu formulieren. Es handelt sich hier, im Unterschied zu Cerdá, um einen induktiven Ansatz, der die Gesetzmäßigkeit einer Sprache analog auf die baulich-räumliche Organisation zu übertragen sucht und dabei auf die Überlagerung und Kombination der ‚Muster' abstellt: „... kein *pattern* ist eine isolierte Einheit. Jedes *pattern* kann nur insoweit in der Welt bestehen, als es durch andere *patterns* mit getragen wird: die größeren *patterns*, in die es eingebettet ist, die *patterns* im gleichen Maßstab, die es umgeben, und die kleineren *patterns*, die (wiederum) darin eingebettet sind" (S. XIII). Die *patterns* können, wie die Wörter einer Sprache, unterschiedlich benutzt und kombiniert werden. Auch ihre Definition und Interpretation ist grundsätzlich offen. Die Autoren markieren die *patterns* danach, ob sie sich in deren Bestimmung und Beschreibung bereits sicher, weniger sicher oder gar nicht sicher sind. Zur ersten Gruppe gehört knapp ein Drittel, zum Beispiel: *scattered work* (Nutzungsmischung), *local transport areas* (Verkehrsberuhigung), *public outdoor room* (öffentlicher Raum). Der normative Anspruch ist, die *patterns* differenziert zusammenzufügen und zu komprimieren, so dass „das Gebäude billiger wird" und „die Bedeutungen in ihm dichter werden" (S. XLIII f.). Die Konzeption der *pattern language* arbeitet sowohl mit Gebäuden und Räumen als auch mit Nutzungsansprüchen an diese. Sie enthält keine strenge Trennung zwischen baulich-räumlicher und sozialer Organisation, obwohl sie sich ganz überwiegend auf die baulich-räumlichen Gegenstände von Stadt bezieht. Die *pattern language* ist der frühe Versuch einer neuen Systematisierung angesichts des Scheiterns der Dogmatik der Moderne, des *modern movement* im Städtebau. Kevin Lynch sieht in der Arbeit von Alexander einen Anfang im Hinblick auf neue Modelle im Städtebau: solche, die den Kontext und die Nutzungsansprüche berücksichtigen und die durch Simulation und an der Wirklichkeit überprüft werden können (Lynch 1981, S. 324).

Françoise Choay greift mit ihrer Untersuchung zur Architektur- und Städtebautheorie (Choay 1980) auf die *historischen* Bestände zurück und verfolgt deren Entwicklung bis zur Gegenwart. Sie stellt fest, dass die drei Hauptdimensionen in der Architekturtheorie von Leon Battista Alberti: *necessitas* (Material, Konstruktion), *commoditas* (Nutzung) und *voluptas* (Vergnügen, Schönheit) anschließend bei den Architekturtheoretikern des 16. bis 19. Jahrhunderts immer mehr auf die ästhetische Dimension im Sinne eines akademischen Klassizismus reduziert worden sind und mit dem zunehmenden Desinteresse an der Dimension der Nutzung auch die Bedeutung der Stadt und des Städtebaus als Ordnungsprinzip des Bauens geschwunden ist (Choay 1980, S. 228). Sie konstatiert die Entstehung einer eigenen Theorie des Städtebaus als notwendige Folge der Industrialisierung und der Entwicklung des modernen Kapitalismus. „Bis in die Zeit der industriellen Revolution ... erklärte sich das städtische System selbst, im Kontext von Kommunikation und Information. ... Der Bürger, indem er die Stadt bewohnt, ist integriert in die Struktur einer spezifischen Gesellschaft zu einem spezifischen Zeitpunkt, und jeder Plan, der existiert haben mag, entspricht implizit dieser Struktur mit ihren Institutionen und Kontrollen" (Choay 1992, S. 325 f.). Die neue Wirklichkeit einer flagranten ‚Unordnung' verlangte ein neues System der Planung. „An diesem Punkt verlor das Problem der städtischen Organisation seine Unmittelbarkeit und wurde zu einem Objekt, das, durch Analyse, aus seinem Kontext herausgenommen wurde; zum ersten Mal können wir sagen, dass die Nabelschnur abgeschnitten und die Stadt einer kritischen Untersuchung unterworfen war. Folglich kann die Planung, die speziell von dieser kritischen Untersuchung ausging, als kritische Planung bezeichnet werden" (1992, S. 328).

Choay sieht die *Teoría general* von Cerdá als erste grundlegende Arbeit in diesem Sinne, zugleich als den bisher am weitesten reichenden Versuch, die Aufgaben und Handlungsmuster des Städtebaus im Industriellen Zeitalter umfassend und auf wissenschaftlicher Grundlage zu formulieren. Sie bescheinigt dem Buch einen echten wissenschaftlichen Diskurs, kritisiert allerdings die Vernachlässigung des Sachverhalts, dass die Planung des menschlichen Lebensraums (auch) aus kulturellen und ethischen Normen erwächst (1980, S. 298).

Kevin Lynch zieht mit seiner *Theory of Good City Form* (1981) eine Bilanz aus vielen seiner vorangegangenen Arbeiten. (Die bekannteste ist *The Image of the City*, 1960). Er hat sehr klar die Notwendigkeit einer „gleichzeitig normativen und erklärenden" Theorie begründet: „....es ist unmöglich zu erläutern, wie eine Stadt sein soll, ohne zu verstehen wie sie ist." Dieses Verstehen „hängt (wiederum) von einer Bewertung dessen ab, was sie sein sollte" (Lynch 1981, S. 39). Dennoch liegt sein Schwerpunkt beim Normativen: „Theorie ... muss Absichten *(purposes)* ansprechen, nicht unvermeidliche Kräfte. Sie soll nicht esoterisch sein, sondern hinreichend klar, um allen Arten von Akteuren von Nutzen zu sein. Sie muss bei schnellen, partiellen Entscheidungen ebenso anwendbar sein wie bei der ständigen politischen Steuerung im Zuge der Veränderung der gesamten Siedlungseinheit" (S. 41). „Auf jeden Fall dienen Theorien zur Prüfung von Alternativen ... und, soweit die Beziehungen zwischen Form und Bewertung einfach und klar formuliert sind, auch als Rettungsanker für diejenigen, die in den rasenden Strudeln der Entscheidung gefangen sind ..." (S. 322). „Gute Theorie benutzt Konzepte und Methoden, die ihrem Gegenstand entsprechen" (S. 56 f.). Dieser Gegenstand ist die „Siedlungsform", das heißt „die räumliche Anordnung von Personen, die bestimmte Dinge tun, die daraus folgenden räumlichen Bewegungen *(flows)* von Personen, Gütern und Nachrichten und die materiell-physischen Merkmale, die den Raum in einer für das Handeln signifikanten Weise modifizieren, ... Mauern und Zäune, Oberflächen, Einschnitte, Umfelder und Objekte" (S. 48).

Lynch unterscheidet fünf Handlungsdimensionen *(performance dimensions)* in Bezug auf die „räumliche Form von Städten", die das Grundgerüst seiner Theorie bilden: *vitality, sense, fit, acces* und *control*: die anzustrebende baulich-räumliche Organisation *(good city form)* soll (1) das Leben sichern, (2) die Stadt erfahrbar machen, (3) eine stabile, beeinflussbare und elastische Entsprechung zum Handeln und Verhalten aufweisen, (4) allgemeine Zugänglichkeit gewähren sowie (5) die abgestufte sachliche und rechtliche Verfügung über Grund und Boden regeln (S. 118 ff., 235). Er stellt dabei klar, dass er lediglich von den „formalen", das heißt für ihn materiell-physischen Qualitäten der Stadt spricht. „Die Qualität jeder menschlichen Siedlung ... hängt von vielem mehr ab als von seiner Form" (S. 235).

Joachim Bach hat – vor einem marxistischen Hintergrund – einen beachtenswerten Beitrag zur Frage der Notwendigkeit einer Theorie des Städtebaus geleistet (Bach 1988). Er ordnet dem Begriff Städtebau zunächst zwei Ebenen zu und fordert deren strenge Trennung: den „sozial-historischen Prozess der Verräumlichung der gesellschaftlichen Lebenstätigkeit, ... welche ihren konzentriertesten Ausdruck in der jahrtausendealten Existenz und Entwicklung der Stadt findet" und „jene Tätigkeit, die mit Hilfe des Wissens über die Entwicklung, die Planung und den Bau von Städten deren Realisierung ‚vermittelt': die Stadtplanungstätigkeit" (S. 5). Er unterscheidet somit zwischen Stadt*entwicklung* und Stadt*planung*, was meiner Sichtweise entspricht. Er stellt anschließend die Frage, „ob man nicht Städtebau als eine besondere Form des Konzipierens, Entwerfens oder Projektierens ... betreiben und es den ‚klassischen' Wissenschaften – Geografie, Soziologie, Ökonomie, den technischen Wissenschaften usw. – überlassen sollte, über die Stadt zu reflektieren, Leitlinien und Normative zu entwickeln" (S. 9). Seine Antwort ist eindeutig: Es genügt nicht, „die Urbanisierung und die Stadt ... aus sozialen Prozessen, Verhältnissen oder Verhaltensweisen ... zu erklären und die gegenständlich-räumlichen Bedingungen nur als deren Manifestation oder Ausfluss zu betrachten." Es genügt aber auch nicht, die Stadt „aus den gegenständlich-räumlichen Bedingungen, aus Funktion, Struktur und Gestalt – als Architektur oder technisches System – zu erklären und die sozialen Prozesse, Verhältnisse und Verhaltensweisen der Menschen in der Stadt nur als Zielgröße städtebaulicher und siedlungsplanerischer Maßnahmen zu betrachten" (S. 10).

Bach leitet daraus die Notwendigkeit der Entwicklung einer *allgemeinen Theorie der Stadtplanung* ab. Wesentlich sei die Anerkennung der Tatsache, dass die Wissenschaftsdisziplin Stadtplanung wie die Stadtplanungspraxis zwischen der Gesellschaft und der Stadt „vermitteln" und dass diese spezifische Form der Vermittlung von keiner anderen Disziplin ausgeübt werden kann. Nach meiner Definition (siehe Abschnitt A 3) handelt es sich bei Bach allerdings weit gehend um eine Theorie des *Städtebaus*. Dies geht aus der Feststellung hervor, dass „Stadtplanung ... vorrangig dem Bauen dient, indem sie dessen Voraussetzungen klärt", allerdings „die räumliche Organisation und Gestaltung aller Lebensprozesse berührt, die sich im gesellschaftlichen Raum als Einheit entfalten" (S. 11 f.).

Amos Rapoport ist, soweit ich sehe, einer der gründlichsten und umfassendsten Befürworter und Vertreter einer Theorie des Städtebaus. In dem Buch *History and Precedent in Environmental Design* (Rapoport 1990 b) fasst er seine Arbeiten aus drei Jahrzehnten zusammen, bildet ein (vorläufiges) Fazit daraus und setzt zugleich einen Höhepunkt. Eine seiner zentralen Thesen ist, dass *environmental design* (und darin zumal Städtebau) nur fortschreiten kann, wenn es sich zu einer wissenschaftlich begründeten *(science-based)* Disziplin entwickelt. „Planung und Entwurf müssen auf Wissen gegründet sein, und dieses Wissen betrifft die Wechselwirkung zwischen gebauter Umwelt und Verhalten" (S. 245). Dies setzt eine Methode voraus, die es erlaubt, Erfahrungen aus der Geschichte, also der vorhandenen Stadt, in grundlegende Vorbedingungen *(precedents)* für die zu planende Stadt, für das städtebauliche Entwerfen zu übersetzen. Das kann wiederum nur mittels einer Theorie der Beziehungen zwischen (gebauter) Umwelt und Verhalten *(environment-behaviour relations, EBR)* gelingen. Beziehungen oder Wechselwirkungen zwischen gebauter Umwelt und sozialem Verhalten können zwar nur jeweils in der Gegenwart untersucht werden, es ist aber möglich, Ergebnisse einer wissenschaftlichen Erforschung historischer (auch archäologischer) Stadtanlagen mit Ergebnissen aus heutigen *environmental-behaviour studies (EBS)* so in Verbindung zu bringen, dass daraus konkrete Schlussfolgerungen *(inferences)* für die städtebauliche Planung abgeleitet werden können. Solche Schlussfolgerungen hängen mit der Annahme einer Kontinuität zwischen Vergangenheit und Gegenwart zusammen (S. 107). Sie ist für die Vorstellung von zentraler Bedeutung, dass man aus der Vergangenheit lernen und daraus Verallgemeinerungen ableiten kann, die zur Theorie führen, aus der wiederum Lehren für die Zukunft ableitbar sind (S. 108). – Dies allerdings gerade nicht im Sinne von Nachahmung, sondern durch Anwendung wissenschaftlich als gültig erwiesener Grundsätze und Merkmale.

Rapoport diskutiert zu diesem Zweck außerordentlich genau die erkenntnistheoretischen und wissenschaftstheoretischen Probleme, die mit der Verwendung historischer baulich-räumlicher Daten und der Ableitung von normativen Kriterien für die Planung und den städtebaulichen Entwurf daraus verbunden sind. Ohne eine breite Datenbasis aus unterschiedlichen Zeiten und Kulturen und ohne Theorie ist es seiner Meinung nach aussichtslos, diese Probleme zu lösen. Nur so wird es möglich, allgemeine Muster *(patterns)* zu entdecken, Gesetzmäßigkeiten aufzuzeigen und zu Verallgemeinerungen zu kommen (S. 63). In einer Fallstudie stellt er Beispiele von auf Fußgänger bezogenen Straßen und Straßensystemen aus über 50 Ländern in Amerika, Europa, Afrika und Asien dar, die vom 7. vorchristlichen Jahrtausend bis ins 20. Jahrhundert reichen. Er zeigt hier erstaunliche Ähnlichkeiten und die Übereinstimmung maßgeblicher Merkmale auf. Von empirischen Befunden *(evidence)* zu Lehren *(lessons)* für die heutige Praxis lässt sich danach nur über Theorie gelangen, ebenso ist sie erforderlich, um sinnvolle empirische Untersuchungen zu konzipieren. Rapoports Buch ist ein Schlüsselwerk für jede Theorie des Städtebaus.

Bill Hillier fordert und fördert mit seiner *Configurational Theory of Architecture* (1996) eindeutig die Entwicklung einer Theorie der Architektur und des Städtebaus. Alle Architekturtheorien sind für ihn Versuche, Grundwissen über das Nicht-Diskursive anzubieten, das heißt das Nicht-Diskursive auf eine Weise ins Diskursive zu übersetzen, die es der Vernunft zugänglich macht. „In Abwesenheit solchen Wissens kann Architektur (und Städtebau), wie man im zwanzigsten Jahrhundert gesehen hat, eine gefährliche Kunst sein" (Hillier 1996, S. 49). Architektur und Städtebau verlangen reflektierendes Denken über die nicht-diskursiven oder konfigurativen Aspekte von Raum und Form in Gebäuden beziehungsweise Siedlungseinheiten (S. 54 f.). Eine zweite wichtige Aussage von ihm bezieht sich, ähnlich wie bei Lynch, auf das Verhältnis zwischen Bestand und Planung: „Jede Theorie darüber, wie wir handeln sollten, um ein bestimmtes Ergebnis zu erreichen …, muss logischerweise auf einer Vorstellung davon beruhen, wie die Welt ist und wie sie auf unsere Eingriffe reagieren wird" (S. 58). „Da Architektur schöpferisch ist, verlangt sie Theorien des Möglichen … . Aber da Architektur auch vorausschauend ist, braucht sie analytische Theorien" (S. 64). Eine Architekturtheorie (oder Städtebautheorie) ist bei ihm der Versuch, den einen oder anderen der nicht-diskursiven Aspekte von Architektur (oder von Stadt) diskursiv zu machen, indem man das Nicht-Diskursive in Begriffen, Worten und Zahlen ausdrückt (S. 81). Ohne Theorie bleibt historisches Denken steril und kann lediglich zur Nachahmung der Vergangenheit führen. Durch Vermittlung der Theorie wird Nachdenken über die Vergangenheit zur möglichen Zukunft (S. 84). Für Hillier ist es unmöglich, Architektur (Städtebau) auf Theorie zu reduzieren, wie es auch unmöglich ist, Theorie von ihr auszuschließen (S. 85). Er spricht von der „grundlegenden Tatsache, dass abstrakte Artefakte (Bauwerke) sich für uns auf zweierlei Weise manifestieren: durch die von ihnen hervorgebrachten raum-zeitlichen Ereignisse; und durch Konfigurationsmuster, welche die Ereignisse offenbar unterstützen, und die es uns ermöglichen, diese Muster sowohl hervorzubringen als auch zu interpretieren" (S. 90).

Gerd Albers fasst in einem Aufsatz zur „Rolle der Theorie in der Stadtplanung" (2000) Ergebnisse vielfältiger und langjähriger Untersuchungen zur Ideengeschichte des neueren Städtebaus zusammen (Albers 1975, Albers/Papageorgiou-Venetas 1984). Kennzeichnend ist bei ihm der weit gehend synonyme Gebrauch von Stadtplanung und Städtebau. Albers' Perspektive ist „durch die Sicht der Praxis bestimmt: durch ihre Suche nach Theorien, die das Handeln leiten oder zumindest Entscheidungen erleichtern können, durch ihre Skepsis gegenüber Theorien, deren Handlungsbezug nicht deutlich ist" (Albers 2000, S. 13). Er identifiziert zurückblickend zwei Wege zu einer theoretischen Absicherung der Stadtplanung: zum einen über theoretisch begründete konkrete Zielvorstellungen für den Planungsraum und zum andern über die Perfektionierung des Planungsprozesses. Albers sieht „das Bild einer (gegenwärtigen) Praxis, die keine großen Hoffnungen in eine sie leitende Theorie setzt" (S. 32). Der Bedarf im Sinne eines Bedürfnisses nach Orientierungshilfen sei hoch, der Bedarf im Sinne einer Nachfrage am Markt aber eher bescheiden. Andererseits lasse sich Stadtplanung in wesentlichen Bereichen als Wissenschaft interpretieren, die sich auf „eine Reihe meist empirisch gewonnener theoretischer Einsichten stützen (kann), die es erlauben, zu erwartende Wirkungen von Planungsmaßnahmen abzuschätzen und damit im Einzelfall die Lösung eines Problems erleichtern" (S. 32). Zusammenfassend sieht Albers in einer „Theorie der räumlichen Planung … kaum mehr als … systematisierte Empirie" (S. 33). Er benennt dazu drei verschiedene Felder: (1) eine typologische Ordnung von Planungsproblemen beziehungsweise von Entwicklungen in Gesellschaft und Wirtschaft, die auf Veränderungen im Raume hin wirken, (2) Kompositionsregeln für räumliche Elemente auf verschiedenen

Maßstabsebenen vom Nutzungsgefüge bis zur dreidimensionalen Raumgestalt, (3) die möglichen Strategien zur Umsetzung der räumlichen Kompositionen in die Wirklichkeit.

Die räumliche Planung ist bei Albers allerdings eine die unterschiedlichen Wissenschaftszweige beziehungsweise Teilaspekte übergreifende Kategorie und *zugleich* überwiegend baulich-räumliche Planung.

Vittorio Magnago Lampugnani plädiert mit seinem Aufsatz „Erfindung, Gedächtnis und kritische Wissenschaft" für eine „Neugründung der Disziplin Städtebau" (Lampugnani 2006). Sein Fokus ist die Wiedergewinnung einer Tradition, die in der Zeit der Moderne verloren gegangen ist. Stadtplanung habe sich in eine Krise hinein manövriert, indem sie den Bezug zur dreidimensionalen Umweltgestaltung zugunsten einer zunehmenden Abstraktion aufgegeben und damit ein Vakuum hinterlassen habe, das auch die Monumente der Architekten nicht ausfüllen könnten (S. 11). Diese hätten ebenso versagt wie die Diagramme der Stadtplaner. Städtebau sei weniger der geniale Entwurf als vielmehr das geduldige Aufbauen auf Grundlagen, die teilweise bestehen und teilweise neu geschaffen werden müssten. Städtebau ist für Lampugnani eine Wissenschaft, die neben dem schöpferischen Akt eine methodische Arbeit verlangt. Planung und Entwurf müssten wieder zusammengeführt werden: auf der einen Seite die Erhebung umweltrelevanter Daten, ihre Verknüpfung und ihre Überführung in Handlungsstrategien, auf der anderen die subjektive Umsetzung dieser Strategien über kulturelle und ästhetische Programme in eine klar definierte physische Form (S. 10 f.).

Für Lampugnani ist die Theorie untrennbarer Bestandteil des Städtebaus als technische, soziale und künstlerische Disziplin (Lampugnani 2005, S. 9). Er fordert die Durchsuchung der Geschichte der Stadtarchitektur (des Städtebaus) nach Grundlagen und Strategien, die aktuellen Ansprüchen entsprechen könnten, ebenso nach Theorien, die hinter den seinerzeit geprägten urbanen Bildern gestanden haben. Die Geschichte ist für ihn „ein Instrument produktiver Kritik". Sie liefert „den Schlüssel, um zeitgenössische Stadtprojekte fundiert zu bewerten" und „Entwurfsentscheidungen jenseits von rein subjektiven Geschmacksneigungen und ausschließlich ästhetischen Vorlieben" zu treffen (Lampugnani 2006, S. 12). Und er ist dabei, die geforderte Durchsuchung intensiv zu betreiben, indem er sowohl theoretische Schriften dokumentiert (Lampugnani u.a. 2005, 2008) als auch realisierte und nicht realisierte städtebauliche Pläne sammelt und beschreibt (Lampugnani 2010), aus denen man lernen kann „ohne rückwärtsgewandte Nostalgie, aber auch ohne futuristische Verbissenheit" (Lampugnani 2006, S. 13).

Alexander R. Cuthbert vertritt in seinem Buch *The Form of Cities. Political Economy and Urban Design* (Cuthbert 2006) eindringlich und differenziert die Notwendigkeit einer Theorie des Städtebaus und zugleich einer klaren Unterscheidung zwischen den von der Architektur, dem Städtebau und der Stadtplanung beanspruchten Denkfeldern. Damit sich die Disziplin des Städtebaus nach vorne entwickeln kann, bedarf es für ihn eines neuen Diskurses unter Einschluss von Ideen mit deutlich erweitertem Umgriff. Deshalb müssten Fortschritte im Bereich der Theorie gemacht werden (S. 4 f.) Eine geeignete (theoretische) Grundlage für den Städtebau sei innerhalb einer räumlichen politischen Ökonomie *(spatial political econo-*

my) anzusiedeln (S. 14). Denn die Produktion der gebauten Umwelt, ihre Form und ihr symbolischer Gehalt seien von der materiellen Produktion von Gesellschaft nicht zu trennen, und Städtebau könne in der Tat als die gesellschaftliche Produktion von Raum in seiner materiellen und symbolischen Dimension gesehen werden. Wichtig ist bei Cuthbert, dass die Tätigkeit des *urban design* nicht auf professionelle beziehungsweise institutionelle Akteure beschränkt ist, sondern von der Gesamtheit derer, welche die Stadt bauen, ausgeht (S. 21 ff.).

Hauptgegenstand der Theorie von Cuthbert ist der öffentliche Bereich *(public realm)* beziehungsweise der öffentliche Raum, wo „die Zivilgesellschaft um die Erhaltung einer bedeutsamen städtischen Erscheinungsform kämpft". Notwendiges Wissen über Städtebau betrifft unter anderem die Herausbildung des öffentlichen Bereichs durch Gestalt oder Form der mit ihm verbundenen Räume und der Zeichen setzenden Präsenz der angrenzenden Gebäude (S. 84 ff.). Es geht ihm um die unmittelbare Verbindung von Authentizität und Erfahrung mittels materieller und symbolischer Konstrukte, deren wichtigste die gebaute Umwelt ist, als ,Archäologie der Bedeutung'. „Authentizität und symbolische Darstellung sind .... zentral für den Gedanken, dass Städtebau der symbolische Versuch ist, eine anerkannte Auffassung von Stadt in bestimmten urbanen Formen auszudrücken. ... Authentische Erfahrung ist unausweichlich mit dem Ort *(place)* verbunden, und *placemaking* ist eines der Schlüsselergebnisse im allgemeinen Prozess der Planung von Städten" (S. 115). Der zentrale Fokus des Städtebaus liegt für Cuthbert darin (zu wissen), wie der öffentliche Bereich sich entwickelt hat, wie der von ihm eingenommene Raum verändert, umgewandelt und geplant wird, welche Form er annimmt und wie er sich materiell als Zuwachs von Zeichen darstellt, welche die Bedeutung von Geschichte verkörpern (S. 247).

B Die vorhandene Stadt
Zur Beschreibung und Erklärung ihrer baulich-räumlichen Organisation

0 Erklärende Theorie des Städtebaus

Der hier dargestellte Ansatz zu einer erklärenden Theorie des Städtebaus enthält als zentralen Begriff den der *baulich-räumlichen Organisation*. Er bedeutet (im Sinne von Cerdá) die Art und Weise der *Anordnung* von Grundstücken, Gebäuden, technischen Anlagen und Pflanzungen sowie Außenräumen und ihrer *Beziehung* und *Verbindung* zueinander; im größeren Maßstab: die Anordnung von bebauten Gebieten oder Siedlungseinheiten und ihrer Beziehung und Verbindung zueinander (siehe auch Abschnitt A 2). Ziel eines solchen Ansatzes ist die Beschreibung und Erklärung von gebauter Stadt in ihrem jeweils vorzufindenden Zustand, zu unterschiedlichen Zeitpunkten und damit in ihrer Veränderung im zeitlichen Ablauf. Dabei stehen Gesetzmäßigkeiten der Entwicklung baulich-räumlicher Organisation und ihre maßgeblichen Komponenten im Vordergrund. Im Zuge der Veränderung spielen die Beziehungen zwischen der Bautätigkeit, dem Vorgang der Herstellung von Stadt, und dem Ergebnis, der jeweils vorhandenen Stadt, eine wichtige Rolle (siehe Abschnitt A 4, Übersicht 2).

Gesetzmäßigkeiten der Entwicklung baulich-räumlicher Organisation

Der Begriff der „baulich-räumlichen Organisation", bestehend in der Anordnung, Beziehung und Verbindung von Objekten oder Raumabschnitten, folgt in seinem theoretischen Begründungszusammenhang der von Hillier entwickelten Theorie der *Konfiguration* (siehe Abschnitt A 2). In ihr ist ein Prinzip der Zusammensetzung von Stadt aus ihren baulichen und räumlichen (Teil-)Einheiten formuliert, und es werden Voraussetzungen und Folgen baulich-räumlicher Organisation für die Bedingungen menschlicher Existenz und für bestimmte Formen menschlichen Handelns und Verhaltens erklärt. Die Art der Konfiguration von Objekten oder Raumabschnitten folgt eigenen Gesetzmäßigkeiten, und zwar:

(1)   solchen der ‚aufsteigenden räumlichen Entwicklung' *(spatial emergence, local to global effects)*, nach denen die Art der Konfiguration auf jeweils höherer Maßstabsebene das notwendige Ergebnis unterschiedlicher baulich-räumlicher Maßnahmen auf der jeweils unteren, lokalen Ebene ist;

(2)   solchen der ‚gattungsbezogenen Wirkung' *(generic function)*, nach denen der baulich-räumlichen Organisation von Stadt Zwangspunkte durch grundlegende Merk-

male der menschlichen Aktivität auferlegt sind, wie die der Behausung, des Einnehmens von Orten *(occupancy)* und der Bewegung zwischen den Raumabschnitten oder Orten *(movement)* (Hillier 1996, S. 335);

(3)   solchen, welche die ‚aufsteigende räumliche Entwicklung' mit der ‚gattungsbezogenen Wirkung' in Beziehung setzen; dies betrifft die Kriterien der Nutzbarkeit *(functionality)* und der Verständlichkeit *(intelligibility)*, die grundsätzlich die Eignung der Art der baulich-räumlichen Organisation für die Behausung der Einwohner und für die Bewegung zwischen den Orten bestimmen (S. 393).

Bereits Cerdá hat die Begriffspaare des Lokalen und des Globalen sowie der Behausung und der Bewegung sinngemäß verwendet (Cerdá 1867, Bd. I, S. 43 f., 681 ff.). Die drei Arten von Gesetzmäßigkeiten sind in Übersicht 3 im Zusammenhang veranschaulicht.

Übersicht 3: Gesetzmäßigkeiten der Entwicklung baulich-räumlicher Organisation*

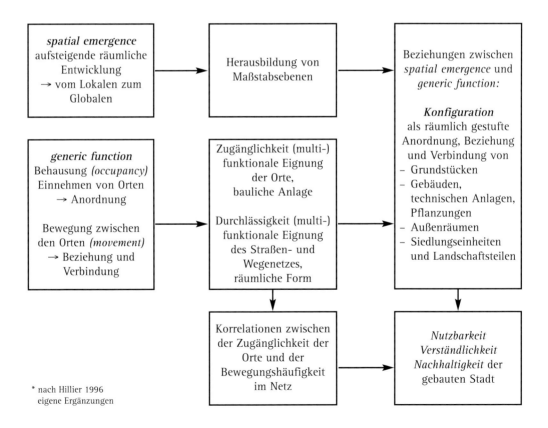

* nach Hillier 1996
  eigene Ergänzungen

Spatial emergence (‚aufsteigende räumliche Entwicklung') bezeichnet das Prinzip, nach dem sich eine Stadt oder Siedlungseinheit im Verlauf ihrer Entwicklung baulich-räumlich organisiert, nämlich von unten nach oben, vom einzelnen Gebäude zur Anordnung mehrerer Gebäude, von Gebäudegruppen oder -blöcken zu Quartieren, von Raumabschnitten zu einem Raum-Netz usw. Dieses Prinzip hat eine technische, eine nutzungsbezogene und eine wahrnehmungsbezogene Dimension. Es führt zur Herausbildung von unterschiedlichen Maßstabsebenen, die oberhalb der einzelnen Orte die Nutzbarkeit und Verständlichkeit von Stadt und Siedlung überhaupt erst gewährleisten.

Generic function (die ‚gattungsbezogene Wirkung') besteht darin, dass der sesshafte Mensch einen Ort und ein Obdach braucht, also eine Behausung *(occupancy)*, und dass er in seiner Existenz auf die Beziehung und Verbindung zwischen unterschiedlichen Orten angewiesen ist, also auf Bewegung *(movement)*. Die Orte müssen (möglichst gut) zugänglich, für eine (möglichst vielfältige) Nutzung geeignet sein und eine dementsprechende bauliche Anlage aufweisen. Für die Bewegung zwischen den Orten bedarf es der (möglichst guten) Durchlässigkeit zwischen Gebäuden, technischen Anlagen und Pflanzungen, die in der Regel durch ein vielfältig nutzbares Straßen- und Wegenetz von entsprechender räumlicher Form gewährleistet wird.

Die dritte Gesetzmäßigkeit der Entwicklung baulich-räumlicher Organisation ergibt sich aus den Beziehungen zwischen *spatial emergence* und *generic function* und mündet in der *Konfiguration*. Die Art der Konfiguration (beziehungsweise baulich-räumlichen Organisation) bestimmt den Grad der *Nutzbarkeit*, *Verständlichkeit* und *Nachhaltigkeit* der gebauten Stadt, Eigenschaften, die anschließend als Oberziele für die zu planende Stadt herausgestellt werden (siehe Abschnitt C 2). Eine wesentliche empirische Grundlage zur Beurteilung dieser Eigenschaften sind Korrelationen zwischen der Zugänglichkeit der Raumabschnitte oder Orte und der Bewegungshäufigkeit im Straßen- und Wegenetz. Die Art der Konfiguration der Raumabschnitte oder Orte in einem Gebiet und die sich darin darstellenden Zugänglichkeiten weisen signifikante, quantitativ darstellbare Beziehungen zur Bewegung der Fußgänger und Fahrzeuge im Straßen- und Wegenetz auf, aus denen sich dann Wirkungen auf die Bebauungs- und Nutzerdichte und die räumliche Verteilung von Nutzungsarten und Standorten ergeben (Hillier 1996, S. 165–170).

Wenn von allgemeinen Gesetzmäßigkeiten der Entwicklung baulich-räumlicher Organisation die Rede ist, stellt sich unmittelbar die Frage nach deren Verhältnis zu der jeweils individuellen örtlichen Situation einer Stadt oder Siedlungseinheit. Die räumlichen Formen vorhandener Städte sind, nach Hillier, der signifikante Ausdruck der bezeichneten Gesetzmäßigkeiten. Diese wirken weder auf der Ebene der Individualität noch der Typologie der Stadt, sondern auf einer tiefer liegenden Ebene, die allen einzelnen Städten und Stadttypen gemeinsam ist. Die Individualität kommt von topographischen und historischen Besonderheiten, und die typologischen Unterschiede ergeben sich aus kulturellen, sozialen und ökonomischen Unterschieden (S. 335–338). „Gebaute Formen sind ... gestaltet, verortet und orientiert aufgrund menschlichen Handelns, aber im Licht der (räumlichen) Gesetzmäßigkeiten, die ihre Auswirkungen kontrollieren" (S. 360).

Komponenten baulich-räumlicher Organisation

Für den hier darzustellenden Ansatz unterscheide ich fünf Komponenten baulich-räumlicher Organisation (siehe auch Abschnitt A 2):

(1)   Bodeneinteilung,
(2)   Bebauung, Erschließung, Bepflanzung,
(3)   Außenraum | öffentlicher Raum,
(4)   Orte und Netz,
(5)   Maßstabsebenen.

Die Komponenten (1) und (2) stehen für die *Anordnung* der Gebäude, technischen Anlagen und Pflanzungen und sind überwiegend durch *bauliche* Merkmale beschrieben. Die Komponenten (3) und (4) stehen für die *Beziehung* und *Verbindung* zwischen den Gebäuden, technischen Anlagen und Pflanzungen und sind überwiegend durch *räumliche* Merkmale beschrieben. Die Komponente (5) steht für die räumliche Stufung zwischen dem *Lokalen* und dem *Globalen*: Baublock/Raumabschnitt, Quartier/Stadtteil, Gesamtstadt, Region. Die Komponenten liefern zugleich die thematische Gliederung für die Abschnitte 1 bis 5 im Teil B dieser Arbeit. Ergänzend werden die sozial-ökonomischen und ökologischen Bezugspunkte baulich-räumlicher Organisation in den Abschnitten 6 *Nutzung* beziehungsweise 7 *Energie- und Stoffströme, Naturhaushalt* behandelt.

Die Unterscheidung nach fünf Komponenten baulich-räumlicher Organisation ist an Kriterien der *Plausibilität* und der *Operationalität* orientiert, einerseits an den Ressourcen der Herstellung von Stadt, andererseits den Verfahren und Instrumenten ihrer Planung.

Plausibilität: Der Boden liefert die Grundlage für die Errichtung von Gebäuden, technischen Anlagen und Pflanzungen. Diese bilden Außenräume, insbesondere den öffentlichen Raum. Bodenflächen (Grundstücke), Gebäude, technische Anlagen, Pflanzungen und Außenräume sind in einer Weise angeordnet, die durch das Verhältnis zwischen Orten und dem Netz der Straßen und Wege beschrieben ist. Das Verhältnis von Orten und Netz enthält eine Stufung nach Größenordnungen und Distanzen, aus der sich unterschiedliche Maßstabsebenen ergeben.

Operationalität: Im System der räumlichen Planung (Stadt- und Raumplanung) sind Planarten vorgesehen, die sich im Wesentlichen auf die als plausibel bezeichneten Komponenten beziehen (siehe Abschnitt D 0, Übersicht 22). In Übersicht 4 sind Merkmale der Komponenten jeweils den beiden Hauptkategorien der Bodeneinteilung, den Insel- oder Blockflächen und den Netzflächen, zugeordnet.

Übersicht 4: Komponenten baulich-räumlicher Organisation

durch **Bodeneinteilung** entstehen →	Insel-/Blockflächen (bzw. Grundstücke)	Netzflächen
auf den Bodenflächen entstehen **Bebauung, Erschließung, Bepflanzung** →	Gebäude, technische Anlagen, Pflanzungen	Wegebefestigung, Erschließungsanlagen, Pflanzungen, ‚Straßenmöbel'
diese bilden **Außenräume**, insbesondere den **Öffentlichen Raum** →	Parke, Landschaftsteile usw.	Straßen und Plätze als Raumabschnitte bzw. das Raum-Netz
der öffentliche Raum konstituiert das Verhältnis zwischen **Orten und Netz** →	zwischen Grundstücken, Gebäuden usw. und dem Straßen- und Wegenetz	zwischen Raumabschnitten und dem Straßen- und Wegenetz
Orte und Netz gliedern sich nach unterschiedlichen **Maßstabsebenen** →	einzelnen Orten, Quartieren, Stadtteilen usw.	einzelnen Raumabschnitten, örtlichen, überörtlichen, regionalen Wegenetzen

1 Bodeneinteilung

Die Art der Anordnung von Gebäuden, technischen Anlagen und Pflanzungen sowie ihrer Beziehung und Verbindung zueinander stellt sich bereits im System der *Bodeneinteilung* dar, die in einzelnen Insel- oder Blockflächen sowie verbindenden Netzflächen (Straßen, Wege, Wasserwege, Schienenwege) besteht. Die Insel- oder Blockflächen sind in der Regel in Parzellen oder Grundstücke unterteilt; sie sind diskontinuierlich und stehen überwiegend unter dem Verfügungsrecht einzelner Eigentümer (Personen oder Institutionen). Die Flächen des Straßen- und Wegenetzes sind hingegen kontinuierlich und stehen grundsätzlich unter dem Verfügungsrecht der öffentlichen Hand. Sie bilden in der Stadt die maßgebliche Grundlage für das, was wir öffentlichen Raum nennen. Die in der Bodeneinteilung angelegte Unterscheidung zwischen Insel- oder Blockflächen und Flächen des öffentlichen Straßen- und Wegenetzes ist Leitlinie für alles Weitere, was den Vorgang der Herstellung von Stadt und den Städtebau ausmacht: Bebauung, Erschließung, Bepflanzung usw. Die Bodeneinteilung, einmal zustande gekommen, setzt in der Regel den Maßstab für Größenordnung und Typologie der Gebäude, für Länge und Breite der Straßenabschnitte und Plätze. Die Anlage des Straßen- und Wegenetzes insgesamt, mit seiner Maschenweite und Gliederung, steht dazu in einer engen Wechselwirkung.

Im größeren Maßstab, auf der Ebene der Gesamtstadt oder Region, gilt die Unterscheidung zwischen Inselflächen und Netzflächen, wie dies in jeder Katasterkarte sofort erkennbar ist, nicht nur für bebaute Gebiete, sondern auch für die im Zuge von Siedlungstätigkeit urbar gemachte freie Landschaft. Zugleich wird deutlich, dass die bebauten Teilgebiete hochgradige Konzentrationen kleiner Grundstücke darstellen. Aus einer solchen Karte ist auch die Konfiguration sämtlicher Grundstücke in einem Gebiet ersichtlich, und der Grad ihrer ‚Integration' oder Zugänglichkeit lässt sich nach der Methode von Hillier (siehe Abschnitt A 2) entsprechend berechnen. Indem sich die Zugänglichkeit aus den Entfernungen eines jeden Grundstücks zu allen anderen Grundstücken ergibt (siehe Abschnitt B 0), bezeichnet die jeweils vorhandene Bodeneinteilung für sich selbst bereits ein wesentliches Potenzial für die Nutzung und Bebauung der Grundstücke. Auch in der Vergangenheit liegende Entscheidungen, die zu einer bestimmten Bodeneinteilung geführt haben, und damit Eigenschaften wie Bodengüte, Baugrund, Geländeneigung usw. sind darin enthalten.

Dieses Potenzial spielt bei Nutzungsänderungen eine wichtige Rolle. Mit ihnen geht oft eine erhebliche Wertsteigerung des Bodens einher, denn unterschiedliche Nutzungsarten erlauben ein je unterschiedliches Maß an wirtschaftlicher Wertschöpfung. Dies erhöht die gesellschaftliche Sensitivität bei Veränderungen der Bodeneinteilung und verstärkt ihre Schlüsselfunktion im städtebaulichen Handeln. Der Umfang, den das Bodenrecht beziehungsweise die *Bodenordnung* (siehe Abschnitt C 1) innerhalb des Städtebaurechts einnimmt, spiegelt diese Schlüsselfunktion wider. Die Abhängigkeit von den Besitzverhältnissen und dem damit verbundenen Immobilienvermögen verschafft dem Boden und der Bodeneinteilung im Zusammenhang mit Städtebau auch ihren Doppelcharakter: Einerseits begünstigt sie den Vorgang der Herstellung von Stadt, indem die einzelnen Grundeigentümer ihre eigenen Entscheidungen für die bauliche oder sonstige Nutzung treffen können; andererseits setzt sie der Planung von Stadt, ihrer Erweiterung, Erneuerung oder ihrem Umbau Widerstände entgegen, die der Bodenrechtsdebatte seit über 150 Jahren ihren Stoff liefern.

Die Bodeneinteilung ist eine materiell-physische ebenso wie eine rechtliche Kategorie. Sie bestimmt maßgeblich den *Stadtgrundriss*, auf dem sich der Aufriss entfalten kann (Abb. 1). Sie bildet zugleich die wesentliche rechtliche Grundlage für die private und öffentliche Bautätigkeit und damit für den Vorgang der Herstellung von Stadt. Die Bedeutung der Bodeneinteilung als Komponente baulich-räumlicher Organisation und Voraussetzung für Bautätigkeit und Städtebau ist in der jüngeren Diskussion neu erkannt und thematisiert worden, etwa in der Herausarbeitung der Funktion der *Parzelle* (z.B. Panerai/Castex/Depaule 1985, Hoffmann-Axthelm 1993). Grundsätze der Einteilung oder Aufteilung des Bodens im Zuge der Siedlungstätigkeit und die Rückwirkungen vorhandener Bodeneinteilung auf die weitere Entwicklung und Veränderung sind aus den verschiedenen genannten Gründen wichtige Gegenstände der Beschreibung und Erklärung baulich-räumlicher Organisation.

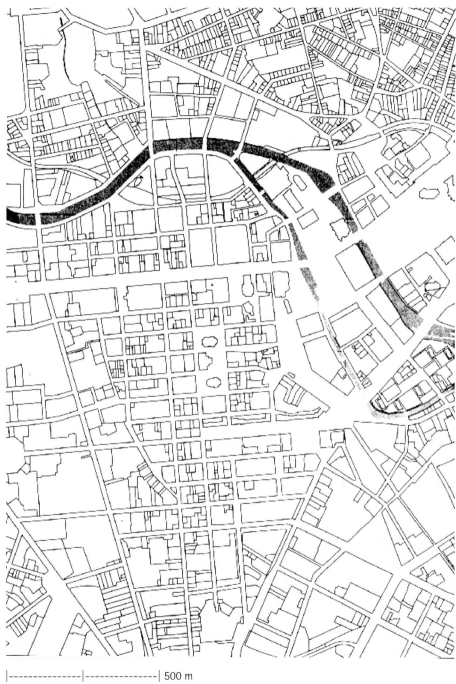

|---------------|---------------| 500 m
Abb. 1 Bodeneinteilung: Berlin-Innenstadt, Parzellenplan um 2001 (Ausschnitt)

Kontinuität über die Zeit

Die Einteilung von Ausschnitten der Erdoberfläche zum Zweck menschlicher Nutzung ist offenbar von Beginn der Sesshaftwerdung an die Grundlage jeder Siedlungstätigkeit gewesen. Es musste entschieden werden, auf welchen Arealen welche Feldfrüchte angebaut werden sollten, wo das Vieh weiden sollte, wo die Häuser zu bauen und welche Flächen für Versammlungsplätze oder Wege frei zu halten waren. Für individuelle und kollektive Aktivitäten war zu klären, wer welche Bodenfläche für welche Zwecke nutzen konnte und wo die Grenzen dieser Flächen lagen. Daraus hat sich im Laufe der Zeit ein System der Einteilung und Zuweisung von Bodenflächen entwickelt, das später förmlichen Rechtscharakter erlangte, von der Überlassung zur Nutzung auf Zeit bis hin zum dinglichen Eigentum nach römischem Recht.

Die Bodeneinteilung wirkt im Sinne von Dauerhaftigkeit oder *Kontinuität*. Sie setzt, durch Gewohnheitsrecht oder verbrieftes Recht, einer Veränderung größeren Widerstand entgegen als alle anderen Komponenten baulich-räumlicher Organisation (siehe auch Abschnitt B 4). Wenn Städte im Zuge kriegerischer Ereignisse ‚dem Erdboden gleich gemacht‘ waren, wurden sie in der Mehrzahl der Fälle nach der vorhandenen Bodeneinteilung, die allein überdauert hatte, wieder aufgebaut. Später, im Prozess der weiteren Entwicklung einer Stadt, musste es sich erweisen, ob die ursprünglich vorgenommene Bodeneinteilung auch veränderten Zwecken der Nutzung und Bebauung entsprach. In der vorindustriellen Stadt mit ihrem meist knappen Raum innerhalb der Befestigungsanlagen und bei der begrenzten Reichweite der Fortbewegung zu Fuß hatte das jeweilige System der Bodeneinteilung besondere Bedeutung. Es hat sich in vielen Fällen erhalten und man kann an den noch vorhandenen Altstädten ablesen, welches Maß an Robustheit und Dauerhaftigkeit und also Kontinuität es bis in unsere Zeit bewiesen hat; auch ist hier zu sehen, wie es im Zuge der Erweiterungen schrittweise, den jeweils veränderten Anforderungen entsprechend, ergänzt und angepasst worden ist.

Erst in der Phase der Moderne ist versucht worden, die Bodeneinteilung im Zuge von Siedlungsmaßnahmen auszublenden, sozusagen die Verbindung zwischen Gebäude und Grundstück aufzulösen. Einige der Motive sind verständlich: Die vorhandene Bodeneinteilung, mehr noch die Verwertungsbedingungen privaten Bodeneigentums wurden als entscheidendes Hindernis für die Erneuerung und Erweiterung der Städte gesehen (vgl. z.B. Bernoulli 1949). Im Ergebnis hatte die Bodeneinteilung bei der Planung der neuen Wohngebiete, insbesondere in der Zeit zwischen 1950 und 1990, keine konstituierende oder gestaltende Funktion. Die Flächen der wenigen Großeigentümer wurden in der Regel nicht unterteilt. Die Anordnung der Gebäude war ein unabhängiges Entwurfselement und hatte keinen verbindlichen Bezug zur Einteilung des Bodens und damit zum Netz der Straßen und Wege. Das Erschließungsnetz war rein (verkehrs-)technisch konzipiert und folgte der Anordnung der Gebäude nach. Jenseits der Lebensdauer der Gebäude und technischen Anlagen kann deshalb eine Kontinuität in der Entwicklung dieser Stadtgebiete nicht ohne weiteres erwartet werden. Die überlieferte Denkweise der Moderne mag der Grund sein, weshalb bis heute die Bodeneinteilung als Komponente baulich-räumlicher Organisation und als generatives Element des Städtebaus oft unterschätzt wird. Eine neuerlich wieder steigende Beachtung des Einflusses der Bodeneinteilung auf die Qualität städtebaulicher Planung muss daher hoch eingeschätzt werden (siehe Teil C).

2 Bebauung, Erschließung, Bepflanzung

Durch Bautätigkeit, das heißt *Bebauung, Erschließung und Bepflanzung*, wird Stadt (stets von neuem) materiell hergestellt. Bebauung steht für die Gebäude, Erschließung für die technischen Anlagen und Einrichtungen (Wegebefestigung, Kanalisation, Energie- und Wasserversorgung usw.), Bepflanzung für Grünanlagen aller Art. Das Wechselverhältnis zwischen Bebauung und Erschließung ist analog dem zwischen Insel-/Blockflächen und Netzflächen. Zwar hat der Raum *zwischen* den Gebäuden, der Außenraum, eine Schlüsselfunktion bei der Entstehung und Veränderung von Stadt und das Netz der Straßen und Wege generiert überwiegend den *öffentlichen* Raum (siehe Abschnitt B 3); dennoch wird dieser erst durch Bebauung, Erschließung und Bepflanzung sichtbar und begreifbar verwirklicht, und die Anlagen und Einrichtungen der Erschließung stellen die technischen Voraussetzungen für die Beziehung und Verbindung zwischen den Gebäuden beziehungsweise Grundstücken her. Bebauung, Erschließung und Bepflanzung als die unmittelbaren Gegenstände und Ergebnisse der Bautätigkeit und ihr Zusammenwirken beim Entstehen öffentlichen Raums legen es nahe, sie als *eine* Komponente baulich-räumlicher Organisation im Zusammenhang zu behandeln.

Bebauung, Erschließung und Bepflanzung bedeuten in ihrem Wortsinn sowohl eine Tätigkeit als auch einen Tatbestand. Die (Bau-)Tätigkeit bewirkt den Vorgang der Herstellung von Stadt und führt zu einem Tatbestand, nämlich der jeweils vorhandenen Bebauung, Erschließung und Bepflanzung. Diese stellen im eigentlichen, engeren Sinne das ‚materiell-physische Substrat‘ von Stadt dar (siehe Abschnitt A 2) und zugleich die wesentliche Ressource für ihre weitere Entwicklung. Es handelt sich um ein historisch entstandenes Potenzial, das in der Gegenwart und Zukunft genutzt werden kann, manchmal allerdings auch um ein Hindernis. Ökonomisch gesehen besteht die Ressource in dem Kapital, das jeweils in die Gebäude, technischen Anlagen und Pflanzungen investiert ist. Die Gebäude selbst und die von ihnen gebildeten privaten und öffentlichen Außenräume sind, kulturell gesehen, Träger von Geschichte und können erheblichen Einfluss auf die weitere Entwicklung haben. Die Grundsätze, nach denen sie errichtet und angeordnet werden, und die Gebäudetypologien, die mehr oder auch weniger zur Entstehung öffentlichen Raums beitragen, sind deshalb (gleich der Bodeneinteilung) für die baulich-räumliche Organisation von Stadt maßgebend. Hillier weist mit Recht darauf hin, dass – im Sinne einer Gesetzmäßigkeit – die verschiedenen Arten baulicher Maßnahmen auf der lokalen Ebene notwendigerweise die Eigenschaften räumlicher Konfiguration auf der höheren Maßstabsebene wesentlich mit bestimmen (siehe Abschnitt B 0).

Bebauung ist die Summe der Gebäude in einem Gebiet oder Teilgebiet (Abb. 2). Im Zusammenhang mit Städtebau interessieren die verwendeten Gebäudetypen, die Länge, Breite und Höhe der Gebäude, vor allem aber die Art ihrer Anordnung beziehungsweise Zueinanderordnung. Die Art der Anordnung führt zu *Bebauungstypen*. Geläufig sind: Blockbebauung, Block-Randbebauung, Zeilen- und Reihenbebauung, Einzelhausbebauung sowie Mischformen, gegebenenfalls unter Einschluss von Hochhäusern. Mit den Bebauungstypen gehen im Allgemeinen unterschiedliche bauliche Dichten und unterschiedliche (direkte oder indirekte) Zugänge zum öffentlichen Straßen- und Wegenetz einher. Die Dichte der Bebauung wird üblicherweise durch das Verhältnis von Geschossfläche zu Grundstücksfläche oder auch von bebauter zu nicht bebauter Fläche gemessen (Maß der baulichen Nutzung). Die Eignung der Gebäude für bestimmte Nutzungsarten ergibt annähernd einen Hinweis auf die Art der baulichen Nutzung (siehe Abschnitt B6). Im gesamtstädtischen und regionalen Maßstab kann zwischen *Gebietstypen* unterschieden werden, in denen bestimmte Bebauungstypen jeweils dominieren: Altstadt/Geschäftsstadt, Stadterweiterungsgebiete des 19. und frühen 20. Jahrhunderts, Landhausgebiete/Villengebiete bis etwa 1920, Industrie- und Gewerbegebiete, Gebiete des gemeinnützigen/sozialen Wohnungsbaus (etwa 1920–1960), Groß-(wohn)siedlungen (etwa 1960–1990), neuere Einzelhausgebiete u.a. Mit den unterschiedlichen Bebauungstypen und Gebietstypen sind bestimmte Möglichkeiten, aber auch Unmöglichkeiten der Nutzung und Nutzungsmischung, der Anpassung und Veränderung verbunden und auch sehr verschiedene Ausprägungen von öffentlichem, halböffentlichem und privatem Außenraum, von klar definierten Räumen und Raumfolgen bis hin zu einem unstrukturierten räumlichen Kontinuum.

Erschließung ist die Gesamtheit der Anlagen und Einrichtungen, welche die technische Verbindung zwischen den Grundstücken oder Gebäuden und von diesen zum Quartier, zur Gesamtstadt und zur Region herstellen. Dies umfasst die Führung und Befestigung der Straßen und Wege, die Wasserwege, die ober- und unterirdischen Schienenwege, die Kanalisation, die Systeme der Energie- und Wasserversorgung, der Abwasserreinigung, der Telekommunikation. *Technische Infrastruktur* ist der geläufige Sammelbegriff. Vom Vorgang der Herstellung aus betrachtet ist die Erschließung überwiegend ein Produkt des ‚Tiefbaus‘, die Bebauung ein Produkt des ‚Hochbaus‘. Die Erschließungsanlagen sind überwiegend in Form von Netzen organisiert, an welche die Grundstücke beziehungsweise Gebäude angeschlossen werden. Die Leitungsnetze liegen aus rechtlichen und praktischen Gründen überwiegend auf beziehungsweise unter den Flächen des öffentlichen Straßen- und Wegenetzes. Die städtische ‚Straße‘ ist somit ein technisches Aggregat, das gleichzeitig zusammen mit den anliegenden Gebäuden und Pflanzungen den öffentlichen Raum im klassischen Sinne bildet.

Bepflanzung umfasst die gesamte Vegetation auf den Blockflächen und auf den Flächen des öffentlichen Straßen- und Wegenetzes, in den Baugebieten und den Nicht-Bauge-

|---------------|---------------| 500 m

Abb. 2 Bebauung: Berlin-Innenstadt, Schwarzplan um 2001 (Ausschnitt)

bieten. Einerseits greift die Tätigkeit der Bebauung und Erschließung eines Gebiets in die jeweils ursprünglich vorhandene Vegetation ein, andererseits ist Bepflanzung ein Teil konstruktiver Siedlungstätigkeit. Städtebau ist nicht nur auf die Anordnung, Beziehung und Verbindung von Gebäuden gerichtet, sondern auch auf die Anordnung, Beziehung und Verbindung von Pflanzungen untereinander und mit den Gebäuden. Die Bepflanzung spielt eine herausragende Rolle in den öffentlichen Grün- und Freiflächen der Stadt, den Parks, Sportanlagen, Friedhöfen, Kleingärten usw., aber sie bestimmt ebenso die Netzflächen, die Straßen und Plätze, insbesondere mit ihren Baumpflanzungen. Schließlich ist die herkömmliche Stadt von ‚Landschaft‘, das heißt land- und forstwirtschaftlichen Flächen oder Ödland, umgeben und das Siedlungssystem großer Agglomerationen ist oft von weitläufigen unbebauten Flächen durchsetzt. Neben der Bedeutung der Bepflanzung als Element baulich-räumlicher Organisation von Stadt hat sie großes Gewicht als eigenes Gestaltungselement und als ökologische Ressource, womit sich insbesondere die Landschaftsarchitektur und Landschaftsplanung beschäftigen. Über lange Zeit ist die freie Landschaft von Seiten des Städtebaus eher als Residuum und als Ressource der Stadterweiterung gesehen worden. Erst mit zunehmender ‚Zersiedelung‘ ist (wieder) erkannt worden, dass der freien Landschaft und ihren Teilen ebenso wie den innerstädtischen Freiflächen ihr eigenes Gewicht und der gleiche Rang wie den bebauten Flächen zukommt.

In Übersicht 5 werden die Elemente von Bebauung, Erschließung und Bepflanzung zu den Kategorien der Bodeneinteilung in Beziehung gesetzt und es ist jeweils dargestellt, wie sie dem Stadtgrundriss und dem Stadtaufriss zugeordnet werden können. Ihre Anordnung und Zueinanderordnung bestimmen den Außenraum, insbesondere den öffentlichen Raum.

Wenn Städtebau darin besteht, die Art und Weise der Anordnung der Gebäude (und Außenräume) und ihre Beziehung und Verbindung zueinander zu bestimmen sowie Regeln für die Koordination und Steuerung der Bautätigkeit aufzustellen (siehe Abschnitt A 3), so kommt es darauf an, dass die Gebäude und Grundstücke in ihrer internen räumlichen Anlage Eigenschaften besitzen, die den Regeln sinnvoll entsprechen können. Mit anderen Worten: nur das, was die Gebäude und Grundstücke aus sich heraus hergeben, kann Gegenstand von Koordination sein. Hier wird das Gewicht von Bebauung und Bebauungsplanung deutlich und hier kommt auch die besondere Bedeutung des Gebäudeentwurfs, von ‚Architektur‘ im Zusammenhang mit Städtebau zum Vorschein: zum Beispiel ob und welche Zimmer zum öffentlichen, halböffentlichen oder privaten Außenraum hin gelegen, ob die Hauseingänge direkt vom öffentlichen Raum aus oder nur indirekt erreichbar, ob die Wagenabstellplätze ‚vor‘ oder ‚hinter‘ dem Haus angeordnet sind usw. Es gibt Gebäude- beziehungsweise Bebauungstypen, die sich gut aneinander fügen und zu Außenräumen ordnen lassen (zum Beispiel die klassischen Stadthäuser), und solche, die dafür kaum geeignet sind (zum Beispiel freistehende Einzelhäuser oder Hochhäuser). Grundsätzlich kann ein Gebäude gewinnen, wenn es in ein baulich-räumliches Muster, einen Bebauungstyp, eingebunden ist bezie-

Übersicht 5: Stadtgrundriss und Stadtaufriss

Stadtgrundriss		Stadtaufriss	
Bodeneinteilung	Erschließung	Bebauung	Bepflanzung

Grundstücke/Parzellen		Gebäude:
		  Länge, Breite, Höhe
		Gebäudetypen:
		  Einzelhäuser,
		  Doppelhäuser,
		  Reihenhäuser,
		  Stadthäuser usw.
			Pflanzungen in
			  Hausgärten,
			  Höfen usw.

Insel-/Blockflächen		Bebauungstypen:
		  Einzelhausbebauung,
		  Reihenbebauung,
		  Zeilenbebauung,
		  Block-Randbe-
		  bauung,
		  Blockbebauung usw.
			Pflanzungen in
			  Parks,
			  Sportanlagen,
			  Friedhöfen,
			  Kleingärten usw.

Netzflächen	technische Anlagen
	(techn. Infrastruktur):
	  Wegebefestigung,
	  Kanalisation,
	  Leitungsnetze der
	  Energie- und Was-
	  serversorgung,
	  Telekommunikation
	  usw.
		‚Straßenmöbel':
		  Kioske,
		  Pavillons,
		  Toilettenhäuschen,
		  Haltestellen,
		  Bänke usw.
			Straßenbäume

Anordnung und Zueinanderordnung der Grundstücke, Gebäude, technischen Anlagen und Pflanzungen zu Außenräumen Entstehung *öffentlichen Raums*			

hungsweise sich ihm anpasst. Der Gewinn besteht etwa beim klassischen Stadthaus im Zugang zu unterschiedlichen Außenräumen (ruhigen und bewegten), in der direkten Zuordnung zu Sichtfeldern, Sichtlinien und Bewegungslinien (Fußgänger- und Fahrzeugverkehr) und zu den Nutzungsangeboten im öffentlichen Raum usw. Der öffentliche Raum gewinnt dabei an räumlichem Zusammenhang, an nutzungs- und wahrnehmungsbezogener Qualität. Je mehr ein Gebäude hingegen eigenständig und unabhängig angeordnet und orientiert ist, was oft mit erhöhtem sozialen Prestige in Verbindung gebracht wird, umso undifferenzierter und unübersichtlicher ist oft seine räumliche Einordnung und umso aufwändiger seine technische Erschließung. Die Stadt verliert dabei in der Mehrzahl der Fälle an räumlichem Zusammenhang.

Beispiel Großsiedlungen

Die großen Areale des sozialen oder staatlichen Wohnungsbaus aus der Zeit zwischen 1960 und 1990 (Großsiedlungen) stellen einen besonderen Gebietstyp dar. Sie weisen überwiegend eine baulich-räumliche Organisation auf, in der es an räumlicher Beziehung und Verbindung mangelt, in der die kleinteilige, ‚kapillare' Ausdehnung oder Zusammenziehung von Nutzungsarten, die Nutzungsmischung und die alltäglichen örtlichen Lebensvorgänge oft erheblich erschwert sind. Ursachen dafür sind:

(1)   die sehr großen und hohen Gebäude und die entsprechend großen Abstände und Zwischenräume, die objektiv und subjektiv schwer zu überwinden sind,
(2)   die oft unübersichtliche, schwer verständliche oder auch willkürliche Ausprägung der Zwischenräume und das Fehlen visuell und körperlich erfahrbaren öffentlichen Raums,
(3)   die mangelnde Regelmäßigkeit und Übersichtlichkeit des Wegenetzes.

Die alltäglichen Lebensvorgänge, die Beziehung und Verbindung zwischen Einheiten gleicher oder verschiedener Nutzungsart sind im Vergleich zu herkömmlichen Formen baulich-räumlicher Organisation behindert. Bestimmte Nutzungsbeziehungen, die andernorts anzutreffen sind, kommen gar nicht erst zustande. Das soziale Netzwerk kann sich weniger gut entwickeln und ausprägen. Gewerbliche und Dienstleistungsanbieter haben vermehrte Schwierigkeiten, sich zu etablieren oder sich auf Dauer zu behaupten. Dies mindert wiederum, zusätzlich zu schon vorhandenen Hindernissen, Gelegenheit und Anreiz zum Nutzungsaustausch. Der materielle und informationelle Austausch wird durch die bauliche Anlage und räumliche Form nicht unterstützt oder kommt gar nicht erst zur Wirkung. *Eine* wichtige Voraussetzung für die Qualität von Stadtteil oder Quartier (siehe Abschnitt B 5) ist in den Großsiedlungen in der Regel vorhanden: die hohe Bevölkerungsdichte. Die *zweite* Voraussetzung ist defizitär: eine baulich-räumliche Organisation, die den Austausch hinreichend fördert, ja ihn überhaupt erst – vermittelt durch räumliche Synergien – über ein Minimum hinaus möglich macht.

Die Hindernisse für Beziehung und Verbindung, Bewegung und Begegnung liegen in zu langen Wegen, in zu eintönigen Wegen, gegebenenfalls in zu wenig sicheren Wegen. Die Länge der Wege ist zunächst durch die große Höhe der Gebäude und die großen Abstände zwischen ihnen bestimmt. Hinzu kommen die überlangen Aufzugschächte und Treppenhäuser als vertikale Sackgassen, die nicht vernetzt sind. Die Wege zu ebener Erde sind oft sowohl objektiv als auch subjektiv zu lang. Wenn Wohnungen oder Geschäftsräume leer stehen, ist das ,Verkehrsaufkommen' und damit das Potenzial zur Begegnung zusätzlich reduziert.

Die *objektive* Weglänge ist unter anderem durch die großen Gebäudeabstände und durch die starke räumliche Konzentration der Handels-, Gewerbe- und Dienstleistungsein-richtungen, das heißt eine zu große Entfernung von den Wohnungen bestimmt. Nicht zu über-sehen sind die Wege zu den Haltestellen der öffentlichen Verkehrsmittel und die Zuordnung oder Nicht-Zuordnung der Handels- und Dienstleistungseinrichtungen zu diesen Wegen.

Die *subjektive* Weglänge ist durch den Mangel an wahrnehmbaren Abwechslungen wie ,Straßenecken', Orten besonderer Nutzung überdehnt, vor allem aber durch den Mangel an maßstabsgerechter baulich-räumlicher Fassung in der dritten Dimension, an gebautem öffentlichen Raum. Dies macht die Wege eintönig und mangels sozialer Kontrolle tenden-ziell auch unsicher. Das ist oft beschrieben worden, in klassischer Weise von Jane Jacobs (Jacobs 1963).

Die objektiven und subjektiven Faktoren verstärken sich gegenseitig, im positiven wie im negativen Sinn.

Beispiel Innenstadtgebiete

Die älteren Innenstädte gelten vielfach als Gegenstück zu den großen Wohngebieten der späten Moderne. Ihre baulich-räumliche Organisation beruht in der Tat auf einem ande-ren Prinzip, wenn es auch in mehrerlei Hinsicht seit der Mitte des 20. Jahrhunderts einge-schränkt oder durchbrochen worden ist. Dieses Prinzip gründet auf der Bodeneinteilung in Parzellen, Blockflächen und Netzflächen. Die Netzflächen bezeichnen mittels der sie beglei-tenden Baufluchtlinien den gebauten öffentlichen Raum, der dann durch die Bebauung in der dritten Dimension verwirklicht wird. Cerdá spricht von der Stadtstraße *(calle)* als einer Zusammenfügung aus Wegen und Gebäuden, einem ,Kasten', der aus dem Straßenboden und den seitlichen Wänden gebildet ist. „Der Weg für sich allein ist keine Straße, noch sind es die Häuser für sich allein" (Cerdá 1867, Bd. I, S. 534). Bewohnbarkeit und Wegsamkeit *(vi-alidad)* müssen miteinander verbunden sein (S. 567). Die grundsätzliche Ausrichtung der Gebäude an der Straße begrenzt die Möglichkeit der Errichtung sehr großer und sehr hoher Gebäude und zugleich das Entstehen zu großer Abstände und Zwischenräume; sie erleich-tert die Ausprägung der Zwischenräume im Sinne visuell und körperlich erfahrbaren öffent-lichen Raums und sie stärkt die Regelmäßigkeit und Übersichtlichkeit des Wegenetzes. Die-se Eigenschaften sind, verbunden mit einer entsprechenden Bebauungsdichte, Kleinteilig-keit und kurzen Wegen, mit ein Grund dafür, dass in manchen älteren Innenstadtgebieten (Wohngebieten, gemischt genutzten Gebieten, Gewerbe- und Geschäftsgebieten) jeweils Nutzungsbeziehungen bestehen, die sich tendenziell gegenseitig verstärken und zu unter-schiedlichen Formen ,städtischer Vielfalt' führen.

Innerhalb vieler Innenstädte hat die Nichtbeachtung dieser Eigenschaften und Zusammenhänge im Zuge von Wiederaufbauplanung, Stadterneuerung, Verkehrsregulierung usw. zum Aufreißen erheblicher Lücken im überlieferten System baulich-räumlicher Organisation geführt, mit deren Schließung seit rund drei Jahrzehnten mühsam wieder begonnen wurde.

3 Außenraum | öffentlicher Raum

Der Außenraum in der Stadt ist der Raum *zwischen* den Gebäuden, abstrakt darstellbar als weiße Fläche(n) im sogenannten Schwarzplan (Abb. 2). Der *öffentliche* Raum ist ein Teil des städtischen Außenraums insgesamt, und zwar derjenige Teil, der durch allgemeine Zugänglichkeit, Durchlässigkeit und räumliche Kontinuität bestimmt und in der Regel am öffentlichen Straßen- und Wegenetz orientiert ist – im Unterschied zu den halböffentlichen und privaten Außenräumen (vgl. Abschnitt B 1). Der (gebaute) öffentliche Raum ist das „zusammenhängende, die ganze Stadt durchdringende Primärsystem, ... strukturierende Vorgabe und Hülle für die Bebauung der Stadt" (Schneider 2000, S. 135). „Öffentliche Räume von Städten sind, fast überall und zu jeder Zeit, Orte außerhalb der Bereiche individueller oder Kleingruppen-Kontrolle gewesen, die zwischen privaten Räumen vermittelt haben und für eine Vielfalt sich oft überlagernder funktionaler und symbolischer Zwecke genutzt wurden. Städtische öffentliche Außenräume waren daher in der Regel Mehrzweckräume, zu unterscheiden von abgegrenzten Territorien (privater) Haushalte und zwischen ihnen vermittelnd" (Madanipour 2003, S. 141). Der öffentliche Raum stellt die „Beziehung und Verbindung" zwischen den Gebäuden her (Cerdá 1867, Bd. I, S. 32), dies als Rahmenbedingung für das Handeln und Verhalten der Benutzer, für ihre Behausung und Bewegung. ‚Beziehung und Verbindung' ebenso wie ‚Bewegung' werden, unbeschadet anderer Kommunikationsmedien, ganz überwiegend durch den öffentlichen Raum gewährleistet. Deshalb nimmt er, als Teil des gesamten Außenraums, unter den Komponenten baulichräumlicher Organisation eine Sonderstellung ein. Er ist deren zentrale Komponente und zugleich das wichtigste Bindeglied zur sozialen Organisation der Stadt.

Wesentlich für den öffentlichen Raum ist das, was in ihm geschieht: das Handeln und Verhalten der Einwohner und Passanten. Dies kennzeichnet den *sozialen* öffentlichen Raum. Der gebaute öffentliche Raum ist nur eine unter mehreren Bedingungen für das, was geschieht. Seinen „Sozialcharakter" (Selle 2001, S. 29 f.) erhält er über seine Nutzbarkeit und Verständlichkeit. Die Aufmerksamkeit der Benutzer und Betrachter gilt zuvorderst dem sozialen Raum, ganz konkret den Personen, die sich in der Stadt bewegen. Erst an zweiter Stelle stehen die baulich-räumlichen Bedingungen. Aber „die materiell-physischen Merkmale ... modifizieren den Raum in einer für das Handeln signifikanten Weise, eingeschlossen Mauern und Zäune, Oberflächen, Einschnitte, Umfelder und Objekte" (Lynch 1981, S. 48). Sie erlangen Qualität auf Grund ihrer unterstützenden Eigenschaften *(supportive characteristics)* so dass ‚Orte' *(places)* entstehen (vgl. De Magalhaes u.a. 2002, S. 53). „Zentral für den Städtebau ist die Fähigkeit der gebauten Umwelt, einen positiven *sense of place* zu befördern, an den gewöhnlichen Orten, die den Rahmen für das tägliche Leben der Leute bilden" (Knox 2005, S. 1). Beide Dimensionen öffentlichen Raums, die soziale und die baulich-räumliche, sind allerdings Gegenstand der visuellen und körperlichen Wahrnehmung, die subjektiv das ‚Bild der Stadt' ausmachen. Dem entsprechen objektiv das beobachtbare Handeln und Verhalten der Personen und die materiell-physische Beschaffenheit, die Konstruktion des öffentlichen Raums.

Die eigentliche Fragestellung bei der Beschreibung und Erklärung des öffentlichen Raums als Komponente baulich-räumlicher Organisation ist die nach dem *Wechselverhältnis* zwischen der materiell-physischen Konstruktion und dem Handeln und Verhalten der Einwohner und Passanten. Amos Rapoport hat dieses Wechselverhältnis auf den Begriff der *supportive environments* oder der *supportiveness* gebracht. Es gehört in das Paradigma der Beziehungen zwischen gebauter Umwelt und sozialem Verhalten *(environment-behaviour relations)*, zwischen ‚Personen und Dingen' *(people and things)* (Rapoport 1990 b, S. 11). Er bezieht sich damit auf Umgebungsmerkmale, die für bestimmte Aktivitäten geeignet sind und diese dadurch unterstützen. Die entsprechenden Codes gehen von der Konstruktion (unbewegliche Elemente), der Ausstattung (halbbewegliche Elemente) sowie den Personen im öffentlichen Raum (bewegliche Elemente) aus. Diese Codes determinieren nicht das Verhalten, aber sie haben eine Gedächtnis-Funktion, die das Verhalten signifikant beeinflusst. Rapoport unterscheidet dabei vier Variablen oder Merkmale: personenbezogene, kulturelle, materiell-physische und wahrnehmungsbezogene. Die personenbezogenen und kulturellen Merkmale sind jeweils überwiegend vorgegeben. Die materiell-physischen und wahrnehmungsbezogenen Merkmale hingegen können durch Städtebau beeinflusst werden (Rapoport 1986, S.166 f.).

In Übersicht 6 ist das Wechselverhältnis zwischen der *Konstruktion* des öffentlichen Raums und dem *Handeln und Verhalten* der Einwohner und Passanten im öffentlichen Raum zusammengefasst dargestellt, vermittelt durch seine praktische Nutzbarkeit *(functionality)* und seine wahrnehmungsbezogene Verständlichkeit *(intelligibility)*. Die aufgeführten Merkmale von Konstruktion, Nutzbarkeit, Verständlichkeit sowie Handeln und Verhalten sind untergliedert nach (einzelnen) Raumabschnitten und dem Raum-Netz. Die in der Spalte *Konstruktion* aufgeführten Merkmale können durch städtebauliche Planung unmittelbar beeinflusst werden. Die unter *Nutzbarkeit* und *Verständlichkeit* aufgeführten Begriffe stellen Kriterien oder Ziele dar, an denen die Konstruktion auszurichten ist, wenn sie denn geeignet sein soll, das *Handeln und Verhalten*, die Aktivitäten der Einwohner, Erwerbstätigen und Passanten im öffentlichen Raum zu unterstützen oder überhaupt erst zu ermöglichen. *Nutzbarkeit* bedeutet für den einzelnen Raumabschnitt (Straße, Platz usw.): Zugänglichkeit, Aufenthaltsqualität, Sicherheit, multifunktionale Eignung; für das Raum-Netz darüber hinaus: Durchlässigkeit und räumliche Kontinuität. *Verständlichkeit* bedeutet für den einzelnen Raumabschnitt (als Sichtfeld): Umschließung (Geschlossenheit/Offenheit), Überschaubarkeit; für das Raum-Netz (als System von Sichtlinien): Überlappung der Sichtfelder, Blickführung auf Merkzeichen, Orientierung; dass das, „was wir von den Räumen, die das System ausmachen, sehen können ... ein guter Führer zu dem ist, was wir nicht sehen können" (Hillier 1996, S. 129).

Übersicht 6: Merkmale öffentlichen Raums*

Konstruktion öffentlichen Raums	Nutzbarkeit öffentlichen Raums *functionality*	Verständlichkeit öffentlichen Raums *intelligibility*	Handeln/Verhalten im öffentlichen Raum
Raumabschnitte (Straßen, Wege, Plätze usw.): – Art der Raumbegrenzung/ Umschließung – Abmessungen/ Maßstäblichkeit, ‚Körnigkeit‘ – Gebäudeabstände – unterschiedliche Höhenlagen – Himmelsrichtungen – Ausstattung	– Zugänglichkeit – Aufenthaltsqualität – Sicherheit – multifunktionale Eignung	Sichtfelder *(convex spaces):* – Umschließung: Geschlossenheit/ Offenheit – Überschaubarkeit	– notwendige Aktivitäten – wahlfreie Aktivitäten – ‚soziale‘ Aktivitäten
Raum-Netz (Straßen- und Wegenetz): – Wegeführung – Maschenweite – Gliederung – Grad der Verflechtung – Kontinuität/ Diskontinuität – Gliederung nach Maßstabsebenen	– Durchlässigkeit – räumliche Kontinuität – multifunktionale Eignung (Bewegung, Begegnung usw.)	Sichtlinien *(axial lines):* – Überlappung der Sichtfelder – Blickführung auf Merkzeichen – Orientierung	– Bewegung von Personen – Bewegung von Fahrzeugen

* nach Projektgemeinschaft 1995, Gehl 1996, Hillier 1996, Schneider 2000, eigene Ergänzungen

Eine für den Städtebau entscheidende Frage ist, was die Qualität des gebauten öffentlichen Raums konkret ausmacht, welches die unterstützenden Eigenschaften *(supportive characteristics)* sind, welche Ausprägungen also die Merkmale seiner Konstruktion im Hinblick auf Nutzbarkeit und Verständlichkeit haben müssen, damit sie das Handeln und Verhalten, die Aktivitäten im öffentlichen Raum unterstützen (siehe hierzu Teil C). Hier kommt der Begriff der *räumlichen Synergie* ins Spiel.

Räumliche Synergie und *supportiveness*

Das Wort Synergie, altgriechisch συνεργια, bedeutet Zusammenwirken. Es meint grundsätzlich eine *win-win*-Situation. *Räumliche* Synergie beruht auf dem Zusammenwirken zwischen ‚Dingen und Dingen‘ *(things and things)* (Rapoport 1990 b, S. 11), Gebäuden, technischen Anlagen und Pflanzungen innerhalb einer Siedlungseinheit. Dies kann sich auf unterschiedliche Maßstabsebenen beziehen: Straßenabschnitte, Plätze, Quartiere, Stadtbezirke oder die gesamte Stadt. Die Art der Zueinanderordnung oder Konfiguration von Gebäuden usw. und damit von Räumen in einem Gebiet konstituiert räumliche Synergie oder sie tut es nicht (Dysergie). Räumliche Synergie bedeutet das Vorhandensein oder Entstehen von Orten: dass Örtlichkeit wahrgenommen und einem Raumabschnitt oder einer Siedlungseinheit die Vorstellung von ‚Stadt‘ zugeschrieben werden kann. Räumliche Dysergie bedeutet das Fehlen oder die Zerstörung von Orten: Ortlosigkeit, ‚Nicht-Stadt‘ (siehe auch Abschnitt C 2).

Eine Bestimmungsebene räumlicher Synergie in einer Stadt oder Siedlungseinheit ist die Art und Weise, wie Gebäude, technische Anlagen und Pflanzungen angeordnet sind und wie die Formen der einzelnen Raumabschnitte (Straßenabschnitt, Platz usw.) daraus entstehen. Eine zweite Bestimmungsebene räumlicher Synergie besteht darin, wie die Raumabschnitte oder die von ihnen gekennzeichneten Orte miteinander verbunden sind und somit ein Raum-Netz bilden. Eine dritte Bestimmungsebene ist die unterschiedliche Entfernung eines jeden Raumabschnitts zu allen anderen Raumabschnitten *(universal distance)* und umgekehrt die Zugänglichkeit und damit Lagegunst der Raumabschnitte oder Orte innerhalb eines Gebiets.

Insbesondere Hillier hat gezeigt, dass die Zueinanderordnung oder Konfiguration von Objekten und Räumen in einem Gebiet den Schlüssel zu räumlicher Synergie bildet, „Schlüssel sowohl zu den Formen der Stadt als auch wie Menschen in Städten funktionieren“ (Hillier 1996, S. 152). Er hat zugleich gezeigt, dass die unterstützenden Eigenschaften von Raumabschnitten und des Raum-Netzes messbar sind. Und seine Mess-Ergebnisse weisen eine hohe Korrelation mit dem tatsächlichen Handeln und Verhalten der Nutzer im öffentlichen Raum auf. Dabei bleiben die Messwerte auf den beiden ersten Bestimmungsebenen ganz konkret, denn sie beruhen auf visueller Wahrnehmung (Sichtfelder, Sichtlinien). Auf der dritten Bestimmungsebene wird das gemessen, „was wir nicht sehen können“, den Zusammenhang eines jeden Raumelements mit jedem anderen Raumelement in einem Gebiet (Integration oder Zugänglichkeit). Durch die Darstellung der räumlichen Verknüpfung der Sichtfelder oder Sichtlinien im Zusammenhang des gesamten Raum-Netzes gelingt es, die unterstützenden Eigenschaften gebauten öffentlichen Raums sowohl geometrisch als auch in Rechenwerten darzustellen und dabei Maß und Zahl mit dem subjektiven Element der Wahrnehmung zu verbinden (siehe Abschnitt A 2).

Für den Städtebau ist entscheidend, was die räumliche Synergie gebauten öffentlichen Raums konkret ausmacht und welches die *supportive characteristics* sind, welche Ausprägungen also die Merkmale seiner Konstruktion haben müssen, damit sie das Handeln und Verhalten, die Aktivitäten im öffentlichen Raum unterstützen. Das Konzept der *supportiveness* (siehe oben) als Bindeglied zwischen dem sozialen und dem gebauten öffentlichen Raum erlaubt die

Bestimmung von empirisch zu ermittelnden unterstützenden Eigenschaften und damit einen Maßstab für Qualität, für räumliche Synergie oder Dysergie. Wenn die unterstützenden Eigenschaften sich empirisch-analytisch als relevant und tragfähig erweisen, können sie zur Beurteilung vorhandenen Außenraums | öffentlichen Raums und von Entwürfen für Umbau und Neugestaltung herangezogen werden.

Die Merkmale, die einem Raumabschnitt unterstützenden Charakter geben, sind vielfältig. Die wichtigsten sind Länge, Breite und Höhe. Amos Rapoport nennt auf Grund umfangreicher Untersuchungen für Fußgänger-Straßen 36 Merkmale, die er in 6 Gruppen zusammenfasst: (A) ein eher hohes Maß an Umschließung, (B) eher schmale (Straßen-)Räume, (C) eher komplexe Räume: mit vielfachem Wahrnehmungs-Potenzial, (D) eher kurze oder begrenzte Sichtlinien, (E) eher deutlich ausgeprägte Oberflächen der umschließenden Elemente (Gebäudefronten), (F) hohe Komplexität auf der Maßstabsebene des Quartiers (Rapoport 1990, S. 288 ff.). Jan Gehl beschreibt in seinem Buch *Life between buildings. Using public space* eine differenzierte Reihe unterstützender Merkmale, die er nach Aktivitäten gliedert: (1) gehen, (2) stehen, (3) sitzen, (4) sehen, hören und reden, (5) angenehmer Aufenthalt in jeder Hinsicht, (6) Randzonen | Übergänge (Gehl 1996, S. 135 ff.).

Die beiden Autoren geben anhand differenzierter baulich-räumlicher Merkmale eine konkrete Vorstellung davon, was beim städtebaulichen Entwerfen zu berücksichtigen ist, wenn räumliche Synergie und *supportiveness* für den öffentlichen Raum erreicht werden sollen. Die Merkmale beziehen sich jeweils auf die verschiedenen Maßstabsebenen und zusätzlich auf die Ausstattung und auf bauliche Details der Straßen und Plätze (im Einzelnen: Frick 2007, S. 266 ff.). Sie ergeben kein Rezept für die Planung, aber sie beschreiben und begrenzen den Suchraum und das Handlungsfeld für das städtebauliche Entwerfen.

Gebauter öffentlicher Raum

Der gebaute öffentliche Raum besteht grundsätzlich in einem Raum-Netz, unterteilt in Raumabschnitte. Wenn das Netz entsprechend vollständig ausgebildet ist, verbindet es jeden Ort mit jedem anderen Ort und bildet eine maßgebliche Voraussetzung für die Beziehung und Verbindung zwischen den Orten, für Bewegung und Begegnung. Der gebaute öffentliche Raum ist somit einerseits das primäre Element der *Infrastruktur* der Stadt und macht sie als solche praktisch nutzbar; er war dies bereits lange, bevor es technische Infrastruktur im heutigen Sinne gab; die modernen technischen Anlagen kamen später hinzu. Der gebaute öffentliche Raum ermöglicht andererseits die zusammenhängende visuelle und körperliche Wahrnehmung von Stadt und macht ihre baulich-räumliche Organisation dadurch verständlich. Die Einwohner und Passanten können, indem sie ihn durchlaufen oder durchfahren, die Stadt im Zusammenhang wahrnehmen und erleben. Der öffentliche Raum liefert diejenige Perspektive von Stadt, die sich ihnen am unmittelbarsten darstellt; dies im Unterschied zur Vogelperspektive oder zu Stadtansichten von außerhalb. In das Raum-Netz sind weitere öffentliche Außenräume eingebunden, zum Beispiel Parkanlagen und Gewässer; und der öffentliche Raum reicht (zu bestimmten Tageszeiten) auch in öffentlich zugängliche Gebäude und nicht öffentliche Außenräume hinein. Seine besondere Funktion als Komponente baulich-räumlicher Organisation und zugleich für die städtebauliche Planung besteht darin, dass er sowohl Produkt der ihn begrenzenden Gebäude, technischen Anlagen und Pflanzungen ist als auch Vorgabe für deren räumliche Anordnung sein kann.

Das *Raum-Netz* als Prinzip baulich-räumlicher Organisation findet sich bereits in den ältesten bekannten Städten. Seine Erfindung wurde offenbar notwendig, weil die Bewältigung der räumlichen Komplexität einer Siedlung oberhalb einer bestimmten Größenordnung anders nicht mehr zu leisten war. Der *eine* öffentliche Platz, um den herum die Häuser angeordnet sind (wie beim Siedlungstyp des Angerdorfs oder des Rundlings) wurde sehr bald zu groß. Die *eine* Straße, an der die Häuser entlang stehen (wie beim Siedlungstyp des Straßendorfs), wurde sehr bald zu lang. Bei einer unregelmäßigen Verteilung der Gebäude (wie beim Siedlungstyp des Haufendorfs) wäre die Orientierung sehr bald unmöglich geworden, man hätte sich verlaufen. Es musste ein neues Prinzip der Anordnung und Verbindung einzelner Raumabschnitte gefunden werden. Die Neuerung bestand in der Zusammenfassung mehrerer Grundstücke zu Insel- oder Blockflächen beziehungsweise mehrerer Häuser zu Reihen und Blöcken, die ein mehr oder weniger regelmäßiges Raum-Netz von Straßen und Wegen ausfüllen. Es hängt von der Feingliedrigkeit des Netzes ab, wie direkt man von einem zum anderen Ort gelangen kann. Es hängt von der Regelmäßigkeit, mehr noch von der Verständlichkeit des Netzes ab, wie gut man sich orientieren, und von der Geradlinigkeit der Netzteile, wie weit man schauen kann. Und es hängt von den Querschnitten ab, wie bequem oder angenehm man sich bewegt (vgl. Frick 1973, S. 44 f.).

Der gebaute öffentliche Raum stellt sich auf den verschiedenen *Maßstabsebenen* jeweils unterschiedlich dar. Am einzelnen Ort bildet er einen Raumabschnitt als Straßenabschnitt oder Platz. Auf der Ebene des Stadtteils oder Quartiers ist er primär durch das Netz der Straßen und Wege bestimmt und variiert dabei jeweils nach der städtebaulichen Konzeption zur Zeit der Entstehung, nach unterschiedlicher Zweckbestimmung und Nutzung (Wohngebiete, gemischt genutzte Gebiete, Gewerbegebiete, Handels- und Dienstleistungsgebiete) und nach der Lage in der Stadt (zentral, dezentral, peripher). Wenn das von einem Raum-Netz erschlossene Gebiet eine bestimmte Größenordnung überschreitet, werden neue Untergliederungen erforderlich, etwa nach Haupt- und Nebenstraßen. Entweder war eine solche Untergliederung von Anfang an vorgesehen oder es werden nachträglich, wenn die Ausdehnung der Stadt es erfordert, neue Hauptstraßen angelegt – durchgebrochen. Eines der berühmten Beispiele sind die *grands travaux* in Paris nach 1852 unter Georges Eugène Haussmann, im Zuge derer ein neues übergeordnetes Raum-Netz von Hauptstraßen dem vorhandenen kleinteiligen Netz überlagert wurde (Haussmann 2000). Allgemein sind auf der Ebene der Gesamtstadt die Hauptlinien des Netzes, besondere Orte, Teilgebiete mit besonderen Charakteristika, unbebaute beziehungsweise eingeschlossene Landschaftsräume sowie Markierungen (topographische oder bauliche Merkzeichen) die Elemente, die das übergreifende Bild, das Gesamtbild der Stadt, vermitteln (vgl.

Projektgemeinschaft 1995, S. 5). Außerhalb der Siedlungseinheiten, auf der Ebene der Region, geht der baulich umschlossene, städtische öffentliche Raum in offene Landschaftsräume über. Das Netz der Straßen und Wege ist dort grundsätzlich nicht mehr in der dritten Dimension gekennzeichnet und weist wesentlich größere Maschenweiten auf.

Der gebaute öffentliche Raum ist Träger zeitlicher und örtlicher Beständigkeit. Als freizuhaltender Raum zwischen Insel- oder Blockflächen besitzt er eine erheblich längere ‚Lebensdauer‘ als die ihn begrenzenden Gebäude. Durch seine Immaterialität ist er nicht unmittelbar dem ‚Zahn der Zeit‘ ausgesetzt. Die Gebäude mögen in bestimmten Zyklen abgerissen und neu gebaut werden, der durch sie begrenzte öffentliche Raum bleibt, in Verbindung mit der Bodeneinteilung, in gewisser Hinsicht physisch derselbe. Dadurch ist er auch, in stärkerem Maße als die Gebäude, Träger der Identität einer Stadt. Wo „Gebäude verschiedener Städte einander gleichen oder wo an einem Ort, auf ein und demselben Grundstück Generationen unterschiedlichster Gebäude einander ablösen, bleibt sich die Stadt in einem doch gleich, bleibt sie von anderen Orten derselben Stadt und von anderen Städten verschieden und unterscheidbar – im öffentlichen Raum" (Projektgemeinschaft 1995, S. 4). Die „langfristige Stabilität des öffentlichen Raums als System beruht auf der Anpassungsfähigkeit seiner Struktur und auf der Wandelbarkeit seiner Nutzung, seiner unspezifischen Multifunktionalität. Der öffentliche Raum macht die Stadt für jedermann lesbar und erfahrbar und erlaubt dem Stadtbenutzer, sich in der Stadt zu verorten, die Stadt ohne ortskundige Hilfe zu benutzen und zu beherrschen. Er ist das überall und für jedermann Bekannte, auch an unbekannten Orten der Stadt" (Schneider 2000, S. 136).

Allerdings weist der gebaute öffentliche Raum in der Wirklichkeit der vorhandenen Stadt, jenseits der rein technischen Erschließung, erhebliche Diskontinuitäten und Brüche auf, die ein Ergebnis der Stadtentwicklung und -planung seit der Industrialisierung, insbesondere der zweiten Hälfte des 20. Jahrhunderts sind. Dazu haben die Entstehung großer Industrie- und Gewerbegebiete und die Schaffung von Eisenbahnanlagen und Schnellstraßen erheblich beigetragen. Dies hat in Teilgebieten zur Unkenntlichkeit oder ‚Auflösung‘ öffentlichen Raums geführt. Viele der großen Wohngebiete der Moderne aus der Zeit zwischen 1950 und 1990 folgen dem Konzept eines offenen, kaum gegliederten Stadtraums mit geringer oder ganz aufgehobener Unterscheidung zwischen öffentlichen, halböffentlichen und privaten Außenräumen, zwischen Vorder- und Rückseiten, Außen- und Innenbereichen, lauten und ruhigen Außenräumen (vgl. Projektgemeinschaft 1995, S. 11).

Der Raum zwischen den Gebäuden ist dort nicht sichtbar unterteilt, sondern ‚fließend‘. Das Zusammenwirken von Bebauung und Außenraum kommt nicht oder nur eingeschränkt zum Tragen. Die Wahrnehmung und Verständlichkeit von Stadt, die subjektive Seite der Entstehung von Form, ist in hohem Maße erschwert, selbst wenn eine bewusste Konzeption für die Anordnung der Gebäude gegeben ist. Aber: „Räume, die nicht umschlossen sind, können nicht identifiziert werden und bringen deshalb auch keine Ortsbindung des Benutzers zuwege – eine solche Bindung setzt voraus, daß ein Platz ein Ort bestimmter Formen, Kräfte, Gefühle und Bedeutungen ist" (Feldtkeller 1994, S. 69). Noch schwieriger wird die Wahrnehmung in Teilgebieten, deren baulich-räumliche Organisation (jenseits der technischen Erschließung) überhaupt keiner erkennbaren Logik mehr folgt, sondern in einer weit gehend zufälligen Anordnung von Gebäuden, technischen Anlagen und Pflanzungen sowie ganzer Siedlungsteile besteht (,Zersiedelung'). Diesen Sachverhalt hat Thomas Sieverts „Zwischenstadt" genannt (Sieverts 1998).

Für die analytische Erfassung der zweifachen Funktion des gebauten öffentlichen Raums, materiell-physische Verbindung herzustellen (Nutzbarkeit) und komplexe visuelle und körperliche Wahrnehmung zu ermöglichen (Verständlichkeit), hat Hillier eine geeignete Methode entwickelt, indem er mit *Sichtfeldern* (umschlossenen Räumen, *convex spaces*) und *Sichtlinien (axial lines)* arbeitet (Hillier 1996, siehe auch Abschnitt A 2). Die Sichtfelder zeigen unmittelbar an, wie weit die einzelnen Raumabschnitte in der Wahrnehmung reichen. Die Sichtlinien verbinden die Raumabschnitte visuell miteinander und konstituieren so das Raum-Netz von der Wahrnehmung her. Wie weit man von den einzelnen Raumabschnitten aus jeweils sehen kann und inwieweit sich ihre Sichtfelder überlappen, ist ein Maßstab für ihre Verbindungsintensität *(connectivity)*.

Sozialer öffentlicher Raum

Als Merkmale des Handelns und Verhaltens sind neben denen der ‚Bewegung' in Übersicht 6 dreierlei Arten von Aktivitäten genannt: „notwendige", „wahlfreie" und „soziale" Aktivitäten (nach Gehl 1996). „*Notwendige Aktivitäten* umfassen solche, die mehr oder weniger zwingend sind – in die Schule oder zur Arbeit gehen, einkaufen, auf den Bus oder eine Person warten, laufende Botengänge, Post austragen – ... alle Aktivitäten, bei denen die Teilnahme für die jeweils Beteiligten in größerem oder kleinerem Maß (zwingend) erforderlich ist. ... Weil die Aktivitäten in dieser Gruppe notwendig sind, ist ihr Aufkommen nur wenig durch die physischen Rahmenbedingungen beeinflusst. ... Die Teilnehmer haben keine Wahl. ... *Wahlfreie Aktivitäten* – das heißt Beschäftigungen, denen man nachgeht, wenn man es wünscht und Zeit und Ort es möglich machen – sind eine ganz andere Sache ... spazieren gehen, frische Luft schnappen, herumstehen und das Leben genießen, oder in der Sonne sitzen. Diese Aktivitäten finden nur statt, wenn die äußeren Bedingungen optimal sind, wenn Wetter und Ort dazu einladen. Dieser Bezug ist besonders wichtig im Hinblick auf physische Planung. ... *Soziale Aktivitäten* sind alle Aktivitäten, die von der Präsenz anderer (Aktivitäten) in öffentlichen Räumen abhängen ... Spielen der Kinder, Grüße austauschen und sich unterhalten, gemeinschaftliche Aktivitäten verschiedener Art, und schließlich ... passive Kontakte, das heißt einfach andere Leute sehen und hören. ... Diese Aktivitäten können auch ‚resultierende' Aktivitäten genannt werden, weil sie in fast allen Fällen von Aktivitäten ausgehen, die mit den beiden anderen Kategorien verbunden sind. Sie entwickeln sich im Anschluss an die anderen Aktivitäten, weil die Leute sich im selben Raum befinden, sich treffen, aneinander vorbei kommen oder bloß in Sichtweite sind" (Gehl 1996, S. 11–16).

Die Untersuchungen von Gehl münden in der Feststellung, dass je mehr Leute auf der Straße sind und je länger, umso mehr Begegnungen und Kontakte (‚soziale' Aktivitäten) zustande kommen. Es sind jedoch umso mehr Leute auf der Straße, je angenehmer (nutzbar, verständlich) sich die Konstruktion des öffentlichen Raums darstellt. Selbst die ‚notwendigen Aktivitäten' gehen dann tendenziell gelassener vonstatten, man bleibt zum Beispiel auf dem Heimweg eher einmal stehen. „Eine ganze Reihe von wahlfreien Aktivitäten wird (auch) entstehen, weil Ort und Situation die Leute einladen anzuhalten, sich hinzusetzen, etwas zu essen, zu spielen, und so weiter. In Straßen und Stadträumen von schlechter Qualität findet nur das blanke Minimum an Aktivitäten statt" (S. 13). Natürlich spielt dabei eine Rolle, welches Potenzial überhaupt vorhanden, wie hoch die Einwohner- und Beschäftigtendichte ist, wie die den jeweiligen Raumabschnitt begrenzenden Gebäude und Grundstücke genutzt sind, ob es sich um ein Wohngebiet, ein gemischt genutztes Gebiet, ein durch produzierendes Gewerbe oder Handel und Dienstleistungen bestimmtes Gebiet handelt. Dem entsprechend werden Art und Umfang der Aktivitäten variieren. Von Bedeutung ist hier aber, dass selbst im Falle relativ geringer Dichte und Nutzungsmischung die Konstruktion des öffentlichen Raums bereits ihren Einfluss auf ‚wahlfreie' und ‚soziale' Aktivitäten entfaltet, positiv wie negativ. „Die Besucherfrequenz ist kein Maßstab für den Öffentlichkeitswert eines Stadtraums" (Projektgemeinschaft 1995, S. 33). Grundsätzlich stellt sich der soziale öffentliche Raum eher im Alltäglichen als in den besonderen Ereignissen dar, umfasst die gesamte Stadt und nicht, wie manchmal unterstellt, nur die ‚Zentren'.

Dennoch sind die Aktivitäten im öffentlichen Raum flüchtig. Selbst die relativ stabilen ‚notwendigen' Aktivitäten können teilweise durch die Benutzung des Autos ersetzt werden. Sie können sich tageweise, wöchentlich, jahreszeitlich und über längere Zeiten hin verändern, auch wenn die materiell-physischen Merkmale der Raumabschnitte und Teilgebiete grundsätzlich gleich bleiben und ihnen „Öffentlichkeitstauglichkeit" (Schneider 2000) bescheinigt werden kann. Dabei spielen Wetter, Außentemperaturen, Veränderung der Gebäudenutzung, Verkehrsregelung, öffentliche Sicherheit, soziale Gewohnheiten, die Nutzung elektronischer Medien oder auch vorübergehende Moden eine Rolle. In äußerlich als gleich oder ähnlich zu charakterisierenden Raumabschnitten oder Teilgebieten können die Aktivitäten auf die ‚notwendigen' eingeschränkt oder bis hin zu den ‚sozialen' entfaltet sein. Denn für die Einwohner und Passanten stellt der gebaute öffentliche Raum ein *Angebot* dar, das genutzt oder nicht genutzt werden kann. Er determiniert nicht, aber er ermöglicht (oder verhindert). In manchen Raumabschnitten oder Teilgebieten wird das Angebot genutzt, in anderen kaum; in ein und demselben Raumabschnitt zu manchen Zeiten durchaus, zu anderen nicht. Rapoport spricht in diesem Zusammenhang von manifester im Unterschied zu latenter Nutzung (Rapoport 1986, S. 165 ff.).

Wesentlich ist im Grundsatz, dass ein solches Angebot an gebautem öffentlichen Raum besteht, dass es langfristig und möglichst flächendeckend aufrecht erhalten und damit öffentlichen Aktivitäten im buchstäblichen Sinne Raum gegeben wird. Wenn ihnen kein geeigneter öffentlicher Raum zur Verfügung steht, finden sie woanders oder aber gar nicht statt (vgl. Gehl 1996, S. 131).

Zwei verschiedene Untersuchungsansätze

Die *Sozialwissenschaften* interessieren sich in Bezug auf den öffentlichen Raum vorrangig für die *Veränderungen* im Handeln und Verhalten der Akteure sowie für die Funktion und Bedeutung, die er in diesem Zusammenhang hat oder nicht mehr hat; für den Struktur-, Funktions- und Bedeutungswandel des öffentlichen Raums und dabei für die Frage, inwieweit herkömmliche baulich-räumliche Konzeptionen gegenwärtigen gesellschaftlichen Bedingungen überhaupt noch entsprechen können. Ihre Analysen beschäftigen sich ausführlich mit den Gründen, die zu den Veränderungen geführt haben (z.B. Häußermann u.a. 1992). An vielen Orten anzutreffende Erscheinungen wie Entmischung, soziale Segregation, ‚Verinselung‘ usw. stehen dafür, dass bestimmte historische Nutzungsformen, die sich in vorhandenen öffentlichen Räumen niedergeschlagen haben, nicht wiederkehren werden.

Von Seiten der Sozialwissenschaften wird eine ‚integrierte‘ Theorie des öffentlichen Raums gefordert. Der Soziologe Herbert Schubert hat, neben anderen, diese Forderung eingehender begründet und sie durch seine Kritik an den Ansätzen der Raum- und Planungswissenschaften konkretisiert (Schubert 2000). Schubert stellt bei diesen einen vorherrschenden Dualismus des Raumbegriffs fest. Der Raum werde in zwei verschiedene Typen gespalten, der erste dabei als das Praxisfeld der Gestaltungsaufgaben definiert und der zweite den Sozial- und Gesellschaftswissenschaften überlassen. Es bestehe eine eklektische Design-Orientierung: Architekten und Stadtplaner seien auf die „Rahmung durch Bebauung“, Landschafts- und Freiraumplaner auf den öffentlichen Freiraum, Verkehrsplaner auf die Verkehrsflächen ausgerichtet (ähnlich bei Altrock/D. Schubert 2003, S. 99). Auf der anderen Seite führt H. Schubert eine Reihe von sozialwissenschaftlichen Konzepten an, welche die materiell-physische Dimension des öffentlichen Raums und damit entsprechende Anknüpfungspunkte explizit enthalten. Der Raum sei (nach Castells) als materielles Produkt zu begreifen, das die Menschen einschließt, über deren soziale Beziehungen und Interaktionen die Formen, die Funktionen und die Bedeutungen von Raum entstehen. Der urbane öffentliche Raum sei sowohl an die Logik der geometrischen Form als auch an die Dialektik des (sozialen) Inhalts gebunden. Das sozialräumliche Zeichenrepertoire, die formalen Raumstrukturen und die sozialen Nutzungsmuster bildeten (nach Soja) einen kohärenten Zusammenhang, der umfassend und als Teil einer größeren Ordnung zu bewerten sei (Schubert 2000, S. 12–22).

Die *Planungswissenschaften*, hier der *Städtebau*, interessieren sich vor allem für die *Konstanten*, das heißt für die materiell-physischen Eigenschaften und Merkmale des öffentlichen Raums, die trotz vieler Veränderungen ihre unterstützende Funktion für das Geschehen dort unter Umständen behalten oder neu gewinnen können. Dabei geht es einerseits um die Frage, welche Eigenschaften vorhandener baulich-räumlicher Bestände den veränderten Anforderungen nutzbar gemacht werden können, andererseits darum, welche Eigenschaften überhaupt erforderlich sind und geschaffen werden sollen, um bestimmte Aktivitäten Raum zu geben, die anders gar nicht stattfinden würden. Die Ausrichtung auf die Konstanten hat damit zu tun, dass die zu errichtenden Gebäude, technischen Anlagen und Pflanzungen, die den gebauten öffentlichen Raum bilden, über viele Jahrzehnte, manchmal über Jahrhunderte bestehen. Die Gesellschaft und mit ihr die individuellen und kollektiven Aktivitäten verändern sich aber schneller als die Gebäude und der gebaute öffentliche Raum. Der mögliche Umfang der baulichen Anpassung, die Quote der Reinvestitionen für die bauliche Erneuerung und Veränderung ist – schon allein wegen des großen Bestands an Sachkapital – deutlich begrenzt. Nicht zuletzt deshalb kommt es auf langfristig tragfähige Konzeptionen für den gebauten öffentlichen Raum an, die ihrerseits Spielraum für Veränderungen enthalten müssen.

Städtebau hat zu berücksichtigen, dass es eines spezifischen Begriffs von öffentlichem Raum bedarf, der auf das Wechselverhältnis zwischen dem gebauten und dem sozialen Raum Bezug nimmt (vgl. Läpple 1992, Abschnitt A 2). Ein solcher Begriff muss sich einerseits auf materiell-physische Eigenschaften beziehen lassen, die durch Bautätigkeit geschaffen oder modifiziert werden können und geeignet sind, Aktivitäten im öffentlichen Raum zu unterstützen (siehe oben). Er muss andererseits der Forderung der Sozialwissenschaften nach einer ‚integrierten‘ Theorie des öffentlichen Raums entsprechen. Für die Praxis des Städtebaus ist dabei von Bedeutung, dass es in jedem bebauten Gebiet ein System von Außenräumen gibt – mehr oder weniger gut organisiert –, in dem die ‚notwendigen‘ Aktivitäten (Fußgänger- und Fahrzeugverkehr) in jedem Falle stattfinden, so dass es sich lohnen könnte, auch unter veränderten gesellschaftlichen Bedingungen baulich-räumliche Voraussetzungen für die Entfaltung von ‚wahlfreien‘ und ‚sozialen‘ Aktivitäten (nach Gehl, siehe oben) anzubieten, die „Öffentlichkeitstauglichkeit“ (Schneider), die „suportiveness“ (Rapoport) zu verbessern, das *Potenzial* des öffentlichen Raums im Auge zu behalten. Gehl spricht davon, dass die Leute und die (sozialen) Ereignisse, die in einem gegebenen Raum beobachtet werden können, das Produkt aus Anzahl und Dauer individueller Ereignisse sind (Gehl 1996, S. 79) und dass die beobachteten Aktivitäten und die baulich-räumlichen Bedingungen „Schritt für Schritt“ in Beziehung gesetzt werden müssen. Dies ist sowohl eine theoretische als auch eine praktische Aufgabe (siehe Abschnitt D 3).

4 Orte und Netz

Durch *Orte* und *Netz* ist die *topologische* Komponente baulich-räumlicher Organisation bezeichnet. Topologisch bedeutet „Lage und Anordnung geometrischer Gebilde im Raum“ (Duden 1966, S. 717). *Orte* steht für die Anordnung von Grundstücken, Gebäuden, Raumabschnitten usw. in einem Gebiet, *Netz* für die Beziehung und Verbindung zwischen ihnen. Den verschiedenen Maßstabsebenen entsprechend können *Orte* auch aus Quartieren, Stadtteilen oder ganzen Städten bestehen und das *Netz* der Straßen und Wege (Fuß- und

Fahrwege, Wasserwege, Schienenwege) kann jeweils eine lokale, gesamtstädtische oder regionale Erstreckung haben. Der Zusammenhang von Orten und Netz und die Stellung der einzelnen Orte, Raumabschnitte oder Teilgebiete im Netz ist durch ihre *Konfiguration* beschrieben. Aus der Konfiguration der Orte oder Raumabschnitte in einem Gebiet ergibt sich für jeden von ihnen der Grad der Zugänglichkeit, das heißt ein Wert für ihre *Lage* (siehe Abschnitt A 2). Dieser Lage-Wert ist einerseits topologisch bestimmt, hat aber zugleich, in Verbindung mit der Bewegung von Fußgängern und Fahrzeugen im Netz, soziales und ökonomisches Gewicht, das sich unter anderem in der Art der Nutzung oder Nutzungsmischung und sodann in der Bebauungsdichte ausdrückt. Dem topologisch bestimmten Zusammenhang von Orten und Netz in einem Gebiet (Konfiguration) entspricht in der sozialen und ökonomischen Dimension der des Nutzungs- und Standortgefüges (vgl. Abschnitt B 6).

Das Verhältnis zwischen Orten und Netz ist durch *Wechselwirkungen* gekennzeichnet, die in jeder der fünf Komponenten baulich-räumlicher Organisation ebenso wie in ihren sozial-ökonomischen und ökologischen Bezugspunkten (siehe Abschnitte A 2 und B 0) ausgeprägt sind. Übersicht 7 zeigt, dass für jede der Komponenten und Bezugspunkte ein plausibles Begriffspaar angegeben werden kann, das die Komplementarität zwischen Orten und Netz beschreibt: Inselflächen und Netzflächen, Bebauung und Erschließung, Raumabschnit-

Übersicht 7: Orte und Netz: Wechselwirkungen

Topologie Komponenten/ Bezugspunkte	*Orte* *Anordnung*		*Netz* *Beziehung und Verbindung*
Bodeneinteilung	Insel-/Blockflächen	→	Netzflächen
Bebauung, Erschließung, Bepflanzung	Bebauung (Gebäude, Pflanzungen)	→	Erschließung (technische Anlagen)
Außenraum | öffentlicher Raum	Raum*abschnitte*	→	Raum-*Netz*
Maßstabsebenen	lokal	→	global
Nutzung	Behausung (Wohnen, Arbeit usw.)	→	Bewegung (Verkehr, Versorgung usw.)
Energie- und Stoffströme, Naturhaushalt	‚Lager‘	→	Ströme

te und Raum-*Netz*, lokal und global, Behausung und Bewegung, ‚Lager' und Ströme. Die *Orte* (zweite Spalte) sind durch Insel- oder Blockflächen und ihre Bebauung oder durch Raumabschnitte gekennzeichnet; sie stehen für die lokale Maßstabsebene, für die Behausung, die grundlegenden ortsgebundenen Aktivitäten. Das *Netz* (dritte Spalte) ist durch Netzflächen (mit den technischen Anlagen der Erschließung) und durch das (öffentliche) Raum-Netz gekennzeichnet; das Netz steht für die Verbindung zu den jeweils übergeordneten Ebenen bis hin zum globalen Maßstab, für die Bewegung zwischen den Orten, die den Funktionszusammenhang der ‚grundlegenden' Aktivitäten untereinander gewährleistet. Zu beachten ist, dass die Netzflächen in Form von Raumabschnitten (Straßenabschnitten, Plätzen) ebenfalls Orte darstellen können.

Die Wechselwirkungen zwischen Orten und Netz bestimmen maßgeblich die Dynamik der Entwicklung baulich-räumlicher Organisation. Bautätigkeit beziehungsweise Investitionen in Gebäude aller Art richten sich in der Regel nach dem Lage-Wert der Orte. Investitionen in das Netz verändern wiederum die Durchlässigkeit von Netzteilen und damit die Zugänglichkeit von Orten und deren Lage-Wert. Nach allgemeiner (aber auch umstrittener) Auffassung kommt den Veränderungen am *Netz* gegenüber Veränderungen der *Orte* das größere, ein generatives Gewicht zu. Hillier spricht davon, dass „Orte nicht Städte hervorbringen", sondern dass „es die Städte sind, die Orte hervorbringen" (Hillier 1996, S. 151). Dies meint, dass Lage im Netz und Zugänglichkeit die Funktion und Bedeutung der einzelnen Orte bestimmen, nicht umgekehrt. Daraus ergibt sich auch, dass man durch Maßnahmen am einzelnen Ort dessen Gewichtung nur insoweit steigern kann, wie der Grad der Integration oder Zugänglichkeit des Ortes dies erlaubt.

Bei der Anlage, Ergänzung und Veränderung des Straßen- und Wegenetzes ist die Form und Maschenweite, das Eingehen auf die Topographie, die Differenzierung nach unterschiedlichen Straßentypen und Raumprofilen und die Gestaltung des Straßenraums im Einzelnen maßgeblich. Durch diese Merkmale wird das Entstehen von Orten, willentlich oder unwillentlich, positiv oder negativ beeinflusst. Wenn die Bedeutung des Netzes (zumal als Raum-Netz) unterschätzt oder gar negiert wird, wie in vielen Wohnsiedlungen der Moderne, kann dies zu Schwierigkeiten in der Orientierung, zu mangelnden Kommunikationsgelegenheiten, schließlich zur ‚Ortlosigkeit' führen – trotz der Anwesenheit vieler Menschen in den Häusern. Wenn die Bedeutung des Netzes überschätzt oder einseitig interpretiert wird, wie oft bei der Anlage städtischer Hauptverkehrsstraßen und Stadtautobahnen, führt dies zur Unbenutzbarkeit von Stadträumen (außer für die Kraftfahrzeugbenutzer), zur Errichtung von Barrieren im Netz und zur Beeinträchtigung seiner wichtigen Eigenschaften wie Kleinteiligkeit, räumliche Kontinuität, maßstäbliche Stufung. Eine entscheidende Voraussetzung, die ein gut organisiertes Wegenetz und Netz öffentlichen Raums für die Funktion und Entwicklung der einzelnen Orte, der Quartiere und Stadtteile, liefern kann, ist das Ermöglichen von wechselseitigen positiven externen Effekten, von räumlichen Synergien (vgl. Hillier 1996, S. 168). Darin liegt einer der grundlegenden Beiträge des Städtebaus zum Entstehen von Orten (siehe Abschnitt C 2).

Die Moderne im Städtebau hat durch möglichst exklusive Zuordnung von Nutzungsarten zu Orten (Funktionstrennung) eine räumliche Isolierung oder ‚Verinselung‘ gefördert und in den durch sie bestimmten Siedlungsteilen auch erreicht. Grundstücke und Gebäude, Insel- oder Blockflächen und größere Teilgebiete sind dort in der Regel für eine einzige Nutzungsart ausgewiesen und die Gebäude stehen je für sich. Ihre Anordnung folgt einer weit gehend freien Komposition. Die Straßen und Wege stehen nicht in erkennbarer räumlicher Beziehung zu den Gebäuden. Straßen und Wege verlaufen überwiegend unabhängig von der räumlichen Gliederung durch Gebäude und sind nicht in der dritten Dimension gekennzeichnet. Der anderwärts visuell und körperlich erfahrbare Zusammenhang zwischen Behausung und Bewegung, zwischen privater und öffentlicher Nutzung, ist weit gehend auf die technische Funktion reduziert (siehe auch Abschnitt B 2). Die Insel- oder Blockflächen sind häufig sehr groß, die ‚innere‘ Verkehrserschließung erfolgt dann durch Sackgassen oder Schleifen. Die Nachbarschaften, Quartiere, ‚Siedlungen‘ bilden jeweils eigene Einheiten oder Gruppierungen von Orten, die untereinander und mit der übrigen Stadt unzureichend verbunden sind.

Die Konzeption der Moderne ist von den Orten ausgegangen. Dem Netz hat sie eine eher technische Funktion zugeordnet, die sich dann, etwa in der Verkehrsplanung, verselbständigen konnte. Einige Autoren, Protagonisten der ‚Auflösung der Stadt‘, sehen im Anschluss daran die Siedlungsstruktur zunehmend nur noch durch Netze und Bewegung bestimmt und rechnen den Orten eine untergeordnete oder nur vorübergehende Bedeutung zu. Sie sehen die Auflösung als unaufhaltsamen Trend oder feiern sie gar als die Siedlungsstruktur der Zukunft (siehe Abschnitt C 6). Hier wird das Netz überbetont, die Orte werden zum Residuum, zur Restgröße innerhalb der materiellen und immateriellen (virtuellen) Netze. Den Orten wird keine eigene Position (mehr) zuerkannt.

In der Überbetonung entweder der Orte oder des Netzes kommen sowohl Ratlosigkeit als auch Faszination zum Ausdruck: Ratlosigkeit angesichts der nicht mehr beherrschbar erscheinenden Komplexität sowie der ungebremsten und unkoordinierten Entwicklung von Stadt und Siedlung; Faszination entweder angesichts einer möglich erscheinenden ‚neuen Heimat‘ im Sinne etwa des Nachbarschaftsgedankens (während der Moderne) oder aber der Überwindung von Örtlichkeit im Sinne allumfassender Mobilität. Beide Positionen setzen jeweils nur auf *eines* der topologischen Grundelemente, die Orte *oder* das Netz, und hoffen, damit vereinfachte Erklärungen und Handlungsansätze zu finden. Dabei wird übersehen, dass es auf die Erfassung des komplementären Zusammenhangs zwischen Orten und Netz und auf die Wechselwirkungen zwischen beiden ankommt, auf städtischer wie auf regionaler Maßstabsebene.

Orte

Ein *Ort* ist im Zusammenhang von Stadt und Siedlung durch das bestimmt, was an ihm geschieht, und zugleich durch baulich-räumliche Bedingungen, die erforderlich sind, damit etwas geschehen *kann* (vgl. Abschnitt B 3). Diese Bedingungen bestehen in Gebäuden, technischen Anlagen und Pflanzungen (bauliche Anlage) oder in Raumabschnitten, die aus solchen gebildet sind (räumliche Form). Das, was an einem Ort geschieht, sind menschliche Aktivitäten, die längerfristig und regelmäßig dort betrieben werden: Wohnen, Arbeiten, Produzieren, Verwalten, Kaufen, Verkaufen, Ackerbau treiben, Sich-Erholen usw. Die so bestimmten Nutzungsarten von Orten in einem Stadtgebiet sind nach typischen Mustern räumlich verteilt. Die Mehrzahl der Orte ist durch alltägliche, grundlegende Aktivitäten bestimmt. Manche Orte oder Gruppierungen von Orten zeichnen sich durch besondere Aktivitäten, besondere Nutzungsintensität (Dichte) oder Nutzungsvielfalt (Mischung) aus, meist bedingt durch besonders gute Zugänglichkeit. Es wird ihnen eine ‚Zentralität‘ zugesprochen.

Über die Merkmale der baulichen Anlage, der räumlichen Form und der stattfindenden Aktivitäten hinaus (aber mit diesen verbunden) haben viele Orte eine stark oder weniger stark ausgeprägte *Bedeutung*, das heißt eine Verankerung im Bewusstsein der Benutzer des einzelnen Ortes, des Quartiers oder der Stadt. Diese Bedeutung beruht unter anderem auf der Wahrnehmbarkeit und Verständlichkeit des Ortes. Kevin Lynch hat diesen Gesichtspunkt in seinem berühmten Buch über „das Bild der Stadt" untersucht und dargestellt (Lynch 1960), Amos Rapoport hat der *Bedeutung der gebauten Umwelt* eine eingehende Untersuchung gewidmet (Rapoport 1990 a).

Orte sind beides: (1) das Produkt ihrer Nutzung, baulichen Anlage und räumlichen Form und (2) das Produkt der Anordnung aller anderen Orte in dem betrachteten Gebiet, beschrieben durch die Summe der Entfernungen des jeweiligen Ortes zu allen anderen Orten (siehe Abschnitt A 2). Jede Veränderung an einem Ort wirkt sich auf alle anderen aus. Dies allerdings in unterschiedlichem Ausmaß, je nach Lage und Zugänglichkeit des betreffenden Ortes. Da in der Regel während einer bestimmten Zeitspanne baulich-räumliche Veränderungen immer nur an wenigen Orten stattfinden, bleibt die Veränderung insgesamt ihrem Umfang nach begrenzt. Die etwa notwendigen Anpassungen können in der Regel ohne besondere Schwierigkeit vorgenommen werden. Die gleichzeitige Veränderung vieler Orte in der Stadt, zum Beispiel durch Kriegszerstörung, aber auch durch sehr große Baumaßnahmen kann hingegen Wirkungen auslösen, welche die räumliche Konfiguration und das Nutzungs- und Standortgefüge, die Nutzbarkeit und Verständlichkeit eines Stadtgebiets, beschädigen oder gar in Frage stellen.

Historisch betrachtet haben *Orte* mit der Sesshaftwerdung der Menschen eine neue Funktion und Bedeutung erlangt. Sie sind nicht mehr nur Stationen auf den Wanderungen der Nomaden, sondern Plätze, an denen sich die Lebensäußerungen über Jahre, Jahrzehnte oder Generationen hinweg niederschlagen: institutionell durch die Bodeneinteilung, mittels derer Voraussetzungen für Bautätigkeit und Nutzung sowie Verfügungsrechte etabliert werden; materiell durch die errichteten Gebäude, technischen Anlagen und Pflanzungen, deren Reste sich hernach über lange Zeit ablagern und historische Schichten bilden; im Gedächtnis der Bewohner durch mündliche oder schriftliche Überlieferung. Der Anfang von Städtebau ist mit der Sesshaftwerdung und einer entsprechend veränderten Funktion und Bedeutung von Orten verbunden. Wenn von Haus, Quartier oder Stadt gesprochen wird, ist bis heute immer zugleich ein *Ort* oder eine Gruppierung von Orten bezeichnet.

Straßen- und Wegenetz

Träger der wechselseitigen Beziehung und Verbindung zwischen den Orten ist das Netz der Straßen und Wege. Das *Netz* stellt die räumliche Beziehung und die materiell-physische Verbindung zwischen den Orten (eines jeden Ortes mit jedem anderen) her. Die Nutzung der Netzflächen ist durch Aktivitäten der Bewegung, der Begegnung, des Austauschs und des Transports gekennzeichnet. Das Straßen- und Wegenetz ‚erschließt‘ ein Gebiet, macht jedes einzelne Grundstück, jede Insel- oder Blockfläche, zugänglich und praktisch nutzbar. Es sichert, gleich der Bodeneinteilung, die materiell-physischen Voraussetzungen für die Errichtung von Gebäuden, technischen Anlagen und Pflanzungen auf den Grundstücken. Die das Stadtgebiet filigran überziehenden Netzflächen bilden, jedenfalls bei den klassischen Siedlungstypen, ein sichtbares Gerüst im Stadtgrundriss. Das Netz bildet die Grundlage für das Entstehen öffentlichen Raums.

Das Straßen- und Wegenetz in seiner räumlichen Kontinuität hat eine generative Wirkung. Als Vermittler von „Bewegungsökonomie" (Hillier) erzeugt es (unterschiedliche) Standortqualitäten an den einzelnen Raumabschnitten oder Orten. Besondere öffentliche Räume (Raumabschnitte) und besondere Orte entstehen vorwiegend da, wo die jeweils übergeordneten Netzlinien mit dem lokalen Netz in geeigneter Weise verknüpft sind, wo Fußgänger oder Fahrzeuge besonders guten Zugang haben. Die Zugänglichkeit ist ein Produkt der Konfiguration der Netzteile und der Form des Straßen- und Wegenetzes. Der für die einzelnen Raumabschnitte oder Orte in einem Gebiet errechnete Wert für ihre Zugänglichkeit korreliert in der Tat hochgradig mit der gemessenen durchschnittlichen Fußgänger- oder Fahrzeugfrequenz. Das heißt, dass der Fußgängerverkehr im Straßen- und Wegenetz in nennenswertem Umfang durch die räumliche Konfiguration der Netzteile bestimmt und der Fahrzeugverkehr stark durch den Grad der Zugänglichkeit beeinflusst ist (Hillier 1996, S. 165). Die Merkmale des Netzes (siehe oben) bestimmen so – positiv wie negativ – in erheblichem Maß die Bewegung im Netz und sodann das, was an den Orten geschieht. Wenn es „die Städte sind, die Orte hervorbringen" (Hillier), dann ist das Straßen- und Wegenetz der Vermittler dieses Prozesses und die Planung des (Raum-)Netzes ein strategischer Vorgang im Städtebau.

Das Netz überdauert in der Regel wesentlich länger als die Orte mit ihren besonderen Nutzungsarten und ihrem baulichen Bestand (siehe auch Abschnitt B 3). Die größere Dauerhaftigkeit des Straßen- und Wegenetzes ist unter anderem in den umfangreichen und langfristigen Sachinvestitionen des Tiefbaus auf und unter den Netzflächen begründet (technische Infrastruktur). Bereits in den Städten der Antike und des Mittelalters gab es Wegebefestigung, Wasserleitung und Kanalisation. Im Zuge der technischen und hygienischen Modernisierung im 19. Jahrhundert wurde dies zum Standard. Es folgten die Netze der Gas- und Elektrizitätsversorgung, der Fernheizung und Telekommunikation. Im 20. Jahrhundert entstanden verschiedene, sich überlagernde Verkehrsnetze mit unterschiedlichen Reichweiten und Geschwindigkeiten: quartierbezogene Straßen- und Wegenetze, Netze von Hauptverkehrsstraßen, ober- und unterirdische Schienennetze, ‚kreuzungsfreie' Schnellstraßen für den Kraftfahrzeugverkehr.

Während das quartierbezogene, sozusagen klassische Straßen- und Wegenetz alle Arten von Bewegung und Transport einschließlich des Sich-Aufhaltens bei vielfältigen Aktivitäten erlaubt, sind die übergeordneten Netze spezialisiert: nur Personenverkehr (städtische Schnellbahnen), nur Kraftfahrzeugverkehr oder nur höhere Geschwindigkeiten (Schnellstraßen). Diese übergeordneten Netze dienten und dienen einerseits der Bewältigung von Ausdehnung und Zunahme bebauter Fläche im Zuge von Siedlungswachstum und Regionalisierung. Andererseits können sie, insbesondere die Netze des individuell betriebenen Fahrzeugverkehrs, auch zur Desintegration und Verwahrlosung von Orten beitragen, indem sie die Zugänglichkeit für andere Verkehrsarten erschweren, Barrieren bilden und durch Lärm und Abgase die Aufenthaltsqualität von Straßenräumen stark vermindern.

Im regionalen Maßstab stellt sich die Funktion des Netzes analog dar. Die Stadt lebt seit ihrer Erfindung von den Beziehungen zu ihrem Umland; und sie lebt von ihren Verbindungen zu anderen Städten, mit denen sie kooperiert oder konkurriert. Diesen überörtlichen Verbindungen diente und dient ein Netz von Land- und Wasserwegen. Die Lage und Zugänglichkeit einer Stadt oder städtischen Agglomeration im übergeordneten Netz und die entsprechenden Verkehrsströme bezeichnen unter anderem ihre Funktion und Bedeutung im Siedlungssystem. Dies kann man an Pilgerstätten, Regierungssitzen, Handelszentren und Seehäfen oder Orten des Fremdenverkehrs gut beobachten, aber auch an Flughäfen und an großen Einkaufszentren außerhalb der herkömmlichen Stadt. Das Netz der Land- und Wasserwege, ergänzt um die (nur in ihren Knoten materialisierten) Netze von Seeverkehr, Luftverkehr und Telekommunikation, umspannt heute den gesamten Erdball. Die Straßen- und Wegenetze innerhalb der bebauten Gebiete stellen aus dieser Sicht extreme Verfeinerungen dar. Die Maschenweite der Wegenetze reicht von vielen hundert Kilometern im Urwald oder in der Wüste bis zu weniger als einhundert Metern in einem Stadtquartier.

Behausung und Bewegung

Die Unterscheidung zwischen Orten und Netz ist einerseits topologisch begründet, andererseits hat sie mit unterschiedlichen Aktivitäten oder unterschiedlichen Arten der Nutzung zu tun (siehe oben). Diesen Sachverhalt hat Cerdá mit dem Begriffspaar der *Behausung* und

Bewegung (albergue und *locomoción)* erfasst. Die „konstitutiven Elemente (des Städtebaus) sind die Behausungen, Zweck ist die (Sicherung der) Wechselseitigkeit ihrer Bedienung, und die Mittel dazu sind die öffentlichen Wege" (Cerdá 1867, Bd. I, S. 44). Wohnungen und Wohngebäude oder, in größerem Maßstab, die Wohnquartiere sind zwischen Abend und Morgen Orte der Ruhe in dem Sinne, dass die Einwohner für einige Zeit dort verweilen. Dies gilt tagsüber auch für viele Arbeitsstätten. In der vorindustriellen Stadt, als die meisten Einwohner jeweils auf demselben Grundstück wohnten und arbeiteten, war diese Zeit noch wesentlich länger.

Damals wie heute ist die Bewegung (Be-weg-ung) als physisch realisierte Verbindung zwischen den einzelnen Orten unentbehrliche Lebensbedingung. Sie wurde es zunehmend im Zuge der Trennung von Wohn- und Arbeitsstätte, von fortschreitender Arbeitsteilung und entsprechender räumlich-funktionaler Differenzierung sowie mit steigendem Wohlstand. Häufigkeit und Reichweite von Bewegung und der Umfang der Transportleistungen haben stark zugenommen. Mit dem Aufkommen der Telekommunikation haben immaterielle Verbindungen an Bedeutung gewonnen; allerdings haben sie, fast wider Erwarten, die physischen Bewegungen in ihrer Bedeutung kaum geschmälert. Der moderne Kraftfahrzeugverkehr hat die Städte und das Siedlungssystem insgesamt revolutioniert und bedroht in zahlreichen Fällen ihren räumlichen Zusammenhalt. Orte und ihre räumliche Konfiguration haben unter anderem durch die Zunahme an Bewegung (‚Mobilität') eine veränderte, in Teilen neu zu bestimmende Funktion und Bedeutung erlangt. Aber ihre existenzielle Bestimmung für das Leben der Menschen scheint weder aufgehoben zu sein noch sich neu zu gewinnenden Bezügen zu verschließen (vgl. Keim 2003, S. 75 ff.).

Eines der Merkmale von Bewegung in der Stadt und zugleich der Funktion des Netzes ist die Anzahl der Personen, die innerhalb einer Zeitspanne einen Ort oder Raumabschnitt oder ein Quartier aufsuchen, sei es aus Gründen der religiösen Verehrung, der politischen Versammlung, des Handels, des Vergnügens oder der Neugier. Damit ist zugleich etwas über die Wichtigkeit der Funktion und Bedeutung eines Ortes, über seine ‚Zentralität', ausgesagt. Im landläufigen Verständnis von Ortsbedeutung werden jeweils die Orte von eher alltäglicher Nutzung mit solchen von eher nicht alltäglicher, zentraler Nutzung verglichen, dies sowohl innerhalb der Stadt als auch zwischen den unterschiedlichen Siedlungseinheiten (Städten, Vorstädten, Dörfern usw.). Je länger und regelmäßiger ein Ort von einer großen Anzahl von Personen aufgesucht wird, umso umfangreicher sind dort die baulichen Investitionen, die ihrerseits wiederum die Voraussetzungen für zentrale Nutzungen verstärken. Grundlage bilden aber, schon der Menge nach, immer die vielen Orte ‚geringerer' Bedeutung, an denen die Menschen wohnen oder arbeiten, ihren alltäglichen Tätigkeiten und Verrichtungen nachgehen, von wo sie kommen, um die Orte ‚höherer' Bedeutung beziehungsweise Zentralität aufzusuchen.

Hillier sieht die Bewegung als das „grundlegende Korrelat der räumlichen Konfiguration ... sowohl hinsichtlich der Bestimmung der räumlichen Form, indem Bewegung weit gehend die Gestaltgebung des Raumes in der Stadt diktiert, als auch hinsichtlich der Wirkungen, indem Bewegung weit gehend durch räumliche Konfiguration bestimmt ist" (generative Wirkung des Netzes). „Die Struktur des städtischen Netzes, rein als räumliche Konfiguration betrachtet, ist selbst die stärkste einzelne Determinante der Bewegung in der Stadt, von Fußgängern und von Fahrzeugen. ... Diese Beziehung (zwischen räumlicher Konfiguration und Bewegung) hat bereits als eine starke Kraft unsere historisch entwickelten Städte geformt, durch ihre Wirkung auf Bodennutzung, Bebauungsdichte, städtische Nutzungsmischung und auf das Verhältnis von Teilgebieten zur Gesamtstadt" (Hillier 1996, S. 152).

Hillier sieht das Muster der Bau- und Straßenfluchten (den öffentlichen Raum) als die grundlegende Bestimmungsgröße der Bewegung; und er sieht die Struktur des Straßen- und Wegenetzes *(urban grid)*, die Verteilung der Nutzungsarten und die Bebauungsdichten in einem dynamischen Prozess miteinander verbunden, der auf der Beziehung zwischen Netzstruktur und Bewegung beruht. Netzstruktur und Bewegungsmuster sind dabei nicht nur in Bezug auf die Haupteinfall- beziehungsweise Hauptausfallstraßen voneinander abhängig, sondern auch in Bezug auf die Feinstruktur. Daraus entsteht die ganze Vielfalt von Wechselwirkungen zwischen Netzstruktur, Bodennutzungen und Dichtewerten (S. 167 f.). Die Stadt lebt von der Bewegung, aber die Bewegung ist zugleich durch das jeweils vorhandene Straßen und- Wegenetz maßgeblich bestimmt. Die Stadtbenutzer suchen sich ihre Wege, wo sie diese finden können, aber sie müssen ihnen angeboten werden.

5 Maßstabsebenen

Die Ausprägung der baulich-räumlichen Organisation von Stadt und Siedlung ist nicht kontinuierlich, sondern weist Cluster und Sprünge auf. Die Teilflächen sind in ihrer Größe sehr unterschiedlich: überwiegend kleine Parzellen und Inselflächen (Blöcke) in den bebauten Gebieten, sehr große Inselflächen (Äcker, Wiesen, Waldstücke) in den unbebauten Gebieten. Entsprechend fein- oder grobmaschig ist das Straßen- und Wegenetz beschaffen (siehe Abschnitt B 1). Auf dieser Grundlage bilden sich Teilgebiete heraus, die jeweils unterschiedlichen *Maßstabsebenen* entsprechen: Inselfläche/Block, Quartier/Stadtteil, Gesamtstadt, Region. Die Herausbildung solcher Teilgebiete von unterschiedlicher Größenordnung und Maßstabsebene ist einerseits funktional bedingt, andererseits trägt sie wesentlich dazu bei, dass die räumliche Gliederung einer Siedlungseinheit und die Verknüpfung zwischen dem lokalen, gesamtstädtischen und regionalen Maßstab wahrgenommen und verstanden werden kann. Das darin zum Ausdruck kommende Verhältnis zwischen dem Teil und dem Ganzen hat umso mehr Gewicht, je größer und weiter ausgedehnt eine Stadt oder städtische Agglomeration ist. Entsprechend groß ist die Bedeutung der Maßstabsebenen als einer Komponente baulich-räumlicher Organisation von Stadt. Sie werden auch als Organisationsstufen oder Skalen bezeichnet (Baccini/Oswald 1998). Bereits Leon Battista Alberti unterscheidet zwischen *partitio, area* und *regio*, also: Bodenaufteilung oder Grundstück, Teilfläche oder Quartier, Bezirk oder Stadtbezirk (Alberti 1975, S. 5).

Der oft beschworene ‚menschliche Maßstab‘ ist im Zusammenhang mit Städtebau (und Architektur) wörtlich zu nehmen. Dies wird im Zuge der Begeisterung für das Große, das Größere und schließlich Globale nur allzu oft vergessen. Das Lokale kann nicht aufgehoben werden, denn die Körpergröße des Menschen, die Seh- und Hörweite, die Reichweite zu Fuß usw. sind gegeben und eindeutig begrenzt. Jenseits eines bestimmten Maßes ist eine Straße zu breit, um sie noch sicher überqueren zu können, ein Platzraum zu groß, um ihn noch körperlich erfahren zu können, ein Quartier zu weitläufig, um es noch durchlaufen und im Einzelnen verstehen zu können. Was die klassische Proportionenlehre der Architekten schon immer dargestellt hat, ist die Notwendigkeit der Verknüpfung zwischen dem Einzelteil und dem Ganzen durch Elemente von unterschiedlich gestufter Größenordnung. Nur dann ist der größere Zusammenhang nicht nur abstrakt und technisch, sondern auch visuell und körperlich wahrnehmbar. Dies gilt, jenseits der Fortbewegung zu Fuß, auch für unterschiedliche Geschwindigkeiten und Verkehrsmittel.

Wie in den Abschnitten B 1 bis B 4 dargestellt, besteht die baulich-räumliche Organisation eines entwickelten Siedlungsgebiets, einer Stadt oder städtischen Agglomeration, aus den Komponenten der Bodeneinteilung, der Bebauung, Erschließung und Bepflanzung, des Außenraums | öffentlichen Raums und des Verhältnisses zwischen Orten und Netz. Die durch diese vier Komponenten bezeichneten Gegenstände überziehen das gesamte Gebiet, unbeschadet der Tatsache, dass es kleine und große Teilflächen, bebaute und unbebaute Teilgebiete, eng und weit gespannte Netzteile gibt. Diese Gegenstände sind je nach den verschiedenen Maßstabsebenen (der fünften Komponente) unterschiedlich ausgeprägt und lassen sich entsprechend differenziert benennen, so dass deutlich wird, wodurch jede Maßstabsebene gekennzeichnet ist. Dies ist in Übersicht 8 veranschaulicht. Zugleich wird deutlich, wie die jeweils größeren aus den jeweils kleineren Einheiten sich zusammensetzen oder zusammengesetzt sind.

Der vom Lokalen ausgehenden „aufsteigenden räumlichen Entwicklung“ (siehe Abschnitt B 0) steht eine vom Globalen ausgehende analytische Betrachtungsweise gegenüber. Die Unterscheidung nach Maßstabsebenen erleichtert dabei eine abgestufte makroskopische bis mikroskopische Betrachtungsweise. Innerhalb eines jeweils betrachteten Gesamtgebiets kann die räumliche Untergliederung in Teilgebiete empirisch festgestellt werden. Diese bestehen dann in Ausschnitten aus dem Gesamtgebiet mit jeweils bestimmten besonderen Eigenschaften. Die Untergliederung ergibt sich allerdings nicht unbedingt flächendeckend; daneben stehen neutrale, ungestalte, dem allgemeinen öffentlichen Bewusstsein entzogene Zonen. Jede Maßstabsebene ist durch bestimmte Merkmale der ihr entsprechenden Teilgebiete besonders gekennzeichnet. Auf der Maßstabsebene der Region ist es das Verhältnis zwischen bebauten und unbebauten Gebieten, zwischen Siedlungseinheiten und Landschaft.

Übersicht 8: Komponenten baulich-räumlicher Organisation nach Maßstabsebenen

Maßstabsebenen Komponenten	Inselfläche/Block (oder Raumabschnitt)	Quartier/ Stadtteil	Gesamtstadt	Region
Bodeneinteilung	Grundstücke/ Parzellen	Inselflächen/ Blockflächen, Netzflächen	Quartiere/ Stadtteile	Siedlungs- einheiten
Bebauung, Erschließung, Bepflanzung	Gebäude, technische Anlagen, Pflanzungen	Bebauungstypen, Erschließungs- typen	Baugebietstypen	Siedlungstypen
Außenraum | öffentlicher Raum	Raumabschnitte: Straßen, Plätze, Parks (Sichtfelder)	örtliches Raum- Netz (Sichtlinien)	Raumgerüst, räumliche Hauptlinien	Landschaftsräume
Orte und Netz	Grundständige Orte	örtliche Zentren, örtliches Wegenetz	Hauptzentren, überörtliche Wegenetze	‚zentrale Orte‘, (über)regionale Wegenetze

Auf der Maßstabsebene der Gesamtstadt sind es unter anderem topographische oder bauliche Grenzen und die Hauptlinien der Straßen-, Schienen- und Wasserwege, die bestimmte Stadtteile oder Quartiere kenntlich machen. Auf der Maßstabsebene Stadtteil/Quartier sind es die Einteilung in Insel- oder Blockflächen und das vollständige Straßen- und Wegenetz; auf der Maßstabsebene Inselfläche/Block die Einteilung in Grundstücke oder Parzellen und die Zugangsbedingungen von den sie umgebenden Netzteilen und Raumabschnitten.

Die Untergliederung eines Siedlungsgebiets in Teilgebiete ist mit bestimmten Nutzungs- und Standortbedingungen verbunden, die sich in einer horizontalen und vertikalen Aufgabenteilung zwischen den Teilgebieten – besonders deutlich für die Ebene des Stadtteils oder Quartiers – niederschlagen. Die horizontale Aufgabenteilung stellt sich in unterschiedlichen Nutzungsarten und Nutzungsmischungen dar: Wohngebiete verschiedener Dichte und Sozialstruktur, Arbeitsgebiete verschiedener Branchenstruktur und Störungsintensität, Erholungsgebiete und Freiräume verschiedener Zweckbestimmung. Die vertikale Aufgabenteilung ist durch die unterschiedliche Lage und Zugänglichkeit bestimmt: Stadtzentrum, Innenstadt, Innenstadtrand, Vorstadt, Stadtrand, Umland (Peripherie). Die Untergliederung macht die Siedlungsstruktur, das heißt die an Bebauung gebundene räumliche Verteilung von Nutzungen und Standorten (im positiven Fall) insgesamt übersichtlich und verständlich und schafft Voraussetzungen, um bestimmte soziale, ökonomische und materiell-physische Lebensvorgänge lokal und teilautonom organisieren zu können. Darüber hinaus entsteht die Möglichkeit, dass sich die Einwohner und Beschäftigten in einem Teilgebiet anhand bestimmter baulich-räumlicher und sozialer Merkmale mit diesem identifizieren und so eine lokale Bedeutung oder Identität entsteht.

Durch die horizontale und vertikale Aufgabenteilung der Teilgebiete kommen die *Wechselwirkungen* zwischen den Maßstabsebenen ins Blickfeld. Funktional gesehen sind zum Beispiel höherrangige Einrichtungen, die nur auf den oberen Maßstabsebenen zur Verfügung stehen, von der auf den unteren Maßstabsebenen gegebenen Nachfrage abhängig und umgekehrt. In Bezug auf die physische Wahrnehmung von Stadt wird das Bild der größeren Einheit erst durch das Sichtbarwerden und die Verständlichkeit der Art ihrer Zusammensetzung aus kleineren Einheiten plastisch; und die Ausprägung der jeweils größeren erlaubt dann die Verortung der jeweils kleineren räumlichen Einheit. In der stadtmorphologischen Forschung wird die baulich-räumliche Organisation der Stadt als ein Gewebe (*tissu* oder *tessuto*) verstanden, innerhalb dessen die Maßstabsebenen dialektisch miteinander verbunden sind; das heißt jede Ebene enthält Elemente unterer Ebenen und ist selbst als Element in den Organismus höherer Ebenen eingefügt. Jede dieser Ebenen oder räumlichen Einheiten verfügt über eine relative oder Teilautonomie, so dass sie sich baulich an veränderte Umgebungsbedingungen anpassen, sich erneuern und auf veränderte Anforderungen reagieren kann. Dies geschieht durch jeweils berechtigte einzelne Entscheidungsträger, beginnend mit dem einzelnen Haushalt, Wirtschaftsbetrieb oder Bauherrn.

Die stadtmorphologische Forschung beschreibt unter anderem auch, wie und inwieweit die baulich-räumliche Organisation auf der jeweiligen Ebene Selbstorganisation und Selbsterneuerung ermöglicht und ein eigenes Maß an Komplexität sichert, das seine Existenz auf Dauer begründet (vgl. Curdes 1998).

Die spezifische Rolle von Stadtteil und Quartier

Die Bedeutung der Maßstabsebenen als Komponente baulich-räumlicher Organisation soll am Beispiel von Stadtteil und Quartier weiter konkretisiert werden. Stadtteil und Quartier weisen vielfältige Erscheinungsformen auf und sind in ihrer Typologie nicht einheitlich zu bestimmen. Sie stellen innerhalb des Systems baulich-räumlicher Organisation eine mittlere Maßstabsebene dar, zwischen Inselfläche/Block einerseits und Gesamtstadt oder Region andererseits. Sie unterscheiden sich auf dieser Ebene in ihrer Größenordnung. Stadtteil ist im Allgemeinen wie im fachlichen Sprachgebrauch die größere, Quartier die kleinere räumliche Einheit. Manchmal bilden mehrere Quartiere einen Stadtteil. In großen Städten stellen die Stadtteile oft ein eigenes, den Quartieren vorgeordnetes Gliederungsmuster dar. Es gibt andererseits Kleinstädte, die lediglich die Größenordnung eines Quartiers haben. Ich unterstelle, im Sinne einer begrifflichen Eingrenzung, dass die Stadt in jedem Fall, wenn auch nicht flächendeckend, aus einer Anzahl von Quartieren besteht. Als Stadtteile bezeichne ich Einheiten aus zwei oder mehreren Quartieren (zum Begriff „Quartier" siehe weiter unten).

Auf der Ebene des Stadtteils oder Quartiers ist einerseits die Komplexität der großen Stadt gegenwärtig, andererseits ist sie hier beispielhaft als soziale und baulich-räumliche Einheit überschaubar. Es ist kein Zufall, dass auf dieser Ebene die Bürgerbeteiligung bis hin zu Formen dauerhafter Selbstorganisation die besten Erfolge hat. Hier stehen die Bedürfnisse oder die Nachfrage dem Angebot der baulich-räumlichen Organisation unmittelbar gegenüber, so dass Wechselwirkungen und Widersprüche leichter erkennbar werden. Auf der Stadtteil- und Quartiersebene kann vorhandene oder fehlende Qualität der gebauten Stadt am ehesten von jedermann und jederfrau in seiner oder ihrer Alltagserfahrung wahrgenommen und erlebt werden. Auf der Stadtteil- oder Quartiersebene wird im Besonderen deutlich, was die Stadt anzubieten hat, aber auch wie verletzlich ihre Strukturen sind. In Zeiten wirtschaftlichen und sozialen Niedergangs einer Stadt oder gar bei Krieg oder Naturkatastrophen bieten Stadtteil oder Quartier Möglichkeiten des Rückzugs, Nischen des Überlebens städtischer Kultur und somit Ausgangspunkte neuer gesamtstädtischer beziehungsweise regionaler Entwicklung. Aber auch in weniger zugespitzten Phasen der Stadtentwicklung bieten Stadtteil und Quartier mit ihren unterschiedlichen baulich-räumlichen wie auch sozialen, ökonomischen und ökologischen Potenzialen die Chance der gezielten Anpassung an sich verändernde Bedingungen und der lokal arbeitsteiligen Bewältigung von Krisen. Die relative Stabilität der großen europäischen Stadt ist unter anderem der Einteilung in viele verschiedene Stadtteile und Quartiere zu verdanken, innerhalb derer sich jeweils Aufstieg und Niedergang vollziehen und aus denen zugleich neue Impulse für die Gesamtstadt erwachsen können. Es ist interessant, dass bis in die Mitte des 19. Jahrhunderts hinein in Europa die große Stadt aus ihren Teilen heraus definiert wurde und erst die großen Planungen, wie die von Haussmann für Paris, eine gesamtstädtische Sicht, ein Gesamtnetz, herzustellen suchten, eine „Standardisierung" (Choay 1992, S. 327).

Die spezifische Rolle der Maßstabsebene Stadtteil und Quartier liegt offenbar auch darin, dass sie einen geeigneten Ansatzpunkt für die Planung, für die Sicherung und Weiterentwicklung der Qualität städtischer Lebensbedingungen insgesamt und der baulich-räumlichen Organisation im Besonderen bietet. Kleinere räumliche Einheiten wie der Block oder der Raumabschnitt profitieren von guten Lebensbedingungen im Stadtteil oder Quartier, von deren Stabilität und zeitlichen Kontinuität, was sich dann zum Beispiel in den Grundstückspreisen niederschlägt. Auf die Gesamtstadt kann von guten Lebensbedingungen im Stadtteil oder Quartier eine strukturierende und qualifizierende Wirkung ausgehen. Dort, wo Stadtplanung in den vergangenen 30 Jahren die Ressourcen der vorhandenen Stadt erfolgreich nutzen konnte, war dies nicht zuletzt in Stadtteilen und Quartieren der Fall: zum Beispiel mit Konzeptionen wie der ‚behutsamen Stadterneuerung' oder der ‚kritischen Rekonstruktion' in Berlin (Hämer 1991; Kleihues/Machleidt 1987) oder bei der Erneuerung des Pariser Ostens (Frick/Mack 1994).

Begriff und Merkmale des Quartiers

Als *Quartier* sei eine soziale und baulich-räumliche Einheit bestimmter Größenordnung bezeichnet, die sich innerhalb (bestehender oder zu schaffender) bebauter städtischer Gebiete von außen oder von innen her abgrenzen lässt, die sich insgesamt von den umgebenden Siedlungsteilen unterscheidet, die eine spezifische Qualität und Identität aufweist. Abgrenzung von außen bezieht sich auf baulich-räumliche oder soziale/ökonomische Grenzlinien, Abgrenzung von innen auf die Reichweite konsumbezogener Einrichtungen im Quartier oder auf spezifische Aktionsradien der Einwohner. Das Quartier ist vor allem Ort der alltäglichen, laufend vorkommenden Tätigkeiten, Ereignisse und Besorgungen von Mitgliedern der privaten Haushalte und der Arbeitsstätten. Um diese Tätigkeiten, Ereignisse und Besorgungen herum bildet sich in aller Regel die Vorstellung der Einwohner von der sozialen und baulich-räumlichen Einheit ihres Quartiers. Seine Größenordnung ist insbesondere an die alltäglichen Bedarfe und Verrichtungen und an die dazu erforderlichen Fußwege gebunden. Abgrenzung und Größenordnung ebenso wie Qualität und Identität eines Quartiers sind gleichermaßen durch objektive Gegebenheiten wie durch die subjektive Erfahrung der Quartiersbewohner und Quartiersbenutzer bestimmt.

Der Begriff „Quartier" im Lichte gegenwärtiger städtischer Lebensbedingungen hat zu berücksichtigen, dass die Beziehung von Einwohnern zu ihrem Wohn- oder Arbeitsort in wirtschaftlich entwickelten Ländern heute einen deutlich anderen Charakter hat als noch vor 100 oder 150 Jahren. Räumliche Arbeitsteilung (Trennung von Wohn- und Arbeitsort), die Übernahme von Funktionen der Familie durch öffentliche Einrichtungen oder private Dienstleistungsbetriebe und eine allgemein stärkere Zentralisierung des Waren- und Dienstleistungsangebots haben das existenzielle Angewiesensein auf den Wohn- oder Arbeitsort im engeren Sinne stark vermindert, wenn auch für unterschiedliche soziale Gruppen und Altersgruppen in unterschiedlichem Umfang (vgl. Frick u.a.1990).

Die Wahrnehmung und Wertschätzung von Quartier hat sich (in den wirtschaftlich entwickelten Ländern) von klassischen auf nachklassische Faktoren verlagert. Es geht dabei um Ansprüche, die über die der privaten Haushalte an ihre Wohnung als solche und der Unternehmen an ihre Geschäftsräume als solche hinausgehen. Diese Ansprüche sind offenbar nicht mit ‚guter Adresse' oder guter Zugänglichkeit erfüllt und können nicht ohne weiteres durch Angebote an anderen Orten der Stadt, etwa im Stadtzentrum, ersetzt werden. Sie zielen nicht auf die Geschäftigkeit und Betriebsamkeit der großen Einkaufs- und Vergnügungszentren, sondern auf ein Potenzial an alltäglichen Kommunikationsmöglichkeiten und auf eine bestimmte Kohärenz der baulich-räumlichen Organisation im engeren Einzugsgebiet von Wohnung und Arbeitsstätte. Ansprüche solcher Art beziehen sich auf Merkmale, die ein Gebiet zusätzlich qualifizieren, die es sozusagen zum ‚Quartier' machen. Sie sind im Laufe des 20. Jahrhunderts in vielen Stadtgebieten abhanden gekommen. Die Suburbanisierung in Form von Einfamilienhaussiedlungen oder von Großsiedlungen des staatlich geförderten Wohnungsbaus und die Tertiärisierung von Innenstadtgebieten haben, auch wenn diese Gebiete ihren je eigenen Charakter besitzen mögen, den Mangel oder den Verlust an solchen zusätzlich qualifizierenden Merkmalen deutlich gemacht. Doch gibt es auch heute noch Stadtgebiete, in denen diese Merkmale noch oder von neuem vorzufinden sind. Dies eröffnet die Möglichkeit, ihnen empirisch nachzugehen. Zahlreiche Untersuchungen liefern Erfahrungswerte für die Größenordnung und einzelne Merkmale eines Quartiers im oben beschriebenen Sinne. Die wichtigsten Parameter sind die (Mindest-)Größe und die minimale und maximale Dichte an Einwohnern und Beschäftigten (siehe im Einzelnen Abschnitt C 6).

6 Nutzung

Die *Nutzung* von Stadt ist durch Wechselwirkungen zwischen ihrer baulich-räumlichen Organisation und dem Handeln und Verhalten der Einwohner, Erwerbstätigen und Passanten, den Aktivitäten der Nutzer, bestimmt. Im Begriff „Nutzung" kommt das Verhältnis zwischen Stadt als baulich-räumlichem und Stadt als sozialem/ökonomischem Gebilde, zwischen der Stadt als Bauwerk und der Stadt als Gesellschaft oder Markt zum Ausdruck. *Nutzung* ist deshalb hier nicht als Bestandteil oder Komponente baulich-räumlicher Organisation, sondern als Bezugspunkt und Brücke zur sozialen und ökonomischen Organisation von Stadt beschrieben. Der materiell-physische Bezug stellt sich in Art und Umfang der Nutzung von Grund und Boden dar (Bodennutzung, Gebäudenutzung). Darauf verweist auch der bau- und planungsrechtliche Begriff der *baulichen* Nutzung, der sich auf die jeweils vorhandene oder zulässige Nutzungsart und die Ausnutzung oder Ausnutzbarkeit eines Grundstücks mit Gebäuden und technischen Anlagen bezieht (Art und Maß der baulichen Nutzung) (siehe Abschnitt B2).

In Übersicht 9 ist die *Nutzung* von Stadt als Ergebnis baulich-räumlicher und sozialer Organisation dargestellt. Nutzung (dritte Spalte) ist in erster Linie ein soziales Phänomen und besteht in ortsbezogenen und netzbezogenen Aktivitäten (Behausung und Bewegung), verbunden mit der individuellen und kollektiven Wahrnehmung von Stadt. Sie resultiert (nach Läpple) aus einem Muster raumbezogenen Handelns und Verhaltens und dem räumlichen Zeichen-, Symbol- und Repräsentationssystem (vierte Spalte). Die Aktivitäten sind aber von bestimmten Voraussetzungen abhängig, nämlich der Nutzbarkeit und Verständlichkeit baulichräumlicher Organisation, also der Zugänglichkeit der Orte, der Durchlässigkeit der Netzteile, der (multi-)funktionalen Eignung der Orte oder Raumabschnitte und der Wahrnehmbarkeit über Sichtfelder, Sichtlinien, Merkzeichen usw. (zweite Spalte). Nutzbarkeit und Verständlichkeit folgen aus einer bestimmten Konfiguration der Grundstücke, Gebäude, technischen Anlagen und Pflanzungen sowie der Netzflächen beziehungsweise Raumabschnitte (erste Spalte). Das so dargestellte Verhältnis zwischen sozialer und baulich-räumlicher Organisation, zwischen Nutzung und Nutzbarkeit, findet sich in analoger Formulierung bei Melvin M. Web-

Übersicht 9: Nutzung: Ergebnis baulich-räumlicher und sozialer Organisation

baulich-räumliche Organisation →	Nutzbarkeit, Verständlichkeit	Nutzung	soziale Organisation ←
Konfiguration von Grundstücken, Gebäuden, technischen Anlagen und Pflanzungen Konfiguration von Netzflächen bzw. Raumabschnitten	Zugänglichkeit, (multi-)funktionale Eignung, bauliche Anlage	ortsbezogene Aktivitäten: Behausung *(occupancy*)*	Muster raumbezogenen Handelns und Verhaltens/gesellschaftliches Interaktions- und Handlungssystem**
	Durchlässigkeit, (multi-)funktionale Eignung, räumliche Form	netzbezogene Aktivitäten: Bewegung *(movement*)*	
	Wahrnehmbarkeit: Sichtfelder, Sichtlinien, Merkzeichen usw.	individuelle und kollektive Wahrnehmung	räumliches Zeichen-, Symbol- und Repräsentationssystem**

*nach Hillier 1996

**nach Läpple 1992

ber, einem maßgeblichen Vertreter der nordamerikanischen Theoriediskussion der 1960er-Jahre, wieder. Bei ihm stehen *activities* und *interaction* (ortsbezogene und netzbezogene Aktivitäten) für die soziale, *adapted spaces* (Gebäude, Raumabschnitte) und *channels* (Erschließungsnetze) für die baulich-räumliche Dimension (Webber 1964, S. 103).

Das Wechselverhältnis zwischen Stadt als sozialem/ökonomischem und Stadt als baulich-räumlichem Gebilde ist durch unterschiedliche Betrachtungsweisen, Fragestellungen oder Forschungsansätze bestimmt:

(1)   Welches sind die Bedürfnisse der Bewohner und Benutzer in Bezug auf Stadt und Siedlung und wie können diese Bedürfnisse an der baulich-räumlichen Organisation und ihren Bestandteilen festgemacht werden?

(2)   Welches sind die genuinen Eigenschaften und *Potenziale* der baulich-räumlichen Organisation, der gebauten Stadt, die das Handeln und Verhalten, die Aktivitäten der Bewohner und Benutzer beeinflussen und mitbestimmen, ihren Bedürfnissen entgegenkommen oder an ihnen vorbeigehen?

Die erste Fragestellung ist auf einen sozialwissenschaftlichen Ansatz zurückzuführen und auf die Kenntnis der *Nachfrage*, der Nutzungs*anforderungen*, gerichtet. Die zweite Fragestellung geht maßgeblich auf einen ingenieur- oder planungswissenschaftlichen (städtebaulichen) Ansatz zurück und ist auf die gezielte Kenntnis des geeigneten *Angebots*, der Nutzungs*bedingungen* und Nutzungs*potenziale*, gerichtet.

Nutzungsanforderungen (Nachfrage)

Nutzungsanforderungen richten sich zum einen an die *Orte* (Grundstücke, Insel- oder Blockflächen, Raumabschnitte, Quartiere). Sie kommen von Individuen (Einwohner, Erwerbstätige, Besucher) oder von Institutionen (private Haushalte, Wirtschaftsunternehmen, öffentliche Träger). Sie sind sowohl quantitativ bestimmt nach der Größe der Wohnfläche, Gewerbefläche, privaten oder öffentlichen Freifläche usw. als auch qualitativ nach den Eigenschaften der Grundstücke, Gebäude, technischen Anlagen, Pflanzungen, Raumabschnitte, sodann deren Lage und Zugänglichkeit im Straßen- und Wegenetz. Die Nutzungsanforderungen reichen von Wunschvorstellungen („eine Villa im Grünen mit großer Terrasse, vorn die Ostsee, hinten die Friedrichstraße …", Tucholsky 1961) bis hin zur jeweils aktuellen Nachfrage der Mieter oder Käufer.

Wenn die Nutzungsanforderungen konkret werden, nehmen die Nachfrager die jeweils vorhandene baulich-räumliche Organisation der Stadt und das vorhandene Nutzungs- und Standortgefüge als gegebene Voraussetzung, über die sie mehr oder weniger gut informiert sind, die sich in gewissem Umfang aber auf dem Boden- und Immobilienmarkt, in den Miet- und Kaufpreisen widerspiegelt. Die verschiedenen Nutzungsanforderungen stehen häufig im Konflikt miteinander. Der Abgleich geschieht einerseits über den *Markt* beziehungsweise den Preis. Dies in Kombination mit dem ‚Windhundprinzip‘ (wer zuerst kommt, mahlt zuerst), denn jeder nachgefragte Ort ist einmalig. Andererseits erfolgt der Abgleich über *Planung*, durch Optionen, Restriktionen und Investitionen der öffentlichen Hand. Planung hat hier die Funktion der Marktordnung und Marktsteuerung mit dem Ziel, negative Effekte zu vermeiden und positive (Synergie-)Effekte für den Nutzungsprozess zu begünstigen. Dies im Interesse der einzelnen Nachfrager, nicht zuletzt der sozial und ökonomisch schwachen, wie auch im Interesse des Gemeinwesens insgesamt (siehe im Einzelnen Abschnitt D 4).

Nutzungsanforderungen richten sich zum anderen an das *Netz*, an die Infrastruktur, zuvorderst an das Straßen- und Wegenetz und den öffentlichen Raum, an die Beziehung und Verbindung zwischen den Orten. Diese Nutzungsanforderungen kommen teilweise von den einzelnen Nutzern (Individuen, Institutionen), müssen zum überwiegenden Teil aber durch die öffentliche Hand im Hinblick auf die Gesamtfunktion der Stadt gestellt werden. Der Abgleich im Falle von Konflikten erfolgt überwiegend nicht über den Markt, sondern ist Gegenstand politischer Entscheidungen. Quantitative Anforderungen beziehen sich auf Maschenweite und Querschnitte des Straßen- und Wegenetzes, auf Flächengrößen für unterschiedliche Nutzungsarten im öffentlichen Raum (verschiedene Verkehrsarten, Begegnungsraum, Aufenthaltsraum). Qualitative Anforderungen sind auf die Anlage und Differenzierung des Netzes, auf die Gewährleistung von Zugänglichkeit und Transport, auf seine Fähigkeit, Orte entstehen zu lassen, auf die Möglichkeit der Orientierung, des angenehmen Aufenthalts, der Aneignung gerichtet, im umfassenden Sinne auf die Sicherstellung der Funktion von Stadt und ihrer Teile auf lange Sicht (siehe Abschnitte C 1 und C 2).

Nutzungsbedingungen (Angebot)

Die Nutzungsbedingungen bestehen in der jeweils vorhandenen baulich-räumlichen Organisation *und* in den zahlreichen und vielfältigen sozialen und ökonomischen Aktivitäten, die sich in ihr eingerichtet haben, dem Nutzungs- und Standortgefüge (siehe auch Abschnitt B 4). Die Nutzungsbedingungen haben demnach eine baulich-räumliche und eine soziale und ökonomische Dimension. Beide zusammen bilden die erwähnten Voraussetzungen, an denen die Nachfrager ihre ortsbezogenen Entscheidungen orientieren.

Die *baulich-räumlichen* Nutzungsbedingungen, deren Herstellung primär die Aufgabe von Städtebau ist, bestehen in der Bodeneinteilung, der Bebauung, Erschließung und Bepflanzung, dem Außenraum | öffentlichen Raum, der Beziehung zwischen Orten und Netz und der Gliederung der Stadt nach Maßstabsebenen. Sie werden herkömmlich in der ‚städtebaulichen Bestandsaufnahme‘ (dem *survey*) beschrieben, sind aber kaum einer eigenständigen erklärenden Analyse zugänglich gemacht worden. Neuerdings hat Hillier gezeigt, dass sie sich analytisch in der räumlichen *Konfiguration* der Orte und der Netzteile erfassen und bewerten lassen (siehe Abschnitt B 4). Damit kann eine topologisch definierte Lage- und Verbindungsqualität der Orte beschrieben werden. Von dieser Qualität kann auf die Eignung der Orte oder Raumabschnitte für eine künftige Nutzung geschlossen werden. *Eine* Qualität baulich-räumlicher Organisation von Stadt kann sein, dass sie bis zu einem bestimmten Grade Nutzungsänderungen und Standortverschiebungen ohne besondere materiell-physische Veränderungen erlaubt und somit relativ schnell anpassungsfähig ist. Dabei ist von Bedeutung, dass die baulich-räumliche Organisation, die gebaute Stadt, eher statisch ist, sich relativ langsam verändert, die soziale Organisation hingegen, die Akteure, Aktivitäten und die mit ihnen verbundenen Nutzungsarten eher dynamisch sind, sich wesentlich schneller verändern oder ihren Standort wechseln können. Größere Veränderungen in den Nutzungsanforderungen verlangen allerdings eine Veränderung der Nutzungsbedingungen und entsprechende städtebauliche Maßnahmen.

Die *sozialen und ökonomischen* Nutzungsbedingungen, die sich im Wesentlichen über den Markt herstellen, über die Summe der Entscheidungen der einzelnen Nachfrager, bestehen in der jeweils gegebenen räumlichen Verteilung von Einwohnern und Beschäftigten, von privaten Haushalten, Wirtschaftsbetrieben, öffentlichen und privaten Institutionen, von Aktivitäten aller Art, soweit sie an einen Standort gebunden sind und längerfristig und regelmäßig betrieben werden. Ihre räumliche Verteilung nach Lage, Dichte und Mischung spiegelt die Beziehungen und Abhängigkeiten zwischen ihnen wider und ist Ausdruck des jeweils gegebenen Nutzungs- und Standortgefüges. Die in diesem enthaltene sozial und ökonomisch definierte Lage- oder Verbindungsqualität der Orte stellt sich zum Beispiel im sozialen Status bestimmter Teilgebiete oder in den Boden- und Gebäudepreisen dar. Die Beschreibung und Analyse des Nutzungs- und Standortgefüges der Stadt hat eine lange Tradition in der Raumwirtschaftslehre und Stadtökonomie (z.b. Heuer 1975), der Sozialgeographie (z.b. Hägerstrand 1971) sowie der Sozialökologie und Stadtsoziologie (z.b. Friedrichs 1977).

Verknüpfung von Nutzungsanforderungen und Nutzungsbedingungen

Die real vorhandene Nutzung als soziale und ökonomische Kategorie, das Nutzungs- und Standortgefüge, ist ein wesentlicher Bewertungsmaßstab für die Qualität der baulich-räumlichen Organisation von Stadt. Sofern die räumliche Verteilung von Nutzungsarten und Standorten grundsätzlich der Regulierung durch den Markt oder marktähnliche Verhältnisse unterliegt, zeichnen sich Indikatoren für eine Bewertung deutlich ab. Zum Beispiel werden die jeweils höheren Bodenpreise dort bezahlt, wo die höheren Bodenrenten erzielbar sind. Dies hat grundsätzlich einen Kranz von Eigenschaften, von Nutzungsbedingungen oder Nutzungspotenzialen zur Voraussetzung: dass der Standort gut zugänglich ist, eine gute Ausstattung mit technischer und sozialer Infrastruktur aufweist, in einer für die vorgesehene Nutzungsart als günstig angesehenen Umgebung liegt (Nutzungstrennung, Nutzungsmischung, Nutzungsdichte), dass diese Umgebung (das Quartier) eine bestimmte soziale Struktur und eine bestimmte Form baulich-räumlicher Organisation zeigt (öffentlicher Raum, Nutzungsqualität der Gebäude), dass das Quartier ein ‚Image‘, eine ‚Adresse‘, einen Status besitzt usw. Oder: dass in Zeiten der Stagnation oder Abnahme von Bevölkerung und Wirtschaftstätigkeit der Leerstand von Wohnungen beziehungsweise Gewerberäumen oder der Niedergang von Teilgebieten zuerst dort festzustellen ist, wo diese Eigenschaften mangeln oder ganz fehlen.

Für den Städtebau ist entscheidend, wie die Frage nach dem Verhältnis und der wechselseitigen *Verknüpfung* zwischen Nutzungsanforderungen und Nutzungsbedingungen beantwortet werden kann. Einen wichtigen analytischen Beitrag hierzu hat Bill Hillier geleistet. Für ihn ist die *Bewegung* (der Fußgänger und Fahrzeuge) im öffentlichen Straßen- und Wegenetz die zentrale Variable (siehe auch Abschnitt B 4). Sie ist:

(1)   Indikator für das Maß der Zugänglichkeit der einzelnen Orte und demzufolge für die dort vorzufindende oder mögliche Nutzungsdichte und Nutzungsmischung.

(2)   Zugleich bildet die Bewegung das gesamte Straßen- und Wegenetz gleichsam ab und kennzeichnet dabei die unterschiedlichen Nutzungsbedingungen im Netz.

(3)   Die Bewegung im Netz wird allerdings durch die Konfiguration des Netzes selbst (beziehungsweise der Netzteile) mit hervorgebracht (Hillier 1996, S. 5 f.).

Allgemeine Nutzungsbedingung ist danach das Netz öffentlichen Raums, abgestuft über die unterschiedlichen Maßstabsebenen bis hin zu den besonderen Nutzungsbedingungen an den einzelnen Orten (Grundstücken, Gebäuden oder Raumabschnitten).

Die Isolierung genuiner Merkmale baulich-räumlicher Organisation einschließlich solcher der Wahrnehmung erlaubt es, das Verhältnis zwischen Nutzungsanforderungen und Nutzungsbedingungen neu aufzuspannen und dies für den Städtebau nutzbar zu machen. „Die meisten Nutzungsarten scheinen eine räumliche Logik zu besitzen, die als eine statistische Beziehung zwischen räumlichen und funktionalen Messgrößen ausgedrückt werden kann" (Hillier 1996, S. 166). Daraus ergibt sich, dass weder die Form der Funktion noch die Funktion der Form folgt. Es gibt vielmehr errechenbare Wechselwirkungen zwischen baulicher Anlage und räumlicher Form einerseits und Art und Umfang der Nutzung von Orten und Raumabschnitten andererseits. Diese Wechselwirkungen werden durch die Bewegung im öffentlichen Straßen- und Wegenetz vermittelt.

7 Energie- und Stoffströme, Naturhaushalt

Stadt, besiedeltes Gebiet, besteht in einer sehr hohen Akkumulation energetischer und materieller Ressourcen auf begrenztem Raum, insbesondere der Massengüter Wasser, Biomasse, Baumaterialien und Energieträger. Daraus folgt eine entsprechende Intensität von *Energie- und Stoffströmen* (Materialflüssen). Sie ergeben sich aus den biologischen und kulturellen Bedürfnissen der Einwohner (Baccini/Brunner 1991). Die Art der baulich-räumlichen Organisation von Stadt hat erheblichen Einfluss auf diese Energie- und Stoffströme, die ihrerseits nach Umfang und Reichweite sowohl Produktivität und Versorgungsgrad eines Gebiets als auch die ökologische Verträglichkeit baulich-räumlicher Organisation bezeichnen. Damit ist die Beziehung zum *Naturhaushalt*, seiner Aufrechterhaltung und nachhaltigen Sicherung und zugleich das Verhältnis zwischen Stadt als baulich-räumlichem und ökologischem System, zwischen Stadt als Bauwerk und Stadt als Biotop berührt. Während die *Nutzung* von Stadt und Siedlung die sozialen und ökonomischen Kriterien für die Bewertung baulich-räumlicher Organisation bereit stellt (siehe Abschnitt B 6), liefern die Energie- und Stoffströme die maßgeblichen *ökologischen* Kriterien, die zugleich für das Gleichgewicht oder Ungleichgewicht des gesamten Einzugsgebiets stehen. Obwohl bei großen Städten oder Agglomerationen dieses Einzugsgebiet sehr weit reicht, ist für Stadtplanung und Städtebau überwiegend der regionale Maßstab von Bedeutung, indem die Region ein mehr oder weniger autonomes Netz von Ökosystemen und Siedlungseinheiten darstellt (Baccini/Brunner 1991, S. 6).

In Übersicht 10 ist das Verhältnis zwischen baulich- räumlicher Organisation und Naturhaushalt, vermittelt durch die Energie- und Stoffströme sowie die Kriterien ökologischer Verträglichkeit, stichwortartig erläutert. Die Konfiguration von Grundstücken, Gebäuden technischen Anlagen, Pflanzungen und Netzflächen oder Raumabschnitten in einem Gebiet (erste

Übersicht 10: Energie- und Stoffströme, Naturhaushalt

baulich-räumliche Organisation →	Energie- und Stoffströme	Kriterien ökologischer Verträglichkeit (Umweltverträglichkeit)	Naturhaushalt ←
Konfiguration von Grundstücken, Gebäuden, technischen Anlagen und Pflanzungen Konfiguration von Netzflächen bzw. Raumabschnitten	Wasserbereitstellung und -verbrauch, Abwasserbeseitigung und -reinigung	Wasservorräte, Wasserqualität	Wasserhaushalt
	Abbau von Rohstoffen/ Baumaterialien, Abfallverwertung und -lagerung	Bodenqualität, Bodenkontamination	Bodenfunktionen
	Energiebereitstellung und -verbrauch	Wasserbelastung, Bodenbelastung, Luftbelastung	Vegetation, Klima
	Bautätigkeit, Produktion und Konsum von Gütern	Flächeninanspruchnahme, Bodenversiegelung, Energieverbrauch, Wasser-, Boden- und Luftbelastung, Lärm	Lebensraum für Pflanzen und Tiere, Biotope
	Transport von Personen und Gütern		

Spalte) beeinflusst Umfang und Reichweite der Energie- und Stoffströme: insbesondere Wasserbereitstellung und -verbrauch, Abwasserbeseitigung und -reinigung; Abbau von Rohstoffen/Baumaterialien, Abfallverwertung und -lagerung; Energiebereitstellung und -verbrauch; Bautätigkeit, Produktion und Konsum von Gütern und den Transport von Personen und Gütern (zweite Spalte). Den Arten von Energie- und Stoffströmen sind geläufige Kriterien der ökologischen Verträglichkeit (Umweltverträglichkeit) zugeordnet (dritte Spalte) und es wird schließlich auf entsprechende Bestandteile des Naturhaushalts verwiesen (vierte Spalte).

Stadt und Siedlung stehen prinzipiell im Gegensatz zum Naturhaushalt. Schon die Sesshaftwerdung der Menschen und das ursprüngliche Entstehen von Städten ist mit erheblichen Eingriffen in den Naturhaushalt verbunden gewesen. Die Zivilisationen der Antike, des Mittelalters und der Zeit der Industrialisierung haben das Ihre dazu beigetragen. Im Industriezeitalter haben zahlreiche Städte außergewöhnliche Erweiterungen erfahren und die städtische Lebensweise ist in den wirtschaftlich entwickelten Ländern allgemein bestimmend geworden (Verstädterung). Die Eingriffe in den Naturhaushalt und die Inanspruchnahme natürlicher Ressourcen haben dabei Ausmaße angenommen, welche die klimatischen Bedingungen mittlerweile weltweit bedrohen. In den dicht besiedelten Regionen sind der Boden als knappes, nicht vermehrbares Gut und die Wasservorräte begrenzt. Die Wachstumsgrenzen für die Erweiterung der Siedlungsfläche sind durch die Ressourcen wie durch die Aufnahmekapazität der jeweils benachbarten Ökosysteme für Abwässer und Abfälle bestimmt (Baccini/Brunner 1991, S. 5). Diese Zusammenhänge waren seit Beginn menschlicher Siedlungstätigkeit von Belang, haben aber durch die technische, ökonomische und demographische Entwicklung um ein Mehrfaches an Bedeutung gewonnen.

Vorliegende Forschungsergebnisse liefern eine relativ genaue Beschreibung der Energie- und Stoffströme in Städten und städtischen Agglomerationen, über damit zusammenhängende Prozesse und über ihre Auswirkungen auf den Naturhaushalt. Sie erlauben Folgerungen für die anzustrebende Flächendisposition, Nutzungs- und Standortverteilung und Bebauungsdichte wie auch für die technische Ausgestaltung der Infrastruktursysteme. Baccini und Oswald haben dies an schweizerischen Beispielen zutreffend dargestellt (Baccini/Oswald 1998, Oswald/Baccini 2003). Ihr methodisches Konzept geht von vier menschlichen Aktivitäten aus, die zugleich Bedürfnisfelder beschreiben: Ernähren und Erholen, Reinigen, Wohnen und Arbeiten, Transportieren und Kommunizieren (siehe auch Abschnitt C 1). Sie bewerten die baulich-räumliche Organisation einer Stadt oder Region, eines ‚urbanen Systems‘ mit Hilfe von sechs Kriterien: Dichte, Identifikation, Diversität, Flexibilität, Autarkiegrad und Ressourceneffizienz, und sie entwerfen eine transdisziplinäre Methode zur Bewertung und zum Umbau des regionalen Siedlungssystems. Ein Ergebnis ist unter anderem, dass neben den prozentualen Anteilen (von landwirtschaftlichen Flächen, Wäldern, Siedlungs- und Verkehrsflächen, Brachen) die *Anordnung* der Flächen für die Erreichung wichtiger Qualitätsziele (hohe biologische Diversität, hoher Erholungswert usw.) erhebliches Gewicht hat. „Das gleiche ‚theoretische Anfangskapital‘ einer Region in Form verschiedener Territoriengrößen … kann in erster Linie durch die Art ihrer Anordnungen zu besserer Qualität geführt werden, und nicht primär durch das Verschieben ihrer relativen Anteile an der Gesamtfläche" (Baccini/Oswald 1998, S. 200). Es sei hier auf die Bedeutung der Anordnung und der *Konfiguration* in Zusammenhang mit dem Begriff der baulich-räumlichen Organisation verwiesen (siehe Abschnitt A 2).

Für eine verantwortliche Handhabung der ökologischen Probleme kann im Städtebau auf neue Technologien sowie auf alte und neue Formen baulich-räumlicher Organisation zurückgegriffen werden. Die Stagnation oder Schrumpfung der Einwohnerzahl in zahlreichen Städten und städtischen Agglomerationen eröffnet neue Chancen für eine nachhaltige Bewirtschaftung der natürlichen Ressourcen im Zusammenhang mit Stadterneuerung und insbesondere Stadtumbau (Abschnitte C 4 und C 5). Durch städtebauliche Maßnahmen werden wesentliche Voraussetzungen für den Umgang mit den natürlichen Ressourcen fest-gelegt. Eine große Inanspruchnahme von Flächen für Siedlungszwecke zum Beispiel ist bei gegebener Einwohnerzahl gleichbedeutend mit geringer Siedlungsdichte und dadurch hohem Energieverbrauch für Raumheizung und Transport; zugleich werden die Nutzung freier Landschaft für Erholungszwecke und die Lebensräume von Pflanzen und Tieren zusätzlich eingeengt. Umgekehrt kann durch die Anwendung bestimmter Baustrukturtypen und Erschließungsformen die Siedlungsdichte erhöht und zugleich der Energiebedarf für Raumheizung und Transport deutlich gesenkt werden; mit erhöhter Siedlungsdichte sinkt wegen der durchschnittlich kürzeren Wege auch der Aufwand für den Bau und die Unterhaltung von Leitungs- und Wegenetzen.

C Die zu planende Stadt
Zielvorstellungen und Handlungsfelder für ihre baulich-räumliche Organisation

0 Normative Theorie des Städtebaus

Die im Folgenden dargestellten Elemente einer normativen Theorie des Städtebaus beziehen sich auf die Koordination und Steuerung von Bautätigkeit im Hinblick auf einen bestimmten Zusammenhang: den der Stadt in ihrer baulich-räumlichen Organisation. Koordination und Steuerung bedeuten öffentliches Handeln als Intervention in die laufende Veränderung von Stadt – bestimmten *Zielvorstellungen* entsprechend und auf bestimmten *Handlungsfeldern*. Zielvorstellungen und die Definition der Handlungsfelder sind sowohl Ausdruck fachlicher Übereinkunft als auch mit gesellschaftlichen Wertsetzungen verbunden, die in die fachlichen Grundsätze des Städtebaus bewusst oder unbewusst eingehen. Zielvorstellungen können nicht bewiesen, aber sie können begründet werden (Kuder 2004). Die Beschreibung vorhandener Zielvorstellungen liefert, zumal im Zeitablauf, durchaus unterschiedliche Auffassungen; dennoch kann daraus ein intersubjektives Bild jeweils vorherrschender Handlungsrichtungen gezeichnet werden. Wesentlich ist dabei, einen bestimmten Grad an Transparenz zu erreichen, so dass der Einfluss vorgefasster, mangelhaft reflektierter oder ideologisch eingeengter Zielvorstellungen eher unerheblich bleibt. Die Darstellung eines möglichen Zielsystems enthält, obwohl einer sachlichen Ebene verpflichtet, notwendigerweise auch die subjektive Sicht des Verfassers und ist von seiner fachlichen und städtebaupolitischen Position nicht vollständig zu trennen.

Inhalt und Aufgabe einer normativen Theorie des Städtebaus soll es sein, Zielvorstellungen und Handlungsfelder vor dem Hintergrund gesellschaftlicher Wertsetzungen zu beschreiben, vorhandene Zielvorstellungen zu systematisieren, sich mit ihren Widersprüchen auseinander zu setzen, sie zu bewerten und in ein differenziertes Verhältnis zum planungspraktischen Handeln zu bringen. Das daraus ableitbare Zielsystem kann jeweils auf seine Widersprüche beziehungsweise Armut an Widersprüchen überprüft werden. Bei der Bewertung und Prüfung von Zielvorstellungen sind zwei Referenzkriterien von Bedeutung: erstens die innere Folgerichtigkeit und Konsistenz des Zielsystems selbst einschließlich des Kontexts, in dem die Ziele stehen, und zweitens die Einbeziehung der Ergebnisse der Beschreibung und Erklärung der jeweils vorhandenen Stadt, der Gesetzmäßigkeiten der Entwicklung und der Komponenten baulich-räumlicher Organisation (siehe auch Abschnitt C 2).

Das erste Referenzkriterium, auf Konsistenz und Kontext gerichtet, berücksichtigt, dass Zielvorstellungen, denen man begegnet, jeweils im Zusammenhang einer bestimmten Konzeption stehen und anhand dieser betrachtet und eingeordnet werden müssen. Der Kontext besteht entweder in der jeweils interessenspezifischen Sichtweise (querschnittsbezogene Ziele, sektorale Ziele) oder er betrifft die zeitliche Dimension (ältere und neuere städtebauliche Konzeptionen) oder ist an den jeweiligen Handlungsfeldern festzumachen (Stadterweiterung, Stadterneuerung, Stadtumbau). Das zweite Referenzkriterium, die Einbeziehung der Gesetzmäßigkeiten der Entwicklung und der Komponenten baulich-räumlicher Organisation (siehe Abschnitt B 0), hat besonderes Gewicht. Wenn und solange städtebauliche Zielvorstellungen sozusagen in einem normativen Käfig diskutiert und nicht auf empirisch gewonnene Erkenntnisse und erkannte Regelmäßigkeiten zurückgeführt werden (können), sind sie für den praktischen Städtebau nur bedingt hilfreich oder führen gar, wie die Geschichte der Moderne zeigt, zu gegenteiligen Folgen. Die Zielvorstellungen bleiben dann einem berechtigten Ideologieverdacht ausgesetzt. Mit einer sich abzeichnenden erklärenden Theorie der baulich-räumlichen Organisation von Stadt wächst aber eine Wissensbasis heran, die manchen Grundsatzstreit über Zielvorstellungen im Städtebau ('Leitbilder') wenn nicht überflüssig machen, so doch auf eine rationalere Basis stellen kann.

Die querschnittsbezogenen Ziele sind die maßgeblichen, denn Städtebau ist wie Stadt- und Raumplanung insgesamt eine Querschnittsaufgabe. Die sektoralen Ziele haben ihr Gewicht, müssen sich aber in stärkerem Maße einem gegenseitigen Abgleich und Ausgleich unterwerfen. Die Ziele lassen sich auf die Komponenten baulich-räumlicher Organisation (Bodeneinteilung, Bebauung, Erschließung und Bepflanzung, Außenraum | öffentlicher Raum, Verhältnis von Orten und Netz, Maßstabsebenen) beziehen – als einer Grundlage, auf die alle städtischen Funktionen oder sektoralen Anforderungen angewiesen sind. Die querschnittsbezogenen Ziele oder Oberziele für den Städtebau (und die Architektur) finden sich bereits bei Alberti: *necessitas* (Grundsicherung), *commoditas* (Nutzbarkeit); *voluptas* (Schönheit, Verständlichkeit); ich füge dem die *durabilitas* (Nachhaltigkeit) hinzu (siehe Abschnitt C 1). Die im Weiteren dargestellten Überlegungen zu einer normativen Theorie sind auf den fünf Komponenten baulich-räumlicher Organisation und den vier querschnittsbezogenen Oberzielen aufgebaut (Übersicht 13). Teil C der Arbeit ist entsprechend den genannten Voraussetzungen wie folgt gegliedert:

(1)   Darstellung, Einordnung und Diskussion der *Zielvorstellungen* im Städtebau, wie sie sich insbesondere seit der Industrialisierung im 19. Jahrhundert entwickelt haben. Sie liegen entweder schriftlich formuliert vor oder sind in ausgeführten oder nicht ausgeführten städtebaulichen Entwürfen für bestehende oder neu zu errichtende Siedlungsteile und in den darin verfolgten Konzeptionen enthalten. Die querschnittsbezogenen und die sektoralen Ziele werden anhand der gebräuchlichen Kategorien gesondert dargestellt und anschließend zueinander ins Verhältnis gesetzt.

(2)   Darstellung der möglichen *Bewertung* von Zielvorstellungen: (a) im Hinblick auf ihre sachliche Einordnung (Konsistenz und Kontext) und (b) im Hinblick auf Ergebnisse aus der Erforschung der jeweils vorhandenen Stadt (Gesetzmäßigkeiten der Entwicklung und Komponenten baulich-räumlicher Organisation). Die Oberziele der Grund-

sicherung, Nutzbarkeit, Verständlichkeit und Nachhaltigkeit werden nach Teilzielen, Unterzielen und Indikatoren je für sich differenziert und aufgeschlüsselt, so dass die Verbindung zum planungspraktischen Handeln und gegebenenfalls die Rückkoppelung sichtbar werden.

(3–5) Darstellung der drei Handlungsfelder des Städtebaus: der Stadterweiterung, der Stadterneuerung und des Stadtumbaus und ihrer je besonderen Ziele. Stadterweiterung ist die Errichtung von neuen Stadtteilen oder Quartieren auf bisher unbebautem Land, in der Regel am Rande oder außerhalb der bestehenden Stadt. Stadterneuerung ist die Verbesserung der baulich-räumlichen (aber auch der sozialen, ökonomischen und ökologischen) Organisation innerhalb der vorhandenen Stadt oder ihrer Siedlungsteile. Stadtumbau, als eine besondere Form der Stadterneuerung, ist mit umfangreicheren Veränderungen verbunden, etwa durch große Infrastrukturmaßnahmen, die Anlage neuer zentraler Einrichtungen, die Umnutzung ehemaliger Industrie-, Hafen- und Militärflächen. Die Definition der Handlungsfelder ist wesentlicher Bestandteil einer normativen Theorie. Die allgemeinen Zielvorstellungen müssen an den Handlungsfeldern ihre Verträglichkeit, auch eine gewisse Robustheit gegenüber Widersprüchen erweisen. Umgekehrt liefern neuere städtebauliche Konzeptionen, die beispielhaft herangezogen werden, die realen Anhaltspunkte aus dem Bereich des praktischen Städtebaus. Die spezifischen, für die Handlungsfelder formulierten Ziele stellen eine Art Bindglied zwischen den allgemeinen Zielvorstellungen und der Methodologie und schließlich dem planungspraktischen Handeln dar.

(6) Diskussion gegenwärtig aktueller und geeignet erscheinender Zielvorstellungen und Konzeptionen für die *künftige Form der Stadt*, vor dem Hintergrund real- und ideengeschichtlicher Erfahrung, des Standes der Entwicklung erklärender Theorie sowie der sozial-ökonomischen und ökologischen Rahmenbedingungen. Im Mittelpunkt steht hier die Auseinandersetzung über die anzustrebende Form der Stadt in ihrer baulich-räumlichen Organisation, der Siedlungsstruktur, des urbanen Systems, zwischen den polaren Positionen der ‚kompakten Stadt‘ und der ‚Auflösung der Stadt‘.

1 Zielvorstellungen

Als solche definierte *Zielvorstellungen* für den Städtebau sollen es ermöglichen, die Motive alltäglichen planungspraktischen Handelns bewusst zu machen und die Ziele in ihrer kurz-, mittel- und langfristigen Ausrichtung in eine begründete und nachvollziehbare Beziehung zueinander, also in ein Ziel*system* zu bringen. Zielvorstellungen sollen die Kommunikation zwischen Bevölkerung, gewählten Entscheidungsträgern und Fachleuten erleichtern und befördern. Zielvorstellungen für den Städtebau müssen nicht nur Aussagen darüber enthalten, was erreicht, sondern auch darüber, wie unterwegs verfahren werden soll, wie Ziele bei Bedarf modifiziert werden können. Denn es handelt sich bei Stadt und Siedlung um ein stets in Veränderung befindliches Gebilde. Zielvorstellungen für den Städtebau liegen entweder schriftlich, in allgemein fachbezogenen Veröffentlichungen und in Gesetzestexten sowie politischen Beschlüssen vor oder sie können aus vorliegenden städtebaulichen Entwürfen, realisierten wie nicht realisierten, abgeleitet werden. Sie sind vielgestaltig und in ihrer Vielzahl oft schwer zu übersehen, aufgespannt zwischen Allgemeinheit und Konkretheit, langfristiger und aktueller Perspektive, Wünschbarkeit und Machbarkeit, auf die Stadt als soziales oder als baulich-räumliches Gebilde bezogen. Zu bedenken ist, wie weit sich Zielvorstellungen im Städtebau von aktuellen oder gar säkular erscheinenden Trends entfernen können, wenn sie denn noch eine handlungsleitende Funktion für die Praxis haben sollen. Umgekehrt stellt sich die Frage, welches Mindestmaß an Unabhängigkeit von der realen Entwicklung sie besitzen müssen, um den Anspruch an Qualität im Sinne von Nutzbarkeit, Verständlichkeit und Nachhaltigkeit der baulich-räumlichen Organisation von Stadt sicherstellen zu können.

Die Unterscheidung von Zielvorstellungen nach dem Grad ihrer Allgemeinheit beziehungsweise Konkretheit, wie in der Planungstheorie üblich, liefert einen ersten Anhaltspunkt zur Systematisierung und Übersicht. Im Englischen wird von *goals, objectives* und *targets* gesprochen: allgemeinen Oberzielen, operativen und konkreten einzelnen Zielen, die dann verschiedenen Ebenen in einem Zielsystem zugeordnet werden können. Die langfristig orientierten Oberziele müssen zugleich kürzerfristige Zielsetzungen in sich aufnehmen können, ihnen Spielraum gewähren. Wünschbarkeit und Machbarkeit, Utopie und Realisierung bilden ein besonderes Spannungsfeld, das sich nicht zuletzt in der umfangreichen Diskussion über städtebauliche *Leitbilder* darstellt. In vielen Zielvorstellungen verbinden sich soziale und baulich-räumliche Elemente, solche die auf Nachfrage oder Bedarf und solche die auf das materiell-physische Angebot der gebauten Stadt bezogen sind. Sie müssen differenziert betrachtet werden, damit sie bei der Steuerung der Entwicklung baulich-räumlicher Organisation konkret angewendet werden können. Weiter unten sind Oberziele, Teilziele und Unterziele miteinander in Beziehung gesetzt, denen dann Indikatoren als Maßstab der Erfolgskontrolle zugeordnet werden können (Übersichten 15–17).

Als solche definierte Zielvorstellungen für den Städtebau (und die Architektur) sind älter als gemeinhin angenommen. Die Ideologien des 20. Jahrhunderts haben dafür zum Teil den Blick verstellt. Bewusstes Handeln, zumal in komplexen Zusammenhängen wie dem der baulich-räumlichen Organisation von Stadt, ist von alters her mit bestimmten Regeln verbunden gewesen. Sie sind schon früh aufgeschrieben worden. Vitruvs *De architectura libri decem* (27 v. Chr.) ist eine der ältesten bekannten Arbeiten dieser Art aus der westlichen Welt. Die Theoretiker der Renaissance haben auf sie zurückgegriffen, allen voran Leon Batista Alberti mit seinem Buch *De re aedificatoria* (Alberti 1975). Nach dem Urteil von Françoise Choay reicht dieses Werk im Ansatz deutlich über Vitruv hinaus (Choay 1980, S. 27 f.). Die Zeit der Renaissance kann im Rahmen der Architekturtheorie als Wiege des Nachdenkens über Städtebau und

Stadtplanung im heutigen Sinne angesehen werden (vgl. Ascher 2001, S. 15 f.). Seitdem liegen Zielvorstellungen zum Städtebau nicht mehr nur aus praktischen Entwürfen ableitbar, sondern auch in einem systematischen Zusammenhang formuliert vor. Mit Ildefonso Cerdá beginnt in der zweiten Hälfte des 19. Jahrhunderts, wesentlich bedingt durch die Industrialisierung, eine eigene Theorie des Städtebaus, gesondert von der Architekturtheorie (Choay 1980).

Leitbilder

Die Diskussion über Zielvorstellungen für den Städtebau ist eng mit dem Begriff *Leitbild* verbunden. Er hat fast den Charakter eines Reizworts. Schon dies mag es rechtfertigen, auf diesen Begriff besonders einzugehen. Thomas Kuder fasst ihn „als eine in diskursivem Prozess entwickelte, einen Konsens über Wertmaßstäbe voraussetzende anschauliche Konkretion einer komplexen und idealtypischen (möglicherweise konkret utopischen) Zielvorstellung, die der Orientierung und Steuerung, der Motivierung, Kommunikation und Kooperation, der Konkretisierung von Zielvorstellungen und der Entscheidung inhaltlicher und prozessualer Aufgaben im Zusammenhang mit Fragen einer gewünschten zukünftigen Entwicklung dient" (Kuder 2004, S. 57). Die Diskussion über Leitbilder spiegelt sowohl das große Bedürfnis nach handlungsleitenden Grundsätzen als auch die erhebliche Reserve gegenüber Vorgaben wider, die als ideologisch oder einschränkend empfunden werden. Sowohl in den Schriften als auch im Bereich planungspraktischen Handelns wird der Begriff sehr unterschiedlich gebraucht, zum Teil einfach als Schlagwort. Die Kenntnis grundlegender Arbeiten dazu (z.B. Streich 1988, Konter 1997, Kuder 2004) ist nicht sehr verbreitet.

Auf der *einen* Seite steht die Auffassung (die auch der Verfasser teilt), dass die Steuerung der Entwicklung von Stadt ohne normative Ziele nicht möglich ist. Allgemeine, langfristige, wünschbare, konkret utopische Zielvorstellungen werden für notwendig erachtet, von denen dann besondere operative und konkrete, kürzerfristig realisierbare Ziele abgeleitet beziehungsweise an den Oberzielen gemessen werden können (ebenso wie umgekehrt). Ziele für den Städtebau müssen immer auch langfristig orientiert sein. Denn Maßnahmen der Bodeneinteilung und Erschließung schaffen langfristige Voraussetzungen, deren Wirkungen sich oft über Jahrhunderte erstrecken; einzelne Gebäude und technische Anlagen überdauern in der Regel mindestens einige Jahrzehnte. Auf der *anderen* Seite steht der Vorbehalt gegenüber grundlegenden Zielvorstellungen im Sinne von Leitbildern, und zwar aus unterschiedlichen Motiven: wegen der Gefahr des Missbrauchs im Sinne autoritär durchzusetzender Prinzipien und insofern als unvereinbar mit demokratischer Willensbildung und demokratischen Verfahrensweisen; aus einer gewissen Resignation angesichts des nicht zu übersehenden Defizits in der Durchsetzung städtebaulicher Zielvorstellungen; auch aus kommunalpolitischem Opportunismus, verbunden mit mangelnder Weitsicht und Verantwortung. Eine Übersicht hierzu vermittelt zum Beispiel der Sammelband „Ohne Leitbild? Städtebau in Deutschland und Europa" (Becker/Jessen/Sander 1998).

Der Begriff des Leitbilds leidet darunter, dass er auf durchaus unterschiedliche Maßstabsebenen und Handlungsfelder bezogen wird. Es gibt Gesamtkonzeptionen, die ein differenziertes und weit gehend vollständiges Bild von der baulich-räumlichen Organisation der zu planenden Stadt zeichnen: die *Gartenstadt* (Howard 1968), *Broadacre-City* (Wright 1936), die *gegliederte und aufgelockerte* Stadt (Göderitz/Rainer/Hoffmann 1957), auch wenn sie aus der Opposition gegenüber der historischen Stadt beziehungsweise der des 19. und frühen 20. Jahrhunderts gespeist sind. Manche mit „Leitbild" bezeichnete Vorstellungen betreffen lediglich bestimmte Merkmale oder Elemente: *Nutzungstrennung*, (Urbanität durch) *Dichte, Nutzungsmischung*, die *ökologische Stadt*, die *kompakte Stadt*, die *Netzstadt*. Andere betonen bestimmte Funktionen: die *autogerechte Stadt* (Reichow 1959), die *autofreie Stadt*, die *Stadt der kurzen Wege*. Wieder andere sind auf einzelne Handlungsfelder bezogen: *behutsame Stadterneuerung, Bestandsentwicklung*. Ansätze zu einer neuen Gesamtkonzeption liegen in der Zielvorstellung der *nachhaltigen Stadt*. In ihr wären die soziale, ökonomische, ökologische und baulich-räumliche Dimension enthalten, und in Bezug auf ihre baulich-räumliche Organisation würden Elemente wie Dichte, Nutzungsmischung, kurze Wege und behutsame Stadterneuerung sicher eine Rolle spielen (siehe Abschnitt C 6).

Im Folgenden wird auf die Verwendung des Begriffs „Leitbild" verzichtet und stattdessen von Zielvorstellungen gesprochen, die, auf unterschiedlichen Konkretisierungsebenen, Beiträge zur Formulierung eines Zielsystems für städtebauliches Handeln liefern können.

Kategorien von Zielvorstellungen

Die Formulierung städtebaulicher Zielvorstellungen und ihre Einteilung in bestimmte Kategorien findet sich zahlreich in der Literatur über Städtebau und Architektur – als der immer wieder unternommene Versuch, ein normatives Grundgerüst für städtebauliches Handeln zu erstellen und dabei möglichst knapp und sinnfällig die wesentlichen Elemente eines solchen Grundgerüsts hervorzuheben. Dabei kommt auch die Verflechtung zwischen Städtebau und Architektur zum Ausdruck, die von einigen Autoren ausdrücklich thematisiert wird. Manche der Kategorien sind ihrer Natur nach beiden Gebieten eingeschrieben oder wechselseitig anwendbar.

Bei den Kategorien von Zielvorstellungen kann zwischen solchen, die querschnittsbezogen, und solchen, die auf bestimmte Nutzungsarten oder Sektoren bezogen sind, unterschieden werden. Für die erste Gruppe steht Alberti mit den Kategorien *necessitas, commoditas* und *voluptas*, also Bereitstellung des (Lebens-)Notwendigen, Gewährleistung von praktischer Nutzbarkeit und Bequemlichkeit und Darstellung von Vergnügen, Schönheit oder Verständlichkeit (Alberti 1975, S. 14). Zur zweiten Gruppe gehören die Autoren der Charta von Athen (Le Corbusier 1957) mit den vier ‚Funktionen' *habitation, loisirs, travail, circulation*, also Wohnung, Muße/Erholung, Arbeit, Verkehr. Beide Gruppen von Zielvorstellungen ergänzen sich beziehungsweise lassen sich in einer Matrix darstellen (siehe Übersicht 11). Bei manchen Autoren erscheinen Zielvorstellungen aus beiden Gruppen in einer Folge, sozusagen vermischt.

Querschnittsbezogene Ziele

Die klassischen Kategorien von Alberti seien hier als Ausgangspunkt für die quer-schnittsbezogenen (Ober-)Ziele genommen. Der Grundsicherung, Nutzbarkeit und Ver-ständlichkeit sei aber die *Nachhaltigkeit (durabilitas)* hinzugefügt. Die Kategorien von Al-berti enthalten zwar bereits Elemente von Nachhaltigkeit beziehungsweise kann diese Ziel-vorstellung als selbstverständlicher Hintergrund angesehen werden, doch hat sich die Sach- und Problemlage zu Beginn des 21. Jahrhunderts gegenüber der des 15. Jahrhun-derts so sehr zugespitzt, dass sie eigens thematisiert werden muss. Dies bedarf hier keiner weiteren Begründung.

Necessitas oder die *Grundsicherung* steht (zunächst in der Architektur) für die tech-nischen Voraussetzungen beim Bauen, das Material und die Konstruktion. *Necessitas* im Städtebau kann als der „bescheidene Überschuss über die bare Notdurft" definiert werden (Baumeister 1876, S. 14 f.), zunächst das Dach über dem Kopf, die Behausung. Die Erklä-rung der Habitat-Konferenz in Vancouver 1976 fordert Obdach und das Minimum an städ-tischer Infrastruktur. Bei Cerdá (1867) besteht dieses Minimum an technischer Infrastruktur in der Gewährleistung des Verkehrs *(circulación)*, der Versorgung mit Gütern *(alimentaci-ón)*, der Verarbeitung der Güter *(digestión)* und der Beseitigung der Abfälle *(evaluación)*, al-so der Einrichtungen wie auch der Energie- und Stoffströme. Bei Lynch fallen zwei seiner fünf Kategorien von Zielvorstellungen *(dimensions of performance)* unter die Grundsiche-rung: *vitality* und *access* (Lynch 1981). *Vitality* umfasst (1) Unterhalt *(sustenance)*: ausrei-chende Versorgung mit Wasser, Luft, Nahrung, Energie sowie Beseitigung von Abwasser und Abfall, (2) Sicherheit *(safety)*: den Schutz vor Umweltvergiftung, Krankheiten oder Gefah-ren, (3) Übereinstimmung *(consonance)*: die Passgenauigkeit zwischen der Umgebung und den menschlichen Erfordernissen in Bezug auf Raumtemperatur, Körperbewegung, Sinnes-wahrnehmung und Körperfunktion. *Acces* meint die Zugänglichkeit zu Personen, Gütern, Orten und Ereignissen in der Stadt oder Region. Zweifellos gehört auch die Wirtschaftlich-keit, in dem grundlegenden Sinne der materiellen Realisierbarkeit und Tragfähigkeit, zur Grundsicherung (Chapin 1972, Albers/Papageorgiou-Venetas 1984).

Zusammenfassend: *Necessitas* oder die *Grundsicherung* im Städtebau ist (1) das, was die sesshafte lokale Gesellschaft an Gebäuden, technischen Anlagen, Pflanzungen und Außenräumen sowie an Infrastruktur mindestens braucht beziehungsweise unbedingt für er-forderlich hält, um im praktischen Sinne zu existieren. Hinzu kommen (2) die (Mindest-)Qua-lität der natürlichen beziehungsweise ökologischen Lebensbedingungen und (3) das Vorhan-densein der Ressourcen, um die beiden ersten dauerhaft gewährleisten zu können.

Commoditas oder die *Nutzbarkeit* steht für die Zweckentsprechung der Gebäude, technischen Anlagen, Pflanzungen und Außenräume, im Einzelnen wie im städtischen Zusammenhang, und zwar im Sinne einer praktischen und bequemen Nutzung. Nutzbarkeit bezeichnet somit im Besonderen die zu schaffende Beziehung zwischen den Menschen und den Dingen, der Stadt als Gesellschaft *(civitas)* und der Stadt als Bauwerk *(urbs)* (Cerdá 1867, Bd. I, S. 484–486). Seit dem 20. Jahrhundert wird diese Kategorie von Zielvorstellungen ziemlich einmütig mit *Funktion* (Funktionalität) bezeichnet – sowohl für die Architektur als auch für den Städtebau (z.B. Bruno Taut 1977). Nutzbarkeit bezieht sich auf den Gebrauch, auf das Verhältnis zwischen gebauter Stadt und sozialem Verhalten, weniger auf rein technische Abläufe (die deshalb der Grundsicherung zuzuordnen sind). Die entsprechende Kategorie bei Lynch ist *fit*. „Das *fit* einer Siedlungseinheit bezieht sich darauf, wie gut ihr räumliches und zeitliches Muster dem gewohnten Verhalten der Einwohner entspricht. ... *Fit* ist die Passform *(match)* zwischen Ort und der Gesamtheit der Verhaltensmuster" (Lynch 1981, S. 151). Der Funktion oder Nutzbarkeit werden häufig auch Merkmale der Grundsicherung zugeordnet, so insbesondere *health* und *safety* (Chapin 1972) beziehungsweise Hygiene und Sicherheit (Albers/Papageorgiou-Venetas 1984). Sie gehören zu den Grundlagen der Zweckentsprechung, von denen aus sich *convenience*, also physische Bequemlichkeit, aber ebenso *amenity*, psychische Annehmlichkeit, entwickeln kann (Chapin 1972).

Zusammenfassend: *Commoditas* oder die *Nutzbarkeit* im Städtebau ist die Angemessenheit und Zweckdienlichkeit der gebauten Stadt im Hinblick auf die (bewussten und unbewussten) praktischen Ansprüche ihrer Benutzer. Sie bezieht sich als Zielvorstellung ebenso auf die Bodeneinteilung, Bodennutzung und Standortverteilung wie auf die Bebauung, Erschließung und Bepflanzung, also (1) die Anordnung und Zueinanderordnung der Gebäude, technischen Anlagen und Pflanzungen zu einem sinnvoll nutzbaren, technisch befriedigenden Bebauungs-, Erschließungs- und Außenraumsystem und (2) die Sicherung und Weiterentwicklung von Zugänglichkeit und Durchlässigkeit (Beziehung und Verbindung) in einem Gebiet (vgl. Frick 1998).

Voluptas bedeutet Vergnügen oder Schönheit, im konkreten Sinne die Wahrnehmbarkeit oder *Verständlichkeit* der gebauten Stadt. Im vom Funktionalismus geprägten 20. Jahrhundert sind diese Worte kaum an erster Stelle benutzt und in den erklärten Zielvorstellungen eher vernachlässigt, bestenfalls umschrieben worden. Verständlichkeit oder Schönheit ist das, was über das technisch Notwendige und das Zweckdienliche hinausgeht, das sich auch nach der Erfüllung der Ziele der Grundsicherung und der Nutzbarkeit nicht ohne weiteres einstellt, das aber dennoch in der Wahrnehmung der Menschen die eigentliche Qualität eines Hauses, eines Platzes, des öffentlichen Raums, eines Quartiers, einer Stadt ausmacht. Man könnte auch von Nutzbarkeit in einem erweiterten Sinne sprechen. Worum es dabei beim Bauen geht, hat Bruno Taut in klassischer Weise in seinem Begriff der *Proportion* zusammengefasst: Proportion ist (Größen-)Verhältnis, Ebenmaß, Teilung. „Architektur hat ... einen Sinn des Menschen zufrieden zu stellen, seinen Sinn für Ebenmaß, für die schöne Teilung" (Taut 1977, S. 87). Das Herstellen von Proportion findet bei der Einteilung des Bodens, der Straßen, der Baublöcke, der Häuser statt, fängt aber bereits an, wenn die Baukosten festgelegt werden, und durchläuft alle rationalen (technischen, konstruktiven, funktionalen) Arbeitsschritte. Überall soll jeweils das Gefühl für das richtige Verhältnis einwirken. „Die Realität lässt ... immer einen Spielraum offen. Es tut nichts zur Sache, wie groß der Spielraum ist. Auf alle Fälle liegt in ihm der eigentliche Punkt, an dem die Proportion ihr Leben beginnt" (S. 42). „Was im ersten Vorgang gemacht war, nämlich die guten Proportionen des Lageplans, das ist in der Wirklichkeit, wenn die Siedlung gebaut ist, nicht direkt zu sehen. Aber die Leute, die dort wohnen oder da spazieren gehen, fühlen bewusst, dass das Ganze harmonisch geordnet ist" (S. 40). Bei Lynch ist die Verständlichkeit in der Kategorie des *sense* dargestellt. „*Sense* einer Siedlungseinheit ist ... die Klarheit, mit der sie wahrgenommen und identifiziert werden kann, und die Leichtigkeit, mit der ihre Elemente mit anderen Begebenheiten und Orten verbunden werden können. ... Das zweite Element des *sense* ist die formale Struktur: im Maßstab eines einzelnen Ortes der Sinn dafür, wie seine Teile zusammenwirken, und in einer großen Siedlungseinheit der Sinn für Orientierung" (Lynch 1981, S. 131, 134). Albers und Papageorgiou-Venetas kodieren die Verständlichkeit dementsprechend mit Ästhetik und Wahrnehmung, Orientierung, Symbolik und Identifikation.

Zusammenfassend: *Voluptas* oder die *Verständlichkeit* im Städtebau zielt auf Schönheit in einem differenzierten Sinn, auf etwas, das über funktionierende Technik und praktische Nutzbarkeit hinausgeht, zugleich aber einem realen Bedürfnis der Menschen entspricht. Dieses Bedürfnis bezieht sich auf die Wahrnehmbarkeit der baulich-räumlichen Organisation von Stadt, auf die Identität des Ortes und die Identifikation mit dem Ort, auf Orientierung, auf den sichtbaren räumlichen Zusammenhang zwischen dem Ganzen einer Siedlungseinheit und ihren Teilen. Verständlichkeit meint die Form der Stadt. Ihre Abwesenheit führt zur ‚Nicht-Stadt' (siehe Abschnitt C 6).

Durabilitas oder die *Nachhaltigkeit* (Dauerhaftigkeit, Zukunftsfähigkeit, *sustainability*) bezieht sich auf die Befriedigung der „Bedürfnisse der heutigen Generation ..., ohne künftigen Generationen die Möglichkeit zur Befriedigung ihrer eigenen Bedürfnisse zu nehmen" (Nationaler Aktionsplan zur nachhaltigen Siedlungsentwicklung, 1996). „Kommunen und Regionen entwickeln sich nachhaltig, wenn sie ihren Bewohnern auf Dauer eine Grunddaseinsvorsorge in ökologischer, sozialer und kultureller sowie wirtschaftlicher Hinsicht gewähren, ohne die Lebens- und Leistungsfähigkeit der natürlichen, gebauten und gesellschaftlichen Systeme zu beeinträchtigen ..." (Forßmann 1999). „Für die Ressource Raum (gegliedert nach morphologischen Kriterien) und die essenziellen Massengüter Wasser, Biomasse, Baumaterialien und Energieträger sind Minimal- und Maximalgrößen so zu setzen, dass einerseits die regionalen Grundbedürfnisse gedeckt und andererseits weder die regionalen noch die globalen Kapitalien (‚Hinterland') langfristig vermindert werden" (Baccini/Oswald 1998. S. 24). Dies bedeutet eine baulich-räumliche Organisation, welche unter anderem Energieersparnis und den sparsamen, rationellen Einsatz von Rohstoffen unter Nutzung aller verfügbaren Potenziale berücksichtigt: Flächen sparende Formen der Erschließung und Bebauung, eine umweltverträgliche Organisation des Verkehrs, den Einsatz erneuerbarer Energiequellen, umweltfreundliche Technologien in der Produktion, geschlossene Stoffkreisläufe, die Mehrfachnutzung von Materialien und Produkten usw.

Nicht der natürlichen, aber der kulturellen Dimension der Zielvorstellung Nachhaltigkeit ist bereits in der Charta von Athen ein eigenes Kapitel gewidmet: dem *patrimoine historique des villes*, dem kulturellen Erbe der Stadt (Le Corbusier 1957). In Abwägung gegenüber den sozialen und hygienischen Verhältnissen in historischen Stadtquartieren sollen die architektonischen Werte in Gestalt von Einzelgebäuden und städtebaulichen Ensembles erhalten werden. Lynchs Leitvorstellung der *vitality* (siehe oben) enthält einige Elemente beziehungsweise Gesichtspunkte der Nachhaltigkeit, betont aber die *Erfüllung* der notwendigen Bedürfnisse. Demgegenüber *verlangt* das Ziel der Nachhaltigkeit auch etwas von den Einwohnern der Stadt beziehungsweise ihren Repräsentanten. Bei Albers und Papageorgiou-Venetas sind die wichtigen Inhalte der Nachhaltigkeit unter den Stichworten „Hygiene" und „Umweltschutz" beschrieben (Albers/Papageorgiou-Venetas 1984, S. 88).

Zusammenfassend: *Durabilitas* oder die *Nachhaltigkeit* im Städtebau bedeutet, dass Planungen und Maßnahmen zur Veränderung der baulich-räumlichen Organisation an die Voraussetzung der langfristigen und umfassenden Funktionsfähigkeit des Naturhaushalts und der sozialen und ökonomischen Systeme gebunden sein müssen und dass dabei andere als erneuerbare Ressourcen nicht eingesetzt werden. Das kulturelle, baulich-räumliche wie soziale Erbe ist zu erheblichen Teilen ebenfalls zu den nicht oder nur bedingt erneuerbaren Ressourcen zu zählen und es bedarf deshalb großer Sorgfalt bei der Anpassung an Veränderungen.

Sektorale Ziele

Den mit der Grundsicherung, Nutzbarkeit, Verständlichkeit und Nachhaltigkeit bezeichneten *querschnittsbezogenen* Zielvorstellungen stehen solche gegenüber, die auf einzelne Gegenstände, Nutzungsarten oder Sektoren gerichtet sind. Diese *sektoralen* Zielvorstellungen sind für viele Autoren des 20. Jahrhunderts charakteristisch in ihrem Versuch, unter drastisch veränderten Bedingungen neue Ordnungsprinzipien für den Städtebau zu formulieren. Sie werden in der Regel an den städtischen „Funktionen" oder auch „Daseinsgrundfunktionen" (Partzsch 1970) festgemacht. In der marxistischen Diskussion werden sie den Bereichen der Produktion und der Reproduktion zugeordnet. Einen der bekanntesten und lange Zeit einflussreichsten Kataloge dieser Art liefert die Charta von Athen: *Wohnung, Muße/Erholung, Arbeit, Verkehr* (siehe oben). Er ist in jüngerer Zeit im Zusammenhang mit der (Wieder-)Einführung von ökologischen Gesichtspunkten, insbesondere solchen der Energie- und Stoffströme und des Naturhaushalts, modifiziert worden. Auch Baccini und Oswald unterscheiden in diesem Zusammenhang vier Funktionen beziehungsweise Aktivitäten, die sie aber anders zusammensetzen und gewichten: Ernähren und Erholen, Reinigen,

Wohnen und Arbeiten, Transportieren und Kommunizieren (Baccini/Oswald 1998). Der Europäische Rat der Stadtplaner (ECTP) verzichtet in seiner *Charter of Athens 2003* (European Council 2003) nahezu vollständig auf sektorale Kategorien, was ich für falsch halte. Denn sektorale Denkweisen, Ziele und institutionalisierte Handlungssysteme sind vorhanden und haben Einfluss. Sie können nicht ohne weiteres geleugnet werden, sondern müssen mit den querschnittsbezogenen Zielen verbunden werden, um desintegrierte, nicht rückgekoppelte Teilkonzepte zu vermeiden. Ich gehe im Folgenden von den Kategorien der (alten) Charta von Athen aus und ergänze sie anschließend.

Wohnung (habitation), die Sicherstellung angemessener Wohnmöglichkeiten für alle Einwohner der Stadt, ist seit dem 19. Jahrhundert ein erstrangiger und unbestrittener Gegenstand von Zielvorstellungen. Für Cerdá (1867) ist Ausgangspunkt und Endpunkt aller Wege immer die Wohnung oder die Bleibe des Menschen. Baumeister (1876) fordert eine angemessene Wohnungsversorgung für alle sozialen Klassen. Die Charta von Athen widmet dem Wohnen 21 Artikel, davon sieben als ausgesprochene Forderungen *("il faut exiger …")*. Einige sind in die Grundlagen heutigen Städtebaus eingegangen: Wahl der Wohnstandorte nach hygienischen/umweltbezogenen Gesichtspunkten, angemessene Dichtewerte entsprechend den unterschiedlichen Wohnformen, eine tägliche Mindestzeit an Sonneneinstrahlung für jede Wohnung. Andere sind relativiert oder ganz aufgegeben worden: für die neuen Wohnquartiere (nur) die besten Stadtflächen, Verbot der Straßenrandbebauung, Wohnhochhäuser in großem Abstand voneinander zugunsten ausgedehnter Grünflächen. Unter anderem im Zusammenhang mit Stadterneuerung sind Zielsetzungen geändert worden und weitere hinzugekommen: Substanz erhaltende und zusammen mit den jetzigen Bewohnern geplante Erneuerung; behutsame Änderung von (bestehenden) Wohnungsgrundrissen zugunsten neuer Wohnformen; möglichst kein Abriss von Gebäuden, Begrünung im Blockinneren, (Neu-)Gestaltung der Fassaden; bedarfsgerechte Erneuerung und Ergänzung von öffentlichen Einrichtungen, Straßen, Plätzen und Grünflächen (Hämer 1991).

Die Lage einer Wohnung in der Stadt, das Quartier, das sie umgibt, dessen Nutzungsmischung, baulich-räumliche Anlage und soziales Milieu haben als Qualitätsmerkmale und damit Zielsetzungen wieder an Gewicht gewonnen. Wohnung im Zusammenhang mit Städtebau ist mehr als die ‚eigenen vier Wände‘. Schon die Feststellung von Hillebrecht (1962), dass (bis in die zweite Hälfte des 20. Jahrhunderts hinein) der Wohnungsbau den Städtebau bestimmt oder ihn gar ersetzt habe, weist auf die Notwendigkeit hin, die Leitvorstellungen zur *Wohnung* aus funktionalen Einseitigkeiten zu lösen und sie wieder einer intensiven Rückkoppelung mit querschnittsorientierten Zielen zuzuführen. Hierzu gehört auch der Vorschlag von Baccini und Oswald (1998), Wohnung und Arbeit gemeinsam zu betrachten und sie für den Städtebau entsprechend der heutigen gesellschaftlichen Organisation zu *einem* Aktivitätsbereich zusammenzufassen, der auch die Nutzung und Gestaltung des öffentlichen Raums einschließt.

Muße oder *Erholung (loisirs)* als Gegenstand von Zielvorstellungen im Städtebau sind eng mit dem Wohnen verbunden, betreffen insbesondere das Wohnumfeld im engeren und weiteren Sinne. Muße oder Erholung haben in dem Maße Eingang in die Diskussion gefunden, als sie einerseits nicht mehr nur ein Privileg der Oberklasse waren und andererseits die schlechten Wohnbedingungen in den Arbeitervierteln des 19. Jahrhunderts geeigneten Erholungsraum unabdingbar machten. Bereits in der ersten Jahrhunderthälfte gab es gezielte Maßnahmen des Staates zur Anlage von öffentlichen Parks, zum Beispiel in Preußen. Im frühen 20. Jahrhundert hat die Volkspark-Bewegung in diese Richtung gewirkt. Baumeister bezeichnet die zweckmäßige Gestaltung von Erholungsstätten als der Wohnungsfrage kaum nachstehend und die Offenhaltung und Einrichtung entsprechender Plätze als Pflicht besonders gegenüber den mittleren und ärmeren Klassen der Bevölkerung (Baumeister 1876, S. 185).

Die Charta von Athen fordert in jedem Wohnquartier ausreichende Spiel- und Sportflächen für Kinder, Jugendliche und Erwachsene, eine klare Zielbestimmung bei der Neuanlage von Grünflächen für Kindergärten, Schulen, Jugendzentren und Gemeinschaftseinrichtungen und deren enge Verbindung zu den Wohnungen; darüber hinaus geeignete Parks, Wälder, Sportanlagen, Strandbäder usw. für die Erholung am Wochenende, alles Forderungen die inzwischen selbstverständlich geworden sind. Allerdings sind die Größenordnungen städtischer Grünflächen heute teilweise in Konflikt mit den Zielvorstellungen von Dichte und Kompaktheit geraten, ein Konflikt, auf den bereits Sitte hinweist: „Je mehr sich die Landschaftsmotive aber dem Centrum einer großen Stadt nähern, ... desto schwieriger wird es, eine allgemein befriedigende, auch künstlerisch tadelfreie Lösung zu finden" (Sitte 1889, S. 107). Die Thematisierung der Energie- und Stoffströme führt Baccini und Oswald (1998) dazu, Ernähren und Erholen im Zusammenhang zu behandeln. Das Prinzip einer nachhaltigen Entwicklung verlangt einen gewissen Autarkiegrad in einer Region und somit die sorgsame Verbindung der Erholungsnutzung mit der land- und forstwirtschaftlichen Produktion und dem Angebot an zusammenhängenden Lebensräumen für Tiere und Pflanzen auf den nicht bebauten Flächen.

Arbeit (travail) als Gegenstand von Zielvorstellungen im Städtebau hat sich auf der Grundlage der Arbeitsteilung entwickelt, die mit der Industrialisierung einen immer größeren Umfang angenommen und entsprechende räumliche Auswirkungen in der Stadt nach sich gezogen hat. Durch das Entstehen technischer, hygienischer oder organisatorischer Unverträglichkeiten und die daraus folgende zunehmende räumliche Trennung von Wohnung und Arbeitsstätte wurden gesonderte Zielsetzungen für deren Lokalisierung erforderlich. Baumeister (1876) vertritt die Absonderung der Gewerbe- und Industriegebiete, Howard (1898) sieht die Arbeitsstätten am Rande (der Gartenstadt) vor. Die Zielsetzungen der Charta von Athen sind überwiegend aktuell geblieben: Minimierung der Wege von der Wohnung zur Arbeitsstätte, Trennung der Industrie- und Wohngebiete durch Grünzonen (wenn auch beides in einem etwas veränderten Sinne); Orientierung der Industriegebiete an Eisenbahn, Wasserstraße und Autostraße, der Handwerksbetriebe an der Innenstadt; Sicherung bester Kommunikationsbedingungen für Verwaltung und übergeordnete Dienstleistungen nach innen und außen. Neu hinzugekommen ist die Forderung nach möglichst weit gehender Mischung von Wohnungen und Arbeitsstätten auf der Grundlage der technologischen und arbeitsorganisatorischen Veränderungen seit dem letzten Drittel des 20. Jahrhunderts (Abnahme der Emissionen und Zunahme der Dienstleistungen in großem Umfang). Neu ist aber auch die Relativierung der Forderung nach kurzen Wegen, da die Bedingungen des Arbeitsmarkts ihr zum Teil entgegenstehen. Im Übrigen gilt für Zielvorstellungen bezüglich der Arbeitsstätten ebenso wie für die der Wohnung die Notwendigkeit, wieder zu einer intensiven Rückkoppelung mit querschnittsorientierten Zielen zu kommen.

Verkehr (circulation) als Gegenstand von Zielvorstellungen im Städtebau nimmt insofern eine Sonderstellung ein, als er die materiell-physische Verbindung zwischen den anderen, an bestimmte Orte oder Standorte gebundenen Nutzungsarten herzustellen hat. Die dazu erforderlichen Flächen stellen sich in der Regel als Netz dar. Für Cerdá (1867) ist der Gegenstand der Städtebauwissenschaft die Verbindung zwischen Ruhe und Bewegung, das heißt zwischen Räumen, die der Ruhe, und solchen, die der Bewegung dienen, zwischen den Gebäuden und dem Wegenetz, innerhalb und außerhalb der Stadt. Mit dem seit dem 19. Jahrhundert deutlich steigenden Warenumsatz erhält der Fahrzeugverkehr (mit Hand- und Pferdewagen, später Kraftfahrzeugen) besondere Aufmerksamkeit. Baumeister plädiert für den Fall erheblicher Unterschiede in den Geschwindigkeiten der Verkehrsarten für deren räumliche Absonderung, ebenso für die Trennung von Lokalverkehr, Verkehr zwischen Stadt und Land sowie Durchgangsverkehr. In einem guten Straßennetz solle zwischen Hauptstraßen und Nebenstraßen unterschieden werden. Jene dienten sämtlichen Gattungen des städtischen Verkehrs, diese hauptsächlich dem Privatverkehr der Anwohner (Baumeister 1876, S. 95). Kreuzungen mit der Eisenbahn sollen in zweiter Ebene erfolgen (S. 157). Regulierende Maßnahmen sollen sich auf klare Beobachtungen über das Wesen des Verkehrs stützen. Die Charta von Athen geht nur wenig, allerdings in einem entscheidenden Punkt darüber hinaus: Sie fordert für die Hauptlinien des Kraftfahrzeugverkehrs Kreuzungen in der zweiten Ebene, die Abschirmung dieser Hauptlinien durch Grünzonen und eine rigorose Trennung der Wege des Fußgängers von denen des Automobils.

Erst im letzten Viertel des 20. Jahrhunderts wird diese Vorstellung schrittweise korrigiert. Mit dem Begriff der Verkehrsberuhigung werden bisherige Kriterien der Verkehrsplanung, die vorrangige Befriedigung der Nachfrage nach Straßenraum für den ,fließenden' und ,ruhenden' Kraftfahrzeugverkehr, in Frage gestellt und es wird der Sicherung und Verbesserung der Qualität der städtischen Lebensbedingungen insgesamt Priorität eingeräumt: Verminderung des Lärm- und Abgasaufkommens, (Wieder-)Herstellung der Multifunktionalität des öffentlichen Raums beziehungsweise des Straßen- und Wegenetzes in der Stadt, Gleichberechtigung der unterschiedlichen Verkehrsarten, örtlich und tageszeitlich gestaffelte Restriktionen für den Kraftfahrzeugverkehr in der Stadt, Begünstigung der umweltfreundlichen Fortbewegungsarten (Fußgänger- und Fahrradverkehr, öffentliche Verkehrsmittel) usw. (Apel u.a. 1997). Die Verwirklichung dieser Forderungen geht schleppend voran. Zielvorstellungen zum Verkehr in einer hochmobilen Gesellschaft nicht nur in der Stadt müssen den grundsätzlichen Konflikt zwischen der ökologischen Forderung nach möglichst geringer Inanspruchnahme von weiteren Freiflächen, sparsamem Energieverbrauch und der Reinhaltung der Luft, des Bodens und des Wassers und den Anforderungen an Schnelligkeit und Bequemlichkeit verarbeiten. Dies gilt sinngemäß für die gesamte technische Infrastruktur, also auch die Erschließung durch die Netze der Energie- und Wasserversorgung sowie die Abwasserreinigung und Abfallbeseitigung.

Kommunikation als Kategorie von Zielvorstellungen im Städtebau beziehungsweise eine „Daseinsgrundfunktion" in der Stadt- und Raumplanung (Partzsch 1970) entspringt vermutlich der Reaktion auf die stark sektoral orientierten Aussagen der Charta von Athen. Ihre (Wieder-)Einführung sollte offenbar über die Erweiterung des Katalogs der Charta eine verloren gegangene Dimension bei den Zielvorstellungen zurückbringen. Partzsch nennt Kommunikation eine alle anderen „umklammernde Funktion". Damit würde sie eigentlich nicht zu den sektoralen, sondern zu den querschnittsbezogenen Zielkategorien gehören. Dem steht gegenüber, dass der *öffentliche Raum* bis ins 20. Jahrhundert hinein *das* städtische Kommunikationsmedium schlechthin gewesen ist. Der Kraftfahrzeugverkehr hat diese Funktion stark in Mitleidenschaft gezogen, zum Teil förmlich an die Wand gedrückt. Zudem sind nennenswerte Bestandteile alltäglicher Kommunikation aus dem öffentlichen Raum heraus in die Netze der Telekommunikation und Fernübertragung verlagert worden. Über die Folgen dieses Vorgangs für die Stadt- und Regionalentwicklung und die Notwendigkeit einer entsprechenden Revision von Zielen des Städtebaus und der Stadtplanung herrscht weithin Uneinigkeit, die von der These der Auflösung der Stadt bis zu der ihrer Notwendigkeit gerade *wegen* der ‚Informatisierung' der Gesellschaft reicht.

Einerseits spricht einiges dafür, Kommunikation, und zwar in Verbindung mit dem öffentlichen Raum, als eigenen Gegenstand von Zielvorstellungen im Städtebau zu beschreiben, da ihr nach wie vor eine wesentliche, wenn auch veränderte Rolle bei der Verbindung und Zusammenführung der unterschiedlichen städtischen Nutzungsarten und baulich-räumlichen Elemente zukommt. Andererseits ist die Überlagerung des Gegenstands Kommunikation mit dem des Verkehrs offensichtlich, unter anderem unter dem Gesichtspunkt der kommunikativen Funktion des Verkehrs und der Nutzung des öffentlichen Raums. Die Zusammenfassung zu einer Aktivität *Transportieren und Kommunizieren* (Baccini/Oswald 1998) ist insofern überzeugend, als hier sämtliche Arten von Bewegung (von Personen, Gütern und Informationen) berücksichtigt sind. Dadurch können die übrigen Aktivitäten in ihrer Standortverteilung und Dichte einer umfassenden und vollständigen Bewertung, einschließlich der Gesichtspunkte der Energie- und Stoffströme, unterzogen werden.

Versorgung wird ebenfalls als Gegenstand von Zielvorstellungen im Städtebau beziehungsweise als „Daseinsgrundfunktion" genannt (Partzsch 1970). Darunter wird die Gesamtheit der sozialen Infrastruktur, das heißt der staatlichen, kommunalen und privaten Einrichtungen der Daseinsvorsorge (Schulen, Krankenhäuser, Museen usw.) und anderer öffentlicher Dienste verstanden. Zur Versorgung zählt bei Partzsch und anderen Autoren auch das private Angebot an Waren und Dienstleistungen. Dieses bestimmt zusammen mit den zuvor genannten Einrichtungen der sozialen Infrastruktur maßgeblich die Merkmale von Zentralität oder Dezentralität im städtischen Nutzungs- und Standortgefüge. Von Albers und Papageorgiou-Venetas (1984) wird entsprechend der Begriff „zentrale Einrichtungen" verwendet. Die soziale (wie die technische) Infrastruktur hat im Zuge der Industrialisierung eine vorher nicht gekannte Bedeutung erlangt und drohte zeitweise, neben der Wohnung, die Leitvorstellungen im Städtebau zu dominieren (‚Versorgungsrichtwerte'). In der Tat hat sie durch den im 20. Jahrhundert enorm gestiegenen Umfang der öffentlichen Investitionen ein erhebliches Gewicht als materielles Planungs- und Steuerungsinstrument erlangt.

Bei den Autoren des 19. Jahrhunderts gilt die Aufmerksamkeit (1) der Lage der öffentlichen Gebäude: im Stadtzentrum, in den Stadterweiterungsgebieten oder am Stadtrand (Stübben 1890) und (2) ihrer räumlichen Anordnung im Einzelnen: möglichst konzentriert in den einzelnen (neuen) Stadtteilen, um Plätze herum und um „Anziehungspunkte (zu) bilden, um welche Privathäuser sich gern gruppieren und somit neue Ansiedlungen hervorrufen" (Baumeister 1876, S. 73). Die Charta von Athen behandelt die Versorgungseinrichtungen eher beiläufig im Kapitel „Wohnung" und fordert deren Anordnung in unmittelbarer Nähe der Wohnungen. Die Autoren der „gegliederten und aufgelockerten Stadt" (Göderitz/Rainer/Hoffmann 1957) sehen hingegen die Versorgungseinrichtungen als Element der gestuften räumlich-funktionalen Gliederung, allerdings kaum als Potenzial stadträumlicher Konzentration. Wenn heute die Konzentration von Versorgungseinrichtungen, insbesondere des Einzelhandels zur Debatte steht, ist sie mit der zukünftigen Entwicklung der alten Innenstädte in Konkurrenz zu peripheren, desintegrierten Großstandorten verbunden. Wenn es um ihre Dekonzentration geht, steht wiederum die angemessene, lokal orientierte Versorgung der einzelnen Quartiere im Vordergrund.

Reinigung. Die Aktivität „Reinigen" (nach Baccini und Oswald) als Gegenstand von Zielvorstellungen im Städtebau ist ein eindeutiger Ausfluss der neueren Beschäftigung mit der Ökologie der Stadt, speziell den Energie- und Stoffströmen, aber sie war bereits bei Cerdá angelegt. Das funktionale Teilsystem Reinigung beinhaltet alle Prozesse und Güter, welche die menschliche Gesundheit schützen und die Umwelt vor schädlichen Emissionen bewahren. Dies wird vor allem dadurch erreicht, dass unerwünschte Stoffe von erwünschten getrennt werden. Dabei ist Wasser das wichtigste Massengut, um Reinigungsbedürfnisse zu befriedigen. (Man kann dabei auch an die archaische Orientierung der Stadt an Quelle und Wasserlauf denken.) Die Ziele und Prämissen eines auf Nachhaltigkeit ausgerichteten urbanen Systems erfordern eine Veränderung in Richtung auf Erhöhung der Ressourceneffizienz der Aktivität Reinigen: Ausnutzung der Sparpotenziale des Wasserverbrauchs (der sich zum größten Teil auf Prozess- und Reinigungswasser bezieht), Reduktion von Leitungsnetzlängen und eine neue räumliche Anordnung der Anlagen der Wasserversorgung und Abwasserreinigung, bei der wichtige Anteile dezentral gestaltet werden. Dies hätte einen nennenswerten Einfluss auf die Standortverteilung und Dichte der Bebauung, insbesondere im Sinne der inneren Verdichtung von Siedlungseinheiten und des Rückbaus der heute sehr aufwändigen wasserwirtschaftlichen Infrastruktur (Baccini/Oswald 1998, S. 61).

Bringt man die vier querschnittsbezogenen Zielkategorien beziehungsweise Oberziele mit den sieben sektoralen, auf Nutzungsarten bezogenen in Verbindung, ergeben sich bereits einigermaßen konkrete Zielvorstellungen (Übersicht 11). Anders gesagt: bekannte Zielvorstellungen lassen sich anhand der entstehenden Matrix in eine entsprechende Ordnung bringen. Spalten und Zeilen der Tabelle können je für sich gelesen werden; beide Zielkategorien lassen sich dabei gegenseitig spezifizieren. Vorrang haben die Spalten mit den querschnittsbezogenen Zielen. Die sektoralen müssen sich an den querschnittsbezogenen Oberzielen messen lassen. Die Zusammenstellung der Ziele zeigt eine gewisse Konsistenz, ist aber eher noch holzschnittartig. Zunächst ist kein Unterschied zwischen dem privaten und dem öffentlichen Interesse gemacht. Die durch städtebauliches Handeln zu erfüllenden Anforderungen der individuellen und kollektiven Bedarfsträger (nach Wohnungen, Arbeitsstätten usw.) können, aber müssen nicht mit den Interessen des Gemeinwohls, bezogen auf die baulich-räumliche Organisation insgesamt, einhergehen; und es gibt Unterschiede in den Interessen der Träger der Bautätigkeit und denen der Nutzer. Auch sind die unterschiedlichen Maßstabsebenen noch nicht berücksichtigt.

Beim Städtebau, das heißt der Koordination und Steuerung der Bautätigkeit zum Zweck der Sicherung und Weiterentwicklung der Qualität baulich-räumlicher Organisation von Stadt, geht der Querschnittsbezug vor dem sektoralen Bezug, das Gemeininteresse vor dem Einzelinteresse, die längerfristige Perspektive vor der kurzen Sicht. Allerdings sind die einzelnen Baumaßnahmen Motor der Gesamtentwicklung, die einzelnen Nutzungsanforderungen sind Bestandteil des städtischen Systems insgesamt und die zu verschiedenen Zeitpunkten zu treffenden Maßnahmen praktische Schritte im Kontext einer längerfristigen Perspektive. *Querschnittsbezug*, *Gemeininteresse* und *längerfristige Perspektive* als maßgebliche Kriterien für städtebauliche Zielvorstellungen können nicht einfach deduziert, sondern sie müssen entstehenden induktiven Zielen gegenübergestellt werden (siehe Abschnitte C 3 bis C 5). Diese Gegenläufigkeit ist im deutschen Städtebaurecht durch den Schlüsselbegriff der *Abwägung* der „öffentlichen und privaten Belange gegeneinander und untereinander" berücksichtigt (Baugesetzbuch § 1). Dies bedeutet zugleich, dass die Austragung von Konflikten zwischen unterschiedlichen Zielkategorien und Zielen Bestandteil städtebaulichen Handelns ist. Das Gemeininteresse drückt sich darin aus, dass das Ermöglichen von positiven externen Effekten, von räumlichen Synergien, Leitlinie der Austragung von Zielkonflikten bleibt und nicht der Zufälligkeit von Interessenkonstellationen, einem *disjointed incrementalisme* (vgl. Bolan 1970), geopfert wird.

Übersicht 11: Querschnittsbezogene Ziele im Verhältnis zu sektoralen Zielen (S. 107)

Querschnitts-bezogene Ziele / sektorale Ziele	necessitas **Grundsicherung** *vitality/safety*	commoditas **Nutzbarkeit** *functionality*	voluptas **Verständlichkeit** *intelligibility*	durabilitas **Nachhaltigkeit** *sustainability*
Wohnung	Dach über dem Kopf (bei bezahlbarer Miete)	günstige Lage und Zugänglichkeit der Wohnungen	Zuordnung der Wohnungen zum öffentlichen Raum und zum Quartier	nutzungsbezogene Anpassungsfähigkeit, geringer Ressourcenverbrauch
Muße/Erholung	Vorhandensein von Freiflächen und Erholungseinrichtungen	günstige Lage u. Zugänglichkeit der Freiflächen und Erholungseinrichtungen	Zuordnung der Einrichtungen zum Quartier, zum Stadt- und Landschaftsraum	‚grüne‘ Verbindungen zwischen den Freiflächen und Landschaftsteilen
Arbeit	Vorhandensein von Gebäuden und Anlagen für Produktion und Dienstleistungen	branchenspezifisch günstige Lage und Zugänglichkeit der Arbeitsstätten	branchenspezifische Zuordnung der Arbeitsstätten zu Quartieren und Erschließungsnetzen	bau- und nutzungstechnische Anpassungsfähigkeit, geringer Ressourcenverbrauch
Verkehr	Erschließung durch Straßen, Wege, öffentliche Verkehrsmittel	gute und sichere Verbindungen, zuverlässige Verkehrsbedienung	übersichtliches Raum- und Wegenetz für Fußgänger und Fahrzeuge	langfristig ausgelegte und anpassungsfähige Wegenetze
Kommunikation	öffentlicher Raum als Ort der Begegnung	Zugänglichkeit und Aufenthaltsqualität von Orten/öffentlichem Raum	Wahrnehmbarkeit von Orten/öffentlichem Raum	vielfältige Nutzbarkeit und Anpassungsfähigkeit des öffentlichen Raums
Versorgung	Mindestausstattung mit öffentlichen und privaten Einrichtungen	günstige Lage und Zugänglichkeit der Einrichtungen	Zuordnung der Einrichtungen zum öffentlichen Raum und zum Quartier	Erschließung der Einrichtungen durch öffentliche Verkehrsmittel
Reinigung	Gewährleistung der Energie- und Wasserversorgung, Abwasserreinigung und Abfallbeseitigung	Zuverlässigkeit und Qualität der Energie- und Wasserversorgung usw.	Sichtbarmachung technischer Systeme (z.B. Entwässerungsgräben)	geringe Schadstoffbelastung, dezentrale Systeme, geschlossene Kreisläufe, Recycling

2 Bewertung von Zielvorstellungen

Zielvorstellungen im Städtebau müssen (immer von neuem) bewertet werden. Denn Sach- und Problemlagen sowie Anforderungen an die baulich-räumliche Organisation von Stadt verändern sich, und überlieferte, als selbstverständlich genommene Ziele erlangen leicht eine Eigengesetzlichkeit, die dem Anspruch an Querschnittsbezug, Gemeininteresse und längerfristige Perspektive zuwider läuft. Dies schließt nicht aus, dass es Zielvorstellungen gibt, die dem Bestehen von Stadt eingeschrieben sind und die deshalb lange Zeit überdauern. Bei der Bewertung und Überprüfung von Zielvorstellungen sind zwei Referenzkriterien von Bedeutung: erstens die innere Folgerichtigkeit und Konsistenz des Zielsystems selbst und der gesellschaftliche Kontext, in dem die Ziele stehen; zweitens die Einbeziehung der Erkenntnisse aus der Beschreibung und Erklärung der jeweils vorhandenen Stadt, der Gesetzmäßigkeiten der Entwicklung und der Komponenten baulich-räumlicher Organisation (erklärende Theorie).

Innere Folgerichtigkeit und Konsistenz müssen immer Kennzeichen eines Zielsystems oder einer städtebaulichen Konzeption sein, sofern sie über das Kurieren an einzelnen Symptomen oder ein (verbreitetes) allgemeines *laissez faire* hinausgeht. Die hinreichend bündige Einbeziehung der Erkenntnisse über die vorhandene Stadt ist hingegen neben solider praktischer Erfahrung mit erheblichem Aufwand an Denk- und Forschungsarbeit verbunden. Die Schwierigkeit liegt dabei nicht allein in einem allgemeinen Mangel an Forschungstätigkeit unter den sachkompetenten Akteuren, den Stadtplanern, Architekten und Ingenieuren, die oft mehr vom Planen und Bauen als vom Nachdenken und Untersuchen eingenommen sind. Sie liegt ebenso im Gegenstand selbst, dem hoch komplexen Gebilde von Stadt als baulich-räumlicher Organisation, das seiner Erforschung erheblichen Widerstand entgegensetzt und einfache, unmittelbar anwendbare Ergebnisse nur bedingt erwarten lässt. Schließlich spiegelt sich darin auch die erkenntnistheoretische Unmöglichkeit, eine zwingende rationale Verbindung zwischen Tatbeständen und Handlungsentscheidungen herzustellen. Mit diesen Problemen umzugehen und hier einen Einstieg zu finden heißt, ein klares Begriffsschema zu verwenden und die sehr unterschiedlichen, zum Teil verstreuten Erkenntnisse empirischer Forschung und erklärender Theorie schrittweise zusammenzuführen.

Bei der Bewertung kommt es darauf an, die jeweiligen Zielvorstellungen an vorhandenen Forschungsergebnissen und Ansätzen erklärender Theorie zu messen. Da, wo dies aus sachlichen oder methodischen Gründen (noch) nicht möglich ist, muss auf Gesichtspunkte der Plausibilität zurückgegriffen werden, die naturgemäß stärker dem fachwissenschaftlichen Streit ausgesetzt sind. Der Vorgang der Bewertung soll helfen, die Aspekte des Wünschbaren und des Machbaren innerhalb gegebener Zielvorstellungen deutlicher zu unterscheiden – nicht um das Wünschbare, das Feld der Innovation, der ‚konkreten Utopie‘ auszublenden, sondern um die Grundlagen gesicherter Erkenntnisse, wo sie vorhanden sind, zum Zuge kommen zu lassen.

Streit bei der Bewertung von Zielvorstellungen im Städtebau entsteht unter anderem daraus, dass zwar auf offensichtliche Trends in der realen Entwicklung der vorhandenen Stadt beziehungsweise des Siedlungssystems Bezug genommen wird, solche Trends aber oft vorschnell als Zielvorstellungen und als zu verfolgende Ziele übernommen werden, ohne dass Erfahrungen und mögliche Folgen für die baulich-räumliche Organisation von Stadt und Siedlung insgesamt ausreichend analysiert worden wären. Ein Beispiel hierfür aus der Zeit der Moderne ist die Zielvorstellung der Nutzungstrennung. Ein Beispiel aus jüngerer Zeit ist die der ‚Patchwork‘- oder ‚Network-City‘, die auf die sich schon seit Jahrzehnten vollziehende Suburbanisierung und Zersiedelung nachträglich zurückgreift. Der Streit sollte in der Auseinandersetzung darüber, inwieweit und an welcher Stelle Zielvorstellungen der Erkenntnis von Gesetzmäßigkeiten zuwider laufen und dadurch das Entstehen von Qualität verhindern, fruchtbar und ergiebig werden.

Ziele im Verhältnis zur vorhandenen Stadt

Die Verwendung von Erkenntnissen über die vorhandene Stadt als Maßstab für die Bewertung von Zielvorstellungen soll hier auf zweierlei Weise konkretisiert werden: indem (1) die Ziele in ein Verhältnis zu den erkannten *Gesetzmäßigkeiten* der Entwicklung baulich-räumlicher Organisation und (2) in ein Verhältnis zu den *Komponenten* baulich-räumlicher Organisation gesetzt werden.

Zu (1): Ziele für den Städtebau stehen in einem Spannungsfeld zu den Gesetzmäßigkeiten der Entwicklung baulich-räumlicher Organisation. Dies ist in Übersicht 12 dargestellt: Ausdruck der Gesetzmäßigkeiten ist die jeweilige *Konfiguration*, das heißt die Art der Anordnung von Grundstücken, Gebäuden, technischen Anlagen, Pflanzungen und Außenräumen und die Beziehung und Verbindung zwischen ihnen. Im Zuge der Entwicklung entstehen unterschiedliche Ausprägungen von Konfiguration: entweder solche, die räumliche *Synergien* hervorbringen und sich damit *positiv* auf die Nutzungsbedingungen auswirken, oder solche, die räumliche *Dysergien* hervorbringen und sich *negativ* darauf auswirken. Im ersten Fall können Orte mit einer bestimmten Qualität und dem Ergebnis von Örtlichkeit oder ‚Stadt‘ entstehen. Im zweiten Fall bleibt diese Qualität aus oder wird zerstört, mit der Folge von Ortlosigkeit oder ‚Nicht-Stadt‘ (siehe Abschnitt A 1). Aus der Erfahrung und Kritik der jeweiligen Nutzungs*bedingungen* (Angebot an baulicher Anlage und räumlicher Form) entstehen soziale, ökonomische und ökologische Nutzungs*anforderungen*, die dann den Ausgangspunkt für die Ableitung von *Zielen* für die baulich-räumliche Organisation bilden. Die Bewertung der Ziele für den Städtebau erfolgt, indem festgestellt wird, ob und inwieweit sie geeignet sind, räumliche Synergien zu fördern beziehungsweise räumliche Dysergien zu vermeiden. Der Begriff der *räumlichen Synergie* (ausführlich im Abschnitt B 3) ist das zentrale Bindeglied im Verhältnis zwischen städtebaulichen Zielen und den Gesetzmäßigkeiten der Entwicklung baulich-räumlicher Organisation. Die Art der *Konfiguration* der Elemente der gebauten Stadt entscheidet darüber, ob und inwieweit räumliche Synergien entstehen oder nicht entstehen. Dies ist für die Qualität der jeweils vorhandenen Nutzungsbedingungen konstitutiv. Je genauer die Ziele auf empirisch ermittelte räumliche Synergien abstellen, umso wirksamer kann ihre Umsetzung die Nutzungsbedingungen positiv beeinflussen. Die Oberziele der Nutzbarkeit, Verständlichkeit und Nachhaltigkeit der gebauten Stadt müssen demnach so differenziert werden, dass sie die Merkmale räumlicher Synergie möglichst genau treffen. (Das Oberziel der Grundsicherung ist der Konfiguration sozusagen vorgelagert.)

Übersicht 12: Ziele im Verhältnis zu Gesetzmäßigkeiten der Entwicklung baulichräumlicher Organisation

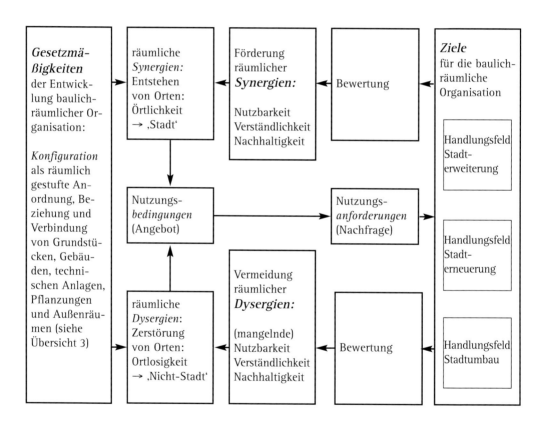

Zu (2): Die Ziele für den Städtebau müssen in eine klare Verbindung zu den Kategorien der Beschreibung und Erklärung der vorhandenen Stadt, das heißt hier der Komponenten baulich- räumlicher Organisation gebracht werden. Zu diesem Zweck sind in Übersicht 13 zunächst die Oberziele der Grundsicherung, Nutzbarkeit, Verständlichkeit und Nachhaltigkeit mit den einzelnen Komponenten in Beziehung gesetzt. Mit der Ausfüllung der Tabelle sind primäre Anforderungen formuliert, die aus den Oberzielen folgen. Sie sind zunächst weniger konkret als die, die sich aus der Überlagerung mit den sektoralen Zielen ergeben haben (Übersicht 11), sind aber eindeutig auf den Querschnittsbezug, zugleich auf Gemeininteresse und längerfristige Perspektive ausgerichtet. Es zeigt sich, dass differenzierende Aussagen zu den vier Oberzielen zutreffend an den Komponenten der baulich-räumlichen Organisation festgemacht werden können. Die Tabelle ergibt insgesamt ein grobes Raster von Zielen, auf dem die weitere Differenzierung (zum Zweck der Bewertung) aufbauen kann.

Übersicht 13: Ziele im Verhältnis zu Komponenten baulich-räumlicher Organisation

Oberziele Komponenten	*necessitas* **Grundsicherung** *vitality/safety*	*commoditas* **Nutzbarkeit** *functionality*	*voluptas* **Verständlichkeit** *intelligibility*	*durabilitas* **Nachhaltigkeit** *sustainability*
Bodeneinteilung	Behausung: Anordnung, Verortung	Zugänglichkeit und (multi-) funktionale Eignung der Orte/Raumabschnitte	klare Beziehungen zwischen Insel-(Block-)flächen und Netzflächen	sparsame Disposition über zu bebauende Flächen
Bebauung, Erschließung, Bepflanzung			Anordnung der Gebäude usw. zu erkennbaren Außenräumen	(Mind.-) Bebauungsdichte, rationelle Erschließung, qualifizierte Biotope
Außenraum | öffentlicher Raum	Bewegung: Beziehung, Verbindung	Durchlässigkeit und (multi-) funktionale Eignung des Straßen- und Wegenetzes	Wahrnehmbarkeit und Einsehbarkeit von Raumabschnitten und -folgen	Robustes Raumsystem
Orte und Netz			Orientierungsmöglichkeit und Verbindungsintensität (Netzdichte)	‚vollständiges‘ Netz, Energie sparende Transportsysteme
Maßstabsebenen	Gliederung	geeignete räumliche Stufung nach Größenordnungen	gestufte gesamträumliche Übersicht	integrierte Siedlungseinheiten und Siedlungsteile

Übersicht 14 bietet einen Überblick über die weitere Beschreibung und Verfeinerung der Oberziele in den folgenden Abschnitten. Es wird darin noch einmal auf den Rückbezug zu den Gesetzmäßigkeiten der Entwicklung und zu den Komponenten baulich-räumlicher Organisation verwiesen *(Untersuchung der vorhandenen Stadt)*. Es folgen die *Zielvorstellungen für die zu planende Stadt* und sodann die einschlägigen *Handlungsfelder* Stadterweiterung, Stadterneuerung, und Stadtumbau.

Übersicht 14: Vorhandene Stadt, zu planende Stadt, Handlungsfelder (Disposition)

Untersuchung der vorhandenen Stadt

Übersichten 3/12
Gesetzmäßigkeiten
der Entwicklung
baulich-räumlicher
Organisation
 – *spatial emergence*
 – *generic function*
 – Konfiguration
 – räumliche Synergien
	Übersichten 4/13
	Komponenten
	baulich-räumlicher
	Organisation
	 – Bodeneinteilung
	 – Bebauung,
	   Erschließung,
	   Bepflanzung
	 – Außenraum |
	   öffentlicher Raum
	 – Orte und Netz
	 – Maßstabsebenen

Zielvorstellungen für die zu planende Stadt

Grundsicherung	*Übersicht 15* **Nutzbarkeit** Teilziele Unterziele Indikatoren	*Übersicht 16* **Verständlichkeit** Teilziele Unterziele Indikatoren	*Übersicht 17* **Nachhaltigkeit** Teilziele Unterziele Indikatoren

Handlungsfelder

Übersicht 18
Stadterweiterung
 – ‚*urban villages*‘
 – ‚neue Vorstadt‘
	Übersicht 19
	Stadterneuerung
	 – ‚kritische Rekon-
	   struktion‘
	 – ‚behutsame Stadt-
	   erneuerung‘
		Übersicht 20
		Stadtumbau
		(wachsende Stadt)
		 – ‚Projekt Innenent-
		   wicklung‘
		 – ‚Perspektiven…‘
			Übersicht 21
			Stadtumbau
			(schrumpfende Stadt)
			 – Umbau von
			   Großsiedlungen
			 – ‚die perforierte Stadt‘

Entscheidend für die Bewertung ist, dass alle vier Oberziele *gleichermaßen* berücksichtigt werden. Fehlentwicklungen beruhen zu einem erheblichen Teil darauf, dass bestimmte Ziele – bewusst oder unbewusst – über Gebühr hervorgehoben und andere dabei vernachlässigt werden. So stand in der Theorie des 16. bis frühen 19. Jahrhunderts die Ästhetik (hier mit Verständlichkeit übersetzt) einseitig im Vordergrund und ist anschließend an den Problemen der Industrialisierung gescheitert (Choay 1980). Der Städtebau des 20. Jahrhunderts war weit gehend vom Ziel der Nutzbarkeit beherrscht (‚Funktionalismus‘) und das Ziel der Verständlichkeit als ästhetischer Kategorie war fast aufgegeben; nur langsam hat es wieder an Boden gewonnen. Das Ziel der Nachhaltigkeit hat an Einfluss zugenommen, ist aber noch weit davon entfernt, die ihm zukommende Wirkung zu entfalten. Das Zusammenwirken und die gleichmäßige Berücksichtigung der vier Oberziele muss sich auf der Ebene der Handlungsfelder erweisen, an den dort konkret verfolgten städtebaulichen Konzeptionen.

Um Oberziele zu differenzieren und aufzuschlüsseln, werden üblicherweise ‚Zielbäume‘ konstruiert, die unterschiedlich abgestufte Konkretisierungsebenen enthalten. Im Folgenden wird mit Teil- und Unterzielen gearbeitet, denen dann Indikatoren zugeordnet werden, die den jeweiligen Bestand repräsentieren und grundsätzlich eine Erfolgskontrolle ermöglichen. Die Auswahl der Indikatoren ist zwar durch die Verfügbarkeit von Daten und deren Eignung als Messgrößen eingeschränkt, sie können aber relativ genau auf jeweils reale Tatbestände bezogen und es kann damit in einem bestimmten Umfang der Grad der Zielerreichung überprüft werden. Hier rückt die Möglichkeit der Bewertung von Zielvorstellungen anhand von Merkmalen der jeweils vorhandenen Stadt ganz praktisch ins Blickfeld. Ich folge dabei einem Ansatz von Manfred Fuhrich, der sowohl theoretischen Anspruch besitzt als auch praktisch anwendbar ist (Fuhrich 2001). Fuhrich weist darauf hin, dass die einzelnen Ziele oder Strategien nur durch wenige Indikatoren beschrieben werden können, auch um die Überschaubarkeit zu wahren und einen praxisgerechten Einsatz zu gewährleisten. Es geht ihm um eine „offene Auswahl praxistauglicher und aussagekräftiger Indikatoren …, die es zu überprüfen, zu ergänzen oder zu kürzen gilt" (S. 12). Sein Ansatz ist auf das Oberziel der *Nachhaltigkeit* (der „nachhaltigen Stadtentwicklung") bezogen. Ich verwende ihn analog auch für die Differenzierung und Aufschlüsselung der Oberziele *Nutzbarkeit* und *Verständlichkeit*. Die Teilziele, Unterziele und Indikatoren sind jeweils nach den Komponenten baulich-räumlicher Organisation gegliedert (Übersichten 15– 17). Die Teilziele stimmen jeweils mit denen in Übersicht 13 überein. Das Oberziel der *Grundsicherung (vitality/safety)* wird an dieser Stelle nicht weiter differenziert und aufgeschlüsselt; es ist unstrittig, dass alle besiedelten Orte Obdach gewähren und überhaupt zugänglich sein müssen, gleichgültig wo sie liegen (Behausung, Bewegung).

Beim Oberziel der *Nutzbarkeit (functionality)* kommt zu dem der Grundsicherung die gebrauchsbezogene und technische *Qualität* für Behausung und Bewegung hinzu: dass die Orte so beschaffen sind, dass sie den Nutzungsanforderungen (den Zwecken) gut entspre-

Übersicht 15: Nutzbarkeit: Teilziele, Unterziele, Indikatoren

Ziele Komponenten baulich-räumlicher Organisation	Oberziel **Nutzbarkeit** *(functionality)*		
	Teilziele	*Unterziele*	*Indikatoren*
Bodeneinteilung	– Zugänglichkeit und (multi-)funktionale Eignung der Orte/Raumabschnitte	– Kleinteiligkeit/Unterteilbarkeit der Grundstücke, rationelle Zusammenfassung zu Insel-(Block-)flächen – kleinteiliges Straßen- und Wegenetz	– Anzahl der Grundstücke je ha oder qkm – Anzahl der Kreuzungen im Straßen- und Wegenetz je ha oder qkm – Anteil der Netzfläche an der Gesamtfläche
Bebauung, Erschließung, Bepflanzung		– kombinations- bzw. anbaufähige, zu Nutzungsänderungen geeignete Grundstücks- und Gebäudetypen – direkter Zugang vom öffentlichen Raum her – Ausstattung mit Grün- und Freiflächen	– Anteil von Grünflächen an der Siedlungsfläche
Außenraum | öffentlicher Raum	– Durchlässigkeit und (multi-)funktionale Eignung des Straßen- und Wegenetzes	– Kontinuität von Straßen, Wegen, Freiflächen – Eignung des Straßenraums für unterschiedliche Verkehrsarten; für notwendige, freiwillige und soziale Aktivitäten*	
Orte und Netz		– allseitige Verbindung der Orte/Raumabschnitte miteinander – Differenzierung des Netzes nach Reichweiten, ggf. Straßen- und Schienenwegen	– Grad der Integration von Orten/Raumabschnitten** – Anzahl der Schnellbahn-Haltestellen je qkm
Maßstabsebenen	– geeignete räumliche Stufung nach Größenordnungen (räumlich-funktionale Gliederung)	– räumlich abgestufte Anordnung zentraler Einrichtungen und Dienste – Zuordnung zu Einzugsbereichen und Verkehrssystemen	

*nach Gehl 1996
**nach Hillier 1996

chen, und so angeordnet sind, dass eine gute wechselseitige Verbindung über das Netz der Straßen und Wege gewährleistet ist. Nutzbarkeit als Ziel des Städtebaus bezeichnet die (materiell-technische wie soziale) praktische Angemessenheit und Zweckdienlichkeit der gebauten Stadt (siehe ausführlicher Abschnitt C 1).

Als Teilziele sind in Übersicht 15 genannt: (gute) Zugänglichkeit und Durchlässigkeit, das heißt *allgemeine* Anforderungen, die für jeden Ort und jeden Netzteil gelten; sie sollen die Beziehung und Verbindung zwischen allen Orten oder Raumabschnitten gewährleisten. Die Mehrzahl der Orte oder Raumabschnitte soll für möglichst viele Nutzungsarten geeignet sein. Einige von ihnen haben *besondere* Anforderungen; sie verlangen zum Beispiel eine besondere Zugänglichkeit und somit Lage im Netz (‚Zentralität'). Im Hinblick auf das Kriterium der räumlichen *Synergie* zählt sowohl die topologische als auch die zeitliche Nähe der Orte untereinander: je höher die mögliche Nutzungsmischung und bauliche Dichte einerseits und je besser die räumliche und technische Verbindung andererseits, umso größer die (funktionale) Nähe und Effizienz (vgl. Hillier 1996, S. 168–170). Die Denkweise der Moderne im Städtebau hat das Ziel der Nutzbarkeit besonders betont. Jenseits der damit verbundenen Verkürzungen, die insbesondere zu Lasten der Verständlichkeit von Stadt gingen, ist das Ziel der Nutzbarkeit aber kaum umstritten. Die Unterziele in Übersicht 15 sind so formuliert, dass sie einem Zielsystem, das zwischen den vier Oberzielen abgestimmt ist, entsprechen können. Die Liste ist nicht vollständig, sondern hat Beispielcharakter.

Das Oberziel der *Verständlichkeit (intelligibility)* bedeutet im Verhältnis zu dem der Nutzbarkeit einen weiteren Schritt: dass die Orte oder Raumabschnitte nicht nur zweckentsprechend angelegt und ausgestattet, sondern als bauliche Anlage oder räumliche Form unmittelbar erfahrbar sind und dass die Art ihrer Anordnung, Beziehung und Verbindung eine unmittelbare räumliche Orientierung erlaubt (Raum-Netz). „Verständlichkeit hat etwas zu tun mit der Art und Weise, in der ein Bild des gesamten städtischen Systems aus seinen Teilen aufgebaut werden kann. ... Das Merkmal der ‚Verständlichkeit' in einem unregelmäßigen Netz bezeichnet den Grad, in dem das, was wir sehen können ... ein guter Führer dahin ist, was wir nicht sehen können, nämlich die Integration eines jeden Raumes in das System als Ganzes" (Hillier 1996, S. 129). Verständlichkeit als Ziel des Städtebaus bezeichnet die visuelle und körperliche Wahrnehmbarkeit der baulich-räumlichen Organisation einer Stadt oder Siedlungseinheit, in ihren Teilen (Orten, Raumabschnitten, Quartieren) ebenso wie im räumlichen Zusammenhang der Teile zum Ganzen (siehe auch Abschnitt C 1).

Als Teilziele sind in Übersicht 16 genannt: klare Beziehungen zwischen Insel-(Block)-flächen und Netzflächen; Anordnung der Gebäude, technischen Anlagen und Pflanzungen zu erkennbaren Außenräumen; Wahrnehmbarkeit und Einsehbarkeit von Raumabschnitten und Raumfolgen; Orientierungsmöglichkeit und Verbindungsintensität (Netzdichte) sowie gestufte gesamträumliche Übersicht. Im Hinblick auf das Kriterium der räumlichen *Synergie* zählt der Einfluss, den die Verständlichkeit auf das Geschehen und die Bewegung in der Stadt hat, zumal im öffentlichen Raum: Je genauer dieser definiert und je klarer er geglie-

Übersicht 16: Verständlichkeit: Teilziele, Unterziele, Indikatoren

Ziele / Komponenten baulich-räumlicher Organisation	Oberziel **Verständlichkeit** (intelligibility)		
	Teilziele	Unterziele	Indikatoren
Bodeneinteilung	– klare Beziehungen zwischen Insel-(Block-) flächen und Netzflächen	– Regelmäßigkeit und Differenzierung der Grundstückseinteilung und des Straßen- und Wegenetzes	
Bebauung, Erschließung, Bepflanzung	– Anordnung der Gebäude, technischen Anlagen und Pflanzungen zu erkennbaren Außenräumen	– geeignete Gebäudetypologien, Bebauungstypen, Erschließungsmuster und Pflanzungsarten – Differenzierung der Außenräume (private, halböffentliche, öffentliche) – Unterscheidung zwischen Vorder- und Rückseiten, Außen- und Innenbereichen, lauten und ruhigen Außenräumen*	– Anteil der Gebäudefrontlänge an der Straßenbegrenzungslinie je Blockseite – Anzahl der Hauseingänge von der Straße her je Blockseite
Außenraum | öffentlicher Raum	– Wahrnehmbarkeit und Einsehbarkeit von Raumabschnitten und Raumfolgen	– Herstellen von Sichtfeldern (convex spaces**) – Verbindungen zwischen den Sichtfeldern	– Grad der Integration der Raumabschnitte bzw. Sichtfelder**
Orte und Netz	– Orientierungsmöglichkeit und Verbindungsintensität (Netzdichte)	– Herstellen von Sichtlinien (axial lines**) – Verbindungen zwischen den Sichtlinien im Stadtgrundriss	– Grad der Integration der Sichtlinien** – Korrelationen zwischen der Zugänglichkeit der Orte und der Bewegungshäufigkeit im Netz**
Maßstabsebenen	– gestufte gesamträumliche Übersicht	– Markierung von Grenzen und Übergängen	

*nach Projektgemeinschaft 1995
**nach Hillier 1996

dert ist, umso mehr Aktivitäten und Begegnungen können stattfinden, wenn auch nach Lage und Zugänglichkeit unterschiedlich (siehe Abschnitt B 3). Der Umfang von Aktivitäten und Begegnungen steht wiederum in Wechselwirkung zum Grad von Nutzungsmischung und baulicher Dichte. Je verständlicher die baulich-räumliche Organisation für die Einwohner und Benutzer ist, je eher sie ein ‚Bild‘ hergibt, umso mehr bietet sie ihnen die Chance der Identifizierung und damit der Rückwirkung auf das Handeln und Verhalten. Das Oberziel der Verständlichkeit hatte (unter anderen Rahmenbedingungen) in der Zeit der Vormoderne in Praxis und Theorie Gewicht (Sitte 1889), war aber über weite Strecken des 20. Jahrhunderts fast bedeutungslos. Es ist heute wieder fachlich anerkannt, hat sich aber noch kaum effektiv in den Verfahren und Instrumenten der Stadt- und Raumplanung niedergeschlagen. Die Liste der Unterziele hat, wie zuvor in Übersicht 15, Beispielcharakter.

Das Oberziel der *Nachhaltigkeit (sustainability)* erfasst den Gesichtspunkt der zeitlichen Dauer und den des Umgangs mit den natürlichen Ressourcen: dass das Grundmuster der baulichen Anlage, räumlichen Anordnung sowie Beziehung und Verbindung der Orte oder Raumabschnitte zueinander auch für sich verändernde Nutzungsanforderungen (nach aller Voraussicht) geeignet sein und dass die Beeinträchtigung des Naturhaushalts so gering wie möglich gehalten werden soll. Nachhaltigkeit als Ziel des Städtebaus bezeichnet die Sicherung einer gewissen zeitlichen Kontinuität baulich-räumlicher Organisation und ihrer umfassenden Verträglichkeit mit dem Naturhaushalt auf der Grundlage einer ausgeglichenen Bilanz der Energie- und Stoffströme (siehe ausführlicher Abschnitt C 1).

Als Teilziele sind in Übersicht 17 genannt: sparsame Disposition über zu bebauende Flächen; (Mindest-)Bebauungsdichte, rationelle Erschließung, qualifizierte Biotope; robustes Raumsystem; ‚vollständiges‘ Netz, Energie sparende Transportsysteme; integrierte Siedlungseinheiten und Siedlungsteile. Im Hinblick auf das Kriterium der räumlichen *Synergie* zählt erstens die Fähigkeit der baulich-räumlichen Organisation, Spielraum für künftige, nicht vorhersehbare Veränderungen zu bieten, das heißt eine spezifische Balance zwischen aktueller Zweckentsprechung und der Offenheit für künftige Nutzungsanforderungen zu halten, zum Umbau geeignet zu sein, ohne dass die grundlegenden, historisch entwickelten Merkmale von Stadtgrundriss und -aufriss zerstört werden. Zweitens ist hier der Einfluss der Art baulich-räumlicher Organisation auf den Ressourcenverbrauch und den Naturhaushalt, zugleich auf die natürlichen Lebensbedingungen innerhalb und außerhalb der Stadt von Bedeutung. Damit sind Wirkungen verbunden, die wichtige (gesamt-)wirtschaftliche, ökologische und soziale Gewinne darstellen können. Es hat sich gezeigt, dass etwa die Stadterweiterungsgebiete des 19. und frühen 20. Jahrhunderts in ihrem Erschließungssystem und Baubestand ein erhebliches Potenzial für Umnutzung und Umbau enthalten, während zum Beispiel die Großsiedlungen der Moderne aus ihrer baulich-räumlichen Anlage heraus solchen Maßnahmen großen Widerstand entgegensetzen (siehe auch Abschnitt B 2). Das alte Oberziel der Nachhaltigkeit ist im Verlauf der vergangenen 30 Jahre wieder entdeckt worden und heute allgemein anerkannt, die Widerstände gegen seine zielgerichtete Durchsetzung im Städtebau sind allerdings ebenso groß wie bei den notwendigen Veränderungen im Bereich anderer sozialer und ökonomischer Teilsysteme. Auch die Liste der Unterziele in Übersicht 17 hat (wie in den Übersichten 15 und 16) Beispielcharakter.

Übersicht 17: Nachhaltigkeit: Teilziele, Unterziele und Indikatoren

Ziele	Oberziel **Nachhaltigkeit** *(sustainability)*		
Komponenten baulich-räumlicher Organisation	*Teilziele*	*Unterziele*	*Indikatoren*
Bodeneinteilung	– sparsame Disposition über zu bebauende Flächen	– Reduzierung des Zuwachses an bebauter Siedlungsfläche – Wiedernutzung von Brachen und leer stehenden Gebäuden*	– Siedlungs- und Verkehrsfläche – Mobilisierung baureifer Baulandreserven – innerstädtisch fertig gestellte sowie wieder genutzte Wohnungen – Wiedernutzung von brachliegenden Siedlungsflächen*
Bebauung, Erschließung, Bepflanzung	– (Mindest-) Bebauungsdichte, rationelle Erschließung, qualifizierte Biotope	– optimale Nutzung städtebaulicher Dichte – Reduzierung der Bodenversiegelung – Erhaltung und Vernetzung klimawirksamer Freiflächen*	– Siedlungsdichte – Anteil von Grün- und Erholungsflächen – Anteil naturschutzfachlich unter Schutz gestellter Flächen*
Außenraum | öffentlicher Raum	– robustes Raumsystem	– Erhöhung der Aufenthaltsqualität der Fußgänger*	– Verkehrssicherheit (Verkehrsopfer)*
Orte und Netz	– ‚vollständiges‘ Netz, Energie sparende Transportsysteme	– Anbindung von Wohngebieten und Arbeitsstätten an den öffentlichen Personen-Nahverkehr (ÖPNV) – Reduzierung des Flächenbedarfs des motorisierten Individualverkehrs – Ausbau des Fahrradwegenetzes*	– Anteil des Siedlungsbereichs in der Nähe von ÖPNV-Stationen – Zunahme der PKW-Dichte – Gesamtlänge des Fahrradwegenetzes*
Maßstabsebenen	– integrierte Siedlungseinheiten und Siedlungsteile	– Stärkung der (gestuften) Versorgung mit Einrichtungen und Diensten vor Ort	

*nach Fuhrich 2001

3 Stadterweiterung

Handlungsfeld Stadterweiterung

Stadterweiterung ist neben Stadterneuerung und Stadtumbau eines der drei großen Handlungsfelder des Städtebaus. Sie war im Zusammenhang mit der Industrialisierung und dem außergewöhnlichen Wachstum mancher Städte im 19. Jahrhundert das klassische Handlungsfeld. Der Titel des bekannten Buches von Reinhard Baumeister „Stadterweiterungen in technischer, baupolizeilicher und wirtschaftlicher Beziehung" (1876) weist ebenso darauf hin wie der Umstand, dass die ersten Stadtplanungsämter in Deutschland „Stadterweiterungsbüro" hießen. Stadterweiterung ist die Anlage neuer Stadtteile oder Quartiere am jeweiligen Stadtrand, in Bezug auf die Stadt im weiteren Sinne jede zusätzliche Inanspruchnahme von bisher unbebautem Land für Siedlungswecke. Manchmal wird auch von „innerer Stadterweiterung" gesprochen, wenn freie Flächen innerhalb der im Zusammenhang bebauten Ortsteile in Anspruch genommen werden. Maßnahmen der Stadterweiterung sind im Allgemeinen geringeren Restriktionen ausgesetzt als solche der Stadterneuerung oder des Stadtumbaus, da sie ‚auf der grünen Wiese' stattfinden und kaum auf baulichen Bestand und dessen Nutzung Rücksicht nehmen müssen. Stadterweiterungen geschehen geplant oder – zum nicht geringen Teil – ungeplant. Wenn sie nach den jeweiligen Zielvorstellungen konzipiert und vielleicht sogar gut geplant sind, stehen sie als eine Art Muster für den Städtebau ihrer Zeit. Unter heutigen Bedingungen muss allerdings der Sinn von umfangreicheren Stadterweiterungen, jedenfalls in den wirtschaftlich entwickelten Ländern, in ökologischer und ökonomischer Hinsicht überhaupt in Frage gestellt werden (vgl. Abschnitt B 7).

Bei der geplanten Stadterweiterung wird für das vorgesehene Erweiterungsgebiet baulich-räumliche Organisation neu geschaffen. Mit deren Komponenten kann nach den jeweiligen Zielvorstellungen in neuer Weise umgegangen werden. Neue Anforderungen und Ideen stehen dabei alten und bewährten Prinzipien gegenüber, mit denen sie in Beziehung gesetzt werden müssen. Es kommt in jedem Fall darauf an, eine klare Konzeption für die Bodeneinteilung, für Art und Umfang der Bebauung, Erschließung und Bepflanzung, für den öffentlichen Raum, die Verteilung der Nutzungen und Standorte und das Straßen- und Wegenetz zu entwerfen. Für die Realisierung müssen sodann geeignete Investoren gefunden werden, die bereit und interessiert sind, im Rahmen dieser Konzeption zu bauen. Und schließlich sollte sichergestellt sein, dass die Wertsteigerung, die der Boden in aller Regel dabei erfährt, zu einem nennenswerten Teil der Allgemeinheit, vertreten durch die Gemeinde, zukommt.

Grundsätzlich ist das klassische Instrument der Stadterweiterung in Deutschland der Bebauungsplan und, dem vorgeschaltet, der Flächennutzungsplan. In vielen Fällen reichen aber deren Regelungen als Vorgabe der Gemeinde nicht aus. Als weiteres Instrument steht nach dem deutschen Baugesetzbuch die Städtebauliche Entwicklungsmaßnahme zur Verfügung. Sie gilt jeweils für ein bestimmt abgegrenztes Gebiet, verlangt eine umfassende städtebauliche Konzeption und schließt die Aufstellung von Bebauungsplänen mit ein. Entscheidend ist dabei, dass die Gemeinde den Boden zum Anfangspreis (zum Beispiel dem für landwirtschaftlichen Boden) erwerben soll und ihn zum Endpreis (dem für Bauland) an die privaten Investoren wieder verkauft. Dadurch kommt sie in den Genuss der Wertsteigerung und kann daraus unter anderem die Ausgaben für die Erschließung, die technische und soziale Infrastruktur, bezahlen. Ein weiteres Instrument, das im gesamten Gemeindegebiet eingesetzt werden kann, ist der städtebauliche Vertrag. Die Gemeinde kann durch einen solchen Vertrag die ihr eigene Aufgabe der Erschließung an einen oder mehrere private Investoren übertragen und in diesem Zusammenhang auch die Bezahlung der entsprechenden Infrastruktureinrichtungen durch den Investor vereinbaren. (Zu den Instrumenten siehe im Einzelnen Teil D.)

Ziele der Stadterweiterung

Nach den großen, kompakten Stadterweiterungen des 19. und frühen 20. Jahrhunderts stehen die meisten Erweiterungen des 20. Jahrhunderts direkt oder indirekt mit dem Leitthema der ‚Gartenstadt' in Verbindung. Dieser Titel wurde und wird – jenseits der grundlegenden Konzeption von Ebenezer Howard – für sehr unterschiedliche Siedlungstypen und Siedlungsformen zu Recht oder Unrecht in Anspruch genommen. Einhelliges Ziel war es, aus der traditionellen Stadt herauszukommen und mehr Freiraum, „mehr Natur", „mehr Licht, Luft und Sonne" in den neuen Siedlungseinheiten zu verwirklichen, als dies die „steinerne" Stadt bieten konnte. Die Zielvorstellungen der Moderne im Städtebau haben die vielen ‚Gartenstädte', von den bürgerlichen Einzelhausgebieten bis zu den Großsiedlungen des sozialen Wohnungsbaus, maßgeblich bestimmt. Der Grad an Dispersion, aber mehr noch die Probleme der baulich-räumlichen Organisation dieser Siedlungseinheiten im Einzelnen haben am Ende des 20. Jahrhunderts zu veränderten Zielvorstellungen geführt, die in einigen Teilen wieder auf Elemente der Vormoderne zurückgreifen und zugleich bestimmte Elemente der Moderne im Städtebau zu korrigieren und neu zu bestimmen suchen. Frank Jost hat einen „roten Faden" von Howards *Gartenstadt* bis zum Ende des 20. Jahrhunderts aufgezeigt und ihn anhand von 19 Beispielen aus verschiedenen europäischen Ländern veranschaulicht (Jost 1999).

Die Zielvorstellungen für das Handlungsfeld Stadterweiterung galten lange Zeit als die klassischen Ziele des Städtebaus (siehe oben). Sie waren an bestimmten, jeweils zeitbedingten Typen von neuen Stadtteilen oder Quartieren, ihrer baulich-räumlichen Organisation und ihrer Lage zur vorhandenen Stadt orientiert: dichte mehrgeschossige Blockbebauung im unmittelbaren Anschluss an die vorhandene Stadt; Einzelhausbebauung, meist in randstädtischer Lage oder als gesonderte ‚Kolonien'; Anlagen des kommunalen oder staatlichen, gemeinnützigen oder sozialen Wohnungsbaus in Block(rand)bebauung, Zeilenbebauung oder gemischter Bebauung unter Einschluss von Hochhäusern, überwiegend am (jeweiligen) Stadt-rand gelegen; ‚neue Städte' als von der vorhandenen Stadt unabhängig gedachte und in be-stimmter Entfernung von ihr zu errichtende Siedlungseinheiten.

Künftig entscheidende, für die Stadt im engeren wie im weiteren Sinne bedeutsame Zieldimensionen sind: erstens die Größenordnung, Dichte und Nutzungsmischung neuer Siedlungseinheiten und zweitens der Grad der Konzentration oder Dispersion der Anord-nung ihrer Elemente. Dabei wird es selten um Einheiten gehen, die kleiner sind als ein Quar-tier. Das Vorgehen ‚Stück für Stück' über kleinflächige Bebauungspläne im ‚Briefmarkenfor-mat', die Verstädterung umliegender Dörfer usw. muss eher zu den ungeplanten Erweiterun-gen gerechnet werden. Diese machen allerdings einen großen Teil realer Stadterweiterung aus und stellen eines der zentralen Probleme heutiger Siedlungsentwicklung dar (siehe Ab-schnitt C 6).

Zur Differenzierung der Ziele von Stadterweiterung (unter den Bedingungen wirt-schaftlich entwickelter Länder) werden im Folgenden zwei jüngere Beispiele herausgegriffen (Übersicht 18): die Konzeptionen der *urban villages* in Großbritannien (Thompson-Fawcett 1996, Neal 2003) und der *neuen Vorstadt* in Deutschland (Stimmann 1995). Die Zielaussagen sind jeweils den Komponenten baulich-räumlicher Organisation zugeordnet.

Die Konzeption der *urban villages* geht auf eine Initiative des Prince of Wales in Groß-britannien zurück (1989). Die Konzeption ist öfter als konservativ bis romantisierend einge-stuft worden, weist aber im Einzelnen Zielsetzungen auf, die deutlich darüber hinaus wei-sen. „Ein *urban village* ist ein Quartier *(neighbourhood)* von menschlichem Maßstab, kom-pakt, mit gemischter Nutzung …, unterschiedlichen Außenräumen, geringer Auto-Abhän-gigkeit und relativer Selbständigkeit in Bezug auf Arbeit, Einkauf, Erholung und kommu-nales Handeln" (Thompson-Fawcett 1996, S. 303). Die Konzeption der *urban villages* zeigt Ähnlichkeit mit der des *new urbanisme* in Nordamerika (Katz 1994, Bodenschatz u.a. 1998). Beiden ist das Ziel gemeinsam, der Beliebigkeit ‚ungeplanter' Stadterweiterung und Zersie-delung einen Ansatz klarer baulich-räumlicher Organisation für neue Siedlungseinheiten entgegenzustellen.

Kritiker eines solchen Ansatzes sehen ihn als einseitig Mittelklasse-orientiert, als ‚Pla-cebo-Urbanismus' oder angesichts der Probleme heutiger Stadtentwicklung überhaupt zum Scheitern verurteilt. Andere (z.B. Ellis 2002, Bodenschatz 2003) haben allerdings gezeigt, dass dieser Ansatz durchaus weiterführende Elemente enthält und nicht auf die scheinbare Idylle geschlossener und gesicherter Bezirke, im Übrigen auch nicht auf Stadterweiterung be-schränkt ist. Charakteristische Ziele sind (Übersicht 18): mittlere Dichte über alle Teile des Ge-biets; energie- und informationswirksame Bebauung, die Klima, Standort und Orientierung sowie sparsamen Energieverbrauch begünstigt; Mischung von Gebäudetypen; hohe Qualität städtebaulichen und baulichen Entwurfs; Mischung von öffentlichem und privatem Woh-nungsbau für unterschiedliche Bedürfnisse und Einkommen einschließlich selbst genutzter Eigentumswohnungen, Miet-, Genossenschafts- und Altenwohnungen und unterschiedlicher

Übersicht 18: Ziele der Stadterweiterung

Ziele Komponenten baulich-räumlicher Organisation	Ziele der *Stadterweiterung*	
	,urban villages' * (Edinburgh)*	*,neue Vorstadt'* ** (Berlin)*
Bodeneinteilung		– kleinteilige Parzellierung und vielschichtige Eigentümerstruktur – *Beachtung der ursprünglichen Parzellierung* – klare Zuordnung von öffentlichen und privaten Flächen
Bebauung, Erschließung, Bepflanzung	– mittlere Dichte über alle Teile des Gebiets – energie- und informationswirksame Bebauung, die Klima, Standort und Orientierung sowie sparsamen Energieverbrauch begünstigt – Mischung von Gebäudetypen – hohe Qualität städtebaulichen und baulichen Entwurfs – Mischung von öffentlichem und privatem Wohnungsbau für unterschiedliche Bedarfe und Einkommen einschließlich selbst genutzter Eigentumswohnungen, Miet-, Genossenschafts- und Altenwohnungen und unterschiedlicher Besitzformen	– *Mindest-Dichte im Hinblick auf sparsamen Energieverbrauch* – *Erzeugung städtischen Charakters durch die Art der Bebauung (Geschossflächenzahl mind. 1,2)* – *Höhe der Gebäude maximal 4–5 Geschosse* – geschlossene bis ,halboffene' Bauweise – Ausrichtung der Gebäude zur Straße hin (Eingänge) – klare Unterscheidung in ,vorne – hinten'/öffentlich – privat – *Angebot vielfältiger Gebäude- und Wohnformen* – *vielfältige Architektur/Vermeidung des ,Siedlungscharakters' – Mischung von Sozial-/Miet- und Eigentumswohnungen* – Vermeidung von Erschließungshierarchien – *Vermeidung von Wagenabstellplätzen in den Hofbereichen* – *Straßenland-Aufteilung in Gehweg, Grünstreifen, Parkstreifen, Fahrbahn* – *intensive Baumpflanzungen*

*nach Thompson-Fawcett 1996
** nach Jost 1999 und Stimmann 1995
kursiv: Bestandteil der „10 Thesen zur Neuen Vorstadt" (nach Stimmann 1995)

Außenraum | öffentlicher Raum	– verschiedenartig nutzbare öffentliche Räume – vielfältige Nutzungsmischung auf den Ebenen von Quartier, Block, Straßenabschnitt und Gebäude	– *Straßen und Plätze als Grundgerüst des Quartiers* – gemeinschaftliche Nutzbarkeit der Freiflächen – *Bepflanzung als offensives Gestaltungselement* – Definition/Abgrenzung des öffentlichen Raums i.d.R. durch öffentliche und private Gebäude – Schaffung von Orientierungs- und Identifikationspunkten (z.B. zentrale Plätze, Eingangssituationen usw.) – *öffentliche Einrichtungen, sichtbar an zentralen Plätzen* – Ausbildung einer städtebaulichen Mitte
Orte und Netz	– integrierte Bodennutzungs- und Verkehrsplanung – fußgänger- und fahrradfreundliche, verkehrsberuhigte Umgebung	– *Netz öffentlicher Räume als Grundgerüst des Quartiers* – Transparenz und Durchlässigkeit (halböffentliche Flächen und Wege) – *Vermeidung von Erschließungshierarchien* – attraktive Nahverkehrsverbindung (möglichst schienengebunden) – *Integration des Quartiers in die Umgebung bei eigener städtebaulicher Identität*
Maßstabsebenen	– eine Wohnbevölkerung von 3.000–5.000 Einwohnern auf einer Siedlungsfläche von 40 ha – angemessene Versorgung mit Einzelhandel und Dienstleistungen vor Ort – Erholungs- und Gemeinschaftseinrichtungen vor Ort – Arbeitsplätze innerhalb des Quartiers, die es den Einwohnern ermöglichen, im lokalen Zentrum oder in Heimarbeit zu arbeiten	– *'Vorstadt' mit einer Größenordnung von rund 5.000 Wohnungen (10.000–12.000 Einwohnern)* – Konzentration von Einzelhandelseinrichtungen – *Nutzungsmischung durch Ansiedlung von Arbeitsplätzen (20% der Geschossfläche)*

Besitzformen; verschiedenartig nutzbare öffentliche Räume; vielfältige Nutzungsmischung auf den Ebenen von Quartier, Block, Straßenabschnitt und Gebäude; integrierte Bodennutzungs- und Verkehrsplanung; fußgänger- und fahrradfreundliche, verkehrsberuhigte Umgebung; eine Wohnbevölkerung von 3.000 bis 5.000 Einwohnern auf einer Siedlungsfläche von 40 ha; angemessene Versorgung mit Einzelhandel und Dienstleistungen vor Ort; Erholungs- und Gemeinschaftseinrichtungen vor Ort; Arbeitsplätze innerhalb des Quartiers, die es den Einwohnern ermöglichen, im lokalen Zentrum oder in Heimarbeit zu arbeiten. Abb. 3 zeigt als Beispiel das Gebiet Western Harbour in Leith, Edinburgh.

Die Konzeption der *neuen Vorstadt* ist in den frühen 1990er-Jahren in Berlin entwickelt worden. Anlässe waren eine zu dieser Zeit bestehende Knappheit auf dem Wohnungsmarkt und vor allem die Erwartung, dass der Region im Anschluss an ihre Wiedervereinigung ein starkes Bevölkerungswachstum bevorstünde (was sich als irrig erwies). Es sollte einer dispersen Bautätigkeit vorgebeugt und es sollten zusammenhängende Quartiere geschaffen werden. Der Wunsch nach dem ‚Wohnen im Grünen‘ sollte mit Nutzungsmischung, örtlicher Versorgung mit Handels- und Dienstleistungseinrichtungen und einer gewissen städtischen Dichte verbunden werden, was zugleich Voraussetzung für eine effektive Bedienung durch den öffentlichen Nahverkehr sein sollte. Charakteristische Ziele sind (Übersicht 18): kleinteilige Parzellierung und vielschichtige Eigentümerstruktur; Beachtung der ursprünglichen Parzellierung; klare Zuordnung von öffentlichen und privaten Flächen; Mindestdichte im Hinblick auf sparsamen Energieverbrauch; Erzeugung städtischen Charakters durch die Art der Bebauung (Geschossflächenzahl mindestens 1,2); Höhe der Gebäude maximal 4 bis 5 Geschosse; geschlossene bis ‚halboffene‘ Bauweise; Ausrichtung der Gebäude zur Straße hin (Eingänge); klare Unterscheidung nach ‚vorne – hinten‘/öffentlich – privat; Angebot vielfältiger Gebäude- und Wohnformen; vielfältige Architektur/Vermeidung des ‚Siedlungscharakters‘; Mischung von Sozial-/Miet- und Eigentumswohnungen; Vermeidung von Erschließungshierarchien; Vermeidung von Wagenabstellplätzen in den Hofbereichen; Straßenland-Aufteilung in Gehweg, Grünstreifen, Parkstreifen, Fahrbahn; intensive Baumpflanzungen; Straßen und Plätze als Grundgerüst des Quartiers; gemeinschaftliche Nutzbarkeit der Freiflächen; Bepflanzung als offensives Gestaltungselement; Definition/Abgrenzung des öffentlichen Raums in der Regel durch öffentliche und private Gebäude; Schaffung von Orientierungs- und Identifikationspunkten (beispielsweise zentrale Plätze, Eingangssituationen usw.); sichtbare öffentliche Einrichtungen an zentralen Plätzen; Ausbildung einer städtebaulichen Mitte; Netz öffentlicher Räume als Grundgerüst des Quartiers; Transparenz und Durchlässigkeit (halböffentliche Flächen und Wege); Vermeidung von Erschließungshierarchien; attraktive Nahverkehrsverbindung (möglichst schienengebunden); Integration des Quartiers in die Umgebung bei eigener städtebaulicher Identität; ‚Vorstadt‘ mit einer Größenordnung von rund 5.000 Wohnungen (10.000–12.000 Einwohnern); Konzentration von Einzelhandelseinrichtungen; Nutzungsmischung durch Ansiedlung von Arbeitsplätzen (20% der Geschossfläche). Abb. 4 zeigt als Beispiel das Gebiet Karow-Nord in Berlin-Weißensee.

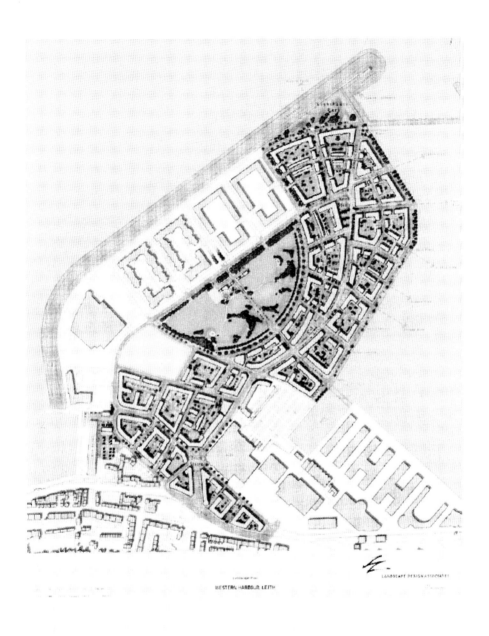

Landscape Plan
WESTERN HARBOUR, LEITH

LANDSCAPE DESIGN ASSOCIATES

|----------|----------|----------| 300 m
Abb. 3 *Urban Villages'*: Western Harbour, Leith, Edinburgh. Masterplan, nach 2000 (Robert Adam Architects. Landschaftsplanung: Landscape Design Associates)

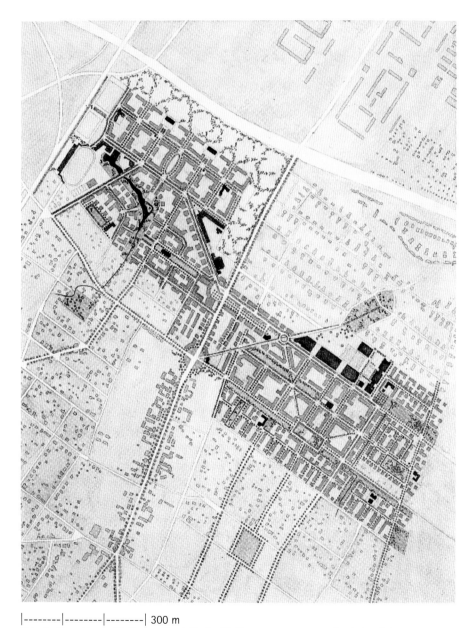

|--------|--------|--------| 300 m
Abb. 4 ,Neue Vorstadt': Karow-Nord, Berlin-Weißensee, 1992–1997. Städtebaulicher
Rahmenplan (Moore, Ruble, Yudell)

Die beiden Konzeptionen *urban villages* und *neue Vorstadt* unterscheiden sich vor allem in der Größenordnung: Die zweite sieht doppelt so viele Einwohner beziehungsweise Wohnungen vor wie die erste. Im Übrigen entsprechen sie sich gut, wenn auch mit unterschiedlichen Schwerpunkten. Die Grundsätze von *urban villages* enthalten keine Aussage zur Bodeneinteilung, sind aber bei den sozial-ökonomischen und umwelttechnischen Merkmalen ausführlicher. Die Thesen zur *neuen Vorstadt* sind hingegen bei den baulichen und räumlichen Merkmalen differenzierter.

4 Stadterneuerung

Handlungsfeld Stadterneuerung

Stadterneuerung ist einerseits ein Prozess, der sich in unterschiedlicher Intensität und Geschwindigkeit im gesamten bebauten Stadtgebiet in Form von Handlungen oder Maßnahmen der Einwohner, Gewerbetreibenden und Eigentümer sowie auch der öffentlichen Hand laufend vollzieht. Stadterneuerung ist andererseits ein Handlungsfeld des Städtebaus und der Stadtplanung in Teilgebieten der Stadt, in denen dieser Prozess nicht oder nur unzureichend stattfindet und deshalb besondere Eingriffe erfordert. Es handelt sich dann um eine Vielzahl von Maßnahmen die geeignet sein sollen, einem vorhandenen Stadtgebiet oder Quartier nicht nur zur Verbesserung der baulich-räumlichen Organisation, sondern der sozialen, wirtschaftlichen und ökologischen Verhältnisse, der Qualität der Lebensbedingungen insgesamt zu verhelfen. Dazu gehören an städtebaulichen Maßnahmen unter anderem die Instandsetzung und Modernisierung, auch der Abriss und Neubau von Gebäuden, die Anpassung und Ergänzung der sozialen und technischen Infrastruktur, die Inwertsetzung des öffentlichen Raums einschließlich der Grün- und Freiflächen. Mit Stadterneuerung sind in der Regel auch Nutzungsänderungen verbunden, wobei ein behutsames Vorgehen, welches vorhandene baulich-räumliche, kulturelle, soziale und wirtschaftliche Strukturen berücksichtigt, gefordert ist. Es soll ein Zustand erreicht werden, der den Einwohnern, Gewerbetreibenden und Eigentümern in dem jeweiligen Gebiet anschließend eine laufende Erneuerung weit gehend aus eigenem sozialen und wirtschaftlichen Antrieb erlaubt.

Wie die Erfahrungen über viele Jahrzehnte gezeigt haben, sind städtebauliche Maßnahmen für sich allein allerdings ungenügend und helfen nur bedingt, wenn die soziale und ökonomische Desintegration in einem Gebiet eine bestimmte Schwelle überschritten hat. Es hat sich dennoch, etwa im Rahmen des Programms „Soziale Stadt" und des ‚Quartiersmanagement' gezeigt, dass baulich-räumliche Maßnahmen ein wichtiges Element im schwierigen und langwierigen Prozess der Erneuerung eines Gebiets darstellen (vgl. Becker 2000,

Duhem 2003). Im Sinne des Themas dieser Arbeit konzentriere ich mich im Folgenden auf die baulich-räumliche Dimension von Stadterneuerung.

Der ältere Begriff der städtebaulichen Sanierung oder *Stadtsanierung* ist in dem der Stadterneuerung enthalten. Er ist enger gefasst und meint an erster Stelle die Beseitigung von ungesunden baulich-räumlichen Verhältnissen und nur bedingt die damit verbundenen sozialen und ökonomischen Problemlagen. Der Ton liegt hier auf gezielten, sozusagen chirurgischen Eingriffen. Die Mängel im bau- und versorgungstechnischen Standard sollten ausgeglichen, mehr Licht, Luft und Sonne – im Sinne der Moderne – in die vorhandene Stadt gebracht werden. Die Abgrenzung der Stadterneuerung zu dem neueren Begriff des „Stadtumbaus" ist fließend. *Stadtumbau* ist großteiliger, mit umfangreicheren Maßnahmen und mit stärkeren Eingriffen verbunden (siehe Abschnitt C 4). Für die Stadterneuerung stehen in Deutschland besondere gesetzliche Instrumente zur Verfügung („besonderes Städtebaurecht" gemäß dem Baugesetzbuch). Sie gehen über jene für die Stadterweiterung deutlich hinaus und sehen unter anderem Bestimmungen über vorbereitende Untersuchungen, die förmliche Festlegung von Sanierungsgebieten, die Trägerschaft der Maßnahmen und den Einsatz von Städtebauförderungsmitteln vor.

Ziele der Stadterneuerung

Die heutigen Zielvorstellungen für das Handlungsfeld Stadterneuerung gehen bis ins 19. Jahrhundert zurück und haben unterschiedliche, zum Teil widersprüchliche Denkrichtungen durchlaufen, die durch die jeweiligen Situationen der Stadtentwicklung und durch unterschiedliche Gebietstypen mit bedingt sind. Historische Altstädte sollten einerseits ‚modernisiert', das heißt neuen Nutzungsansprüchen für ein modernes Stadtzentrum angepasst, andererseits sollte ihre historische Bausubstanz gesichert werden. Die dichten Stadterweiterungsviertel des 19. Jahrhunderts (‚Mietskasernen') sollten zunächst möglichst abgerissen, später behutsam erneuert werden. Die späten Großsiedlungen des öffentlichen Wohnungsbaus (1960–1990), schon kurz nach ihrer Errichtung heftig kritisiert, wurden schließlich ebenfalls Gegenstand von Erneuerungskonzepten. Die Moderne im Städtebau hat weder in der Theorie noch in der Praxis dem vorhandenen Bestand auf den unterschiedlichen Planungsebenen besondere Aufmerksamkeit geschenkt. Erst seit Mitte der 1970er-Jahre ist ihr Ideengebäude in mehrerer Hinsicht in Frage gestellt und sind ältere Stadtteile und Quartiere als solche wieder entdeckt, in ihrem materiellen und sozialen Bestand ernst genommen und auch die vorhandene Bevölkerungs- und Nutzungsstruktur als schutzwürdiges Gut behandelt worden (vgl. Bodenschatz 1987). Mit der 1977 erfolgten Einführung der „Gebiete zur Erhaltung und Entwicklung der Wohnnutzung" (‚besondere Wohngebiete') in die deutsche Baunutzungsverordnung ist auch planungsrechtlich ein Signal in dieser Hinsicht gesetzt worden. Während die Praxis der Erneuerung bis dahin noch auf die kaiserzeitlichen Mietskasernenviertel oder noch ältere Quartiere beschränkt war, erweiterte sich die Perspektive der Stadterneuerung in den 1980er-Jahren auch auf später entstandene Teilgebiete. Ebenso wie es in der Denkmalpflege nicht ausreicht, einzelne Baudenkmäler oder Naturdenkmäler unter Schutz zu stellen, sondern vielmehr ein ganzes Ensemble, genügt es bei der Stadterneuerung grundsätzlich nicht, einzelne Quartiere aus bestimmten Bauepochen herauszugreifen. Die daraus folgende Logik ist der ebenso behutsame wie kritische Umgang mit der gesamten vorhandenen Stadt in allen ihren Teilen, ihrer *Kulturlandschaft* (vgl. Haspel 1997). Dies steht nicht im Widerspruch dazu, dass sich Stadterneuerung in der Regel auf Teilgebiete bezieht (siehe oben).

Erst seit etwa Mitte der 1970er-Jahre wird Stadterneuerung (in den wirschaftlich entwickelten Ländern) in nennenswertem Umfang mit Vorstellungen von *Bestandsentwicklung* (vgl. Konter 1991, Lütke-Daldrup 1989) und auch von *Denkmalpflege* verbunden, obwohl die entsprechenden Forderungen schon viel älter sind. „Eine alte Stadt ist an sich ein Denkmal, und zwar sowohl von ihrer topographischen Struktur her, als auch weil sie als Landschaft wahrgenommen wird. Sie ist es von der Struktur ihrer Wege und der Gesamtheit ihrer größeren und kleineren Gebäude her" (Giovannoni 1931, nach Choay 1997, S. 108 f.). Darin spiegelt sich wider, dass die jeweils vorhandene Stadt in den Phasen forcierter Entwicklung immer bedroht gewesen ist – sei es aufgrund der Begeisterung für das Neue, für die Veränderung, sei es aufgrund des materiellen Gewinns, den die Bodenwertsteigerung und die bauliche Verdichtung verheißen, oder des jeweils neuen Interesses zahlungsfähiger Gruppen für ältere Stadtquartiere. Stets entstand und entsteht in dieser Situation eine Schieflage in der Abwägung zwischen angemessener Bewahrung und Weiterentwicklung vorhandener Bestände und der Errichtung neuer Gebäude, Infrastrukturen, Stadtteile usw. In vielen Fällen fand oder findet eine Abwägung gar nicht erst statt und wird der höhere Wert des Neuen ohne Bedacht und Bedenken einfach vorausgesetzt. Mittelalterliche Städte wie Soest, Goslar oder Lübeck sind vor allem deshalb in ihrem historischen Bestand relativ gut erhalten geblieben, weil ihre wirtschaftliche Hochblüte sozusagen rechtzeitig beendet war. Ziele der Stadterneuerung beziehen sich vor diesem Hintergrund einerseits auf die Situation wirtschaftlichen Aufschwungs, in der eine ungesteuerte Erneuerung in Zerstörung umzuschlagen droht, und andererseits auf die Situation des Verfalls, in der sich die Einwohner und Gewerbetreibenden nicht mehr selbst helfen können und die Mechanismen des Bau- und Bodenmarkts kaum noch positiv wirksam sind.

Zur Differenzierung der Ziele von Stadterneuerung werden im Folgenden zwei Konzeptionen als Beispiele herausgegriffen, die in den 1980er- und 1990er-Jahren die allgemeine Diskussion und die Praxis der Stadterneuerung maßgeblich bestimmt haben (Übersicht 19). Beiden ist gemeinsam, dass sie ausdrücklich auf einen theoretischen Hintergrund bezogen sind. Wiederum sind die Zielaussagen jeweils den Komponenten baulich-räumlicher Organisation zugeordnet.

Die Konzeption der *kritischen Rekonstruktion* ist maßgeblich von Josef Paul Kleihues entwickelt und von Dieter Hoffmann-Axthelm ergänzt und erweitert worden (Kleihues/

Übersicht 19: Ziele der Stadterneuerung

Komponenten baulich-räumlicher Organisation	Ziele der Stadterneuerung	
	‚kritische Rekonstruktion' (Berlin)*	*‚behutsame Stadterneuerung'* (Berlin)***
Bodeneinteilung	– Erhaltung des verbliebenen, ggf. Wiederherstellung des Stadtgrundrisses	
Bebauung, Erschließung, Bepflanzung	– Erhaltung der regelmäßigen Gebäudehöhe: überwiegend 5–7-geschossige Bebauung, Orientierung an der alten (Berliner) Traufhöhe – die Häuser sollen eine öffentliche, dem Straßenraum zugewandte und eine private, ruhige Hofseite haben – Vorhaltung von Erdgeschosszonen für stadtteilbezogene Handwerks-, Handels- und Dienstleistungsbetriebe – eher restriktiv gehandhabter Straßenausbau, teilweise Rückbau mit enger, verkehrsdämpfender Querschnittsgestaltung – enge Zuordnung der Grünflächen zu den Wohnbereichen, jedoch in ihrer Ausdehnung in die gegebene Stadtstruktur eingepasst	– die Erneuerung muss (mit den Bewohnern geplant und) Substanz erhaltend realisiert werden. – Substanz bedrohende Bauschäden sind sofort zu beseitigen – behutsame Grundrissänderungen sollen neues Wohnen ermöglichen – die Erneuerung von Wohnungen und Häusern soll stufenweise erfolgen und allmählich ergänzt werden (um die Mieterhöhungen erträglich zu halten) – der Bestand soll durch wenige Abrisse, Hofbegrünung und Fassadengestaltung verbessert werden
Außenraum | öffentlicher Raum	– Wiederherstellung der öffentlichen Straßen- und Platzräume durch differenzierte Architekturformen – die Gestalt der Straßenräume soll ihrem öffentlichen Charakter Rechnung tragen	– öffentliche Einrichtungen, Straßen, Plätze und Grünflächen sind bedarfsgerecht zu erneuern
Orte und Netz	– das Straßennetz darf nicht durch Sackgassen verstümmelt, durch Einbahnstraßen ausgerichtet, durch Barrieren zu Slalomstrecken gemacht werden	– die Eigenart des Stadtteils soll erhalten (Vertrauen wieder geweckt) werden
Maßstabsebenen	– innerstädtisches Mischgebiet (Stadtteil) mit ausgewogenem Verhältnis von Wohnen, Arbeiten, Kultur und Erholung	

*nach Machleidt u.a. 1991, Strecker/Hoffmann-Axthelm 1992
**nach Hämer 1991

Machleidt 1987, Strecker/Hoffmann-Axthelm 1992). Sie bezieht sich auf Gebiete, die aufgrund von Kriegszerstörung oder Abriss nennenswerte Lücken im Baubestand aufweisen und deren Nutzbarkeit oder Verständlichkeit im Zuge des Wiederaufbaus oder Umbaus zwischen 1950 und 1970 erheblich gelitten hat. In ihr wird die zeitliche Kontinuität von Stadt, die Berücksichtigung des vorhandenen Stadtgrundrisses und die Wiederherstellung des öffentlichen Raums betont. Zugleich wird einer historisierenden Bebauung (bei Erhaltung vorhandener Bausubstanz) eine klare Absage erteilt.

Ursprünglich im Rahmen der Arbeiten für die Internationale Bauausstellung Berlin 1987 entwickelt, hat sich die Konzeption der *kritischen Rekonstruktion* nach 1990 bei der Planung für die (Vereinigung der) Berliner Innenstadt bewährt und ist in das 1999 beschlossene „Planwerk Innenstadt" eingegangen (Senatsverwaltung für Stadtentwicklung 1999). Sie ist durchaus umstritten, hat aber die grundlegende Wechselwirkung zwischen Rahmensetzung und Rahmenausfüllung im Städtebau (siehe Abschnitt D 0) neu thematisiert und dem lange Zeit vernachlässigten Oberziel der *Verständlichkeit* neue Geltung verschafft. Charakteristische Ziele sind (Übersicht 19): Erhaltung, gegebenenfalls Wiederherstellung oder Ergänzung des verbliebenen Stadtgrundrisses; Erhaltung der regelmäßigen Gebäudehöhe: überwiegend fünf- bis siebengeschossige Bebauung, Orientierung an der alten (Berliner) Traufhöhe; die Häuser sollen eine öffentliche, dem Straßenraum zugewandte und eine private, ruhige Hofseite haben; Vorhaltung von Erdgeschosszonen für stadtteilbezogene Handwerks-, Handels- und Dienstleistungsbetriebe; eher restriktiv gehandhabter Straßenausbau, teilweise Rückbau mit enger, verkehrsdämpfender Querschnittsgestaltung; enge Zuordnung der Grünflächen zu den Wohnbereichen, jedoch in ihrer Ausdehnung in die gegebene Stadtstruktur eingepasst; Wiederherstellung der öffentlichen Straßen- und Platzräume durch differenzierte Architekturformen; die Gestalt der Straßenräume soll ihrem öffentlichen Charakter Rechnung tragen; das Straßennetz darf nicht durch Sackgassen verstümmelt, durch Einbahnstraßen ausgerichtet, durch Barrieren zu Slalomstrecken gemacht werden; innerstädtisches Mischgebiet (Stadtteil) mit ausgewogenem Verhältnis von Wohnen, Arbeiten, Kultur und Erholung. Abb. 5 zeigt als Beispiele die Gebiete südliches Tiergartenviertel und südliche Friedrichstadt in Berlin.

Die Konzeption der *behutsamen Stadterneuerung* mit ihren *12 Grundsätzen* ist maßgeblich von Hardt-Waltherr Hämer erarbeitet und praktisch erprobt worden (Hämer 1991). Sie ist mit Gebieten befasst, die einen dichten vernachlässigten Baubestand an kaiserzeitlichen oder älteren Gebäuden und Erschließungsanlagen haben, deren Nutzbarkeit oft nicht mehr gewährleistet ist und die aus unterschiedlichen Gründen von Verfall und Abriss bedroht sind. Im Vordergrund steht die weit gehende Erhaltung der vorhandenen Bausubstanz und des öffentlichen Raums. Eng damit verbunden sind soziale und ökonomische Strategien: Möglichst viele Einwohner und Gewerbebetriebe sollen in dem zu erneuernden Gebiet bleiben können, und dies wird mit möglichst geringen Kosten für die Gebäudemodernisierung, unter anderem durch den weit gehenden Verzicht auf Abriss erreicht. Charakteristische Ziele sind (Übersicht 19): Die Erneuerung muss (mit den Bewohnern geplant und) Sub-

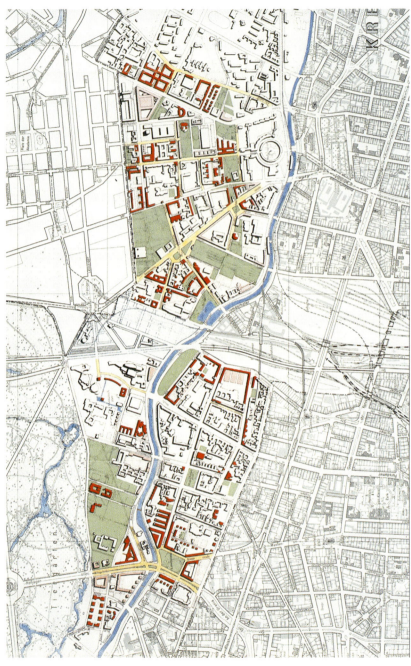

N ←

|----------------------|----------------------| 1000 m

Abb. 5 ‚Kritische Rekonstruktion': südliches Tiergartenviertel und südliche
Friedrichstadt, Berlin. Planungen und Maßnahmen um 1987 (Bauausstellung Berlin)

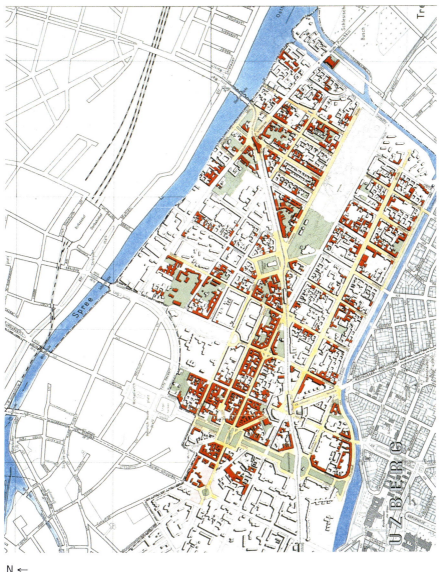

N ←

|-------------------------|-------------------------| 1000 m

Abb. 6 ‚Behutsame Stadterneuerung': Luisenstadt und Kreuzberg SO36, Berlin. Stand der Planungen und Maßnahmen um 1987 (Bauausstellung Berlin)

stanz erhaltend realisiert werden; Substanz bedrohende Bauschäden sind sofort zu beseiti-
gen; behutsame Grundrissänderungen sollen neues Wohnen ermöglichen; die Erneuerung
von Wohnungen und Häusern soll stufenweise erfolgen und allmählich ergänzt werden (um
die Mieterhöhungen erträglich zu halten); der Bestand soll durch wenige Abrisse, Hofbegrü-
nung und Fassadengestaltung verbessert werden; öffentliche Einrichtungen, Straßen, Plätze und Grünflächen sind bedarfsgerecht zu erneuern. Die Eigenart des Stadtteils soll erhalten (Vertrauen wieder geweckt) werden. Auch wenn die materiellen Bedingungen der
1980er-Jahre (Einsatz erheblicher staatlicher Förderungsmittel) in dieser Form nicht mehr
bestehen, enthält die Konzeption der *behutsamen Stadterneuerung* Elemente, die für das
Handlungsfeld Stadterneuerung nach wie vor von grundlegender Bedeutung sind. Abb. 6
zeigt als Beispiel die Gebiete Luisenstadt und Kreuzberg SO36 in Berlin.

5 Stadtumbau

Handlungsfeld Stadtumbau

Stadtumbau als Handlungsfeld des Städtebaus bezieht sich auf Maßnahmen größeren Umfangs innerhalb der vorhandenen Stadt. Damit sind nennenswerte Veränderungen
der baulich-räumlichen Organisation verbunden, etwa durch große Infrastrukturmaßnahmen, Anlage neuer zentraler Einrichtungen, Umbau oder auch ‚Rückbau‘ ganzer Wohnquartiere, Umnutzung ehemaliger Hafen-, Eisenbahn-, Industrie- oder militärischer Flächen usw.
Notwendigkeit oder Sinn solcher Veränderungen können sich sowohl aus dem Wachstum,
der beschleunigten Entwicklung einer Stadt oder städtischen Agglomeration, als auch aus
ihrer Stagnation oder Schrumpfung ergeben. Während in den Phasen beschleunigter Entwicklung der Schwerpunkt des allgemeinen Interesses auf der Stadterweiterung liegt und
der Stadtumbau eher deren Folgeerscheinung ist, wird in Phasen der Schrumpfung Stadtumbau, wie gegenwärtig in vielen Fällen, zur vorrangigen Strategie. Sie ist zugleich Bestandteil der Debatte über ‚nachhaltige Entwicklung‘. Mehr als auf den Handlungsfeldern der
Stadterweiterung und Stadterneuerung, die oft auf bestimmte Stadtteile oder Quartiere begrenzt sind, spielt beim Stadtumbau das enge Wechselverhältnis zwischen gesamtstädtischen und teilräumlichen Konzeptionen eine Rolle. Die besondere Ausrichtung auf die vorhandene Stadt schärft offenbar den Blick für dieses Wechselverhältnis, das sonst oft vernachlässigt wird.

Ziele des Stadtumbaus (wachsende Stadt)

Bei Stadtumbau im Zusammenhang mit Wachstum kommt es auf eine Gesamtkonzeption an, welche die großen Investitionen innerhalb der vorhandenen Stadt nicht nur für sich selbst, sondern für möglichst viele Sektoren der Stadtentwicklung wirksam werden lässt und zugleich einen behutsamen Umgang mit dem Bestand an Gebäuden und Außenräumen gewährleistet. Ein eher abschreckendes Beispiel aus der Zeit zwischen 1950 und 1975 ist der umfassende, zumal durch Stadterweiterung und Suburbanisierung induzierte Umbau vieler Städte, der unter anderem mit dem Abriss wertvoller Bausubstanz und der Desintegration des öffentlichen Raums zu Gunsten neuer Hauptverkehrsstraßen oder Stadtautobahnen verbunden war. Aus der Kritik an dieser Art von Stadtumbau ist neben der Konzeption der „behutsamen Stadterneuerung" (siehe Abschnitt C 4) unter anderem die Zielvorstellung der „Innenentwicklung vor Außenentwicklung" formuliert worden, die mit einem komplexeren Begriff von Stadtumbau verbunden ist. Der Vorrang der Innenentwicklung leitet sich unter anderem aus einer Politik der Beschränkung bei der Ausweisung neuer Baugebiete am Stadtrand ab, die den ‚Verbrauch' von land- und forstwirtschaftlich genutzten Flächen minimieren soll. Sie führt tendenziell zu vermehrten Eingriffen in die vorhandenen bebauten Gebiete. Dies bedeutet praktisch: Umnutzung von Gebäuden, Umnutzung von Gebäudeteilen, Gebäudeerweiterungen, Ersatzbauten, Neubauten in Baulücken, Neubauten in zweiter Reihe, Bebauung von Innenflächen, Bebauung von Arrondierungsflächen, Umstrukturierung von Flächen (vgl. Lütke Daldrup 1989), in vielen Fällen eine nennenswerte bauliche Verdichtung und auch Durchmischung. Die Verdichtung findet – neben dem sparsamen Umgang mit den Flächenressourcen im Außenbereich – ihre Begründung auch in der besseren Ausnutzung vorhandener Infrastruktureinrichtungen oder der Kompensation von Infrastrukturdefiziten. Zur Differenzierung der Ziele von Stadtumbau im Zusammenhang mit *Wachstum* werden im Folgenden zwei Konzeptionen herausgegriffen, die in einem Fall die Maßstabsebene des Stadtteils, im anderen die der Gesamtstadt betreffen (Übersicht 20). Wiederum sind die Zielaussagen (wie in den Übersichten 18 und 19) jeweils den Komponenten baulich-räumlicher Organisation zugeordnet.

Die Konzeption des *Projekts Innenentwicklung* (Tübinger Südstadt) beruht auf der langjährigen planungspraktischen Arbeit von Andreas Feldtkeller und seinen in zwei Buchveröffentlichungen vorgetragenen theoretischen Überlegungen (Feldtkeller 1994, 2001). Vielen allgemeinen Bedenken und objektiven Schwierigkeiten zum Trotz wird hier vorgeführt, dass die Verwirklichung eines gemischt genutzten, einer klar definierten und verständlichen Organisation des öffentlichen Raums verpflichteten, durch zahlreiche Bauherren und Investoren entwickelten Stadtteils möglich ist und erfolgreich sein kann, und zwar jenseits falscher historischer Anleihen. Anlass und Ausgangspunkt sind brach gefallene militärische Anlagen (Kasernen). Wichtige Stichworte sind: Straßengeometrie, Mischungsmaßstab, Parzellierungsgrad, Nebeneinander von Alt und Neu, Charakter und Vernetzung der

Übersicht 20: Ziele des Stadtumbaus (wachsende Stadt)

Ziele Komponenten baulich-räumlicher Organisation	*Ziele des **Stadtumbaus** (wachsende Stadt)*	
	,Projekt Innenentwicklung' (Tübingen)*	*,Perspektiven für die räumliche Entwicklung'** (München)*
Bodeneinteilung	– Parzelle als Regelbaustein von Block und Quartier	
Bebauung, Erschließung, Bepflanzung	– Neuordnung auf brach gefallenen Flächen für eine andere als die bisherige Nutzung – Vielseitigkeit der Mischung (im Gebäude, im Block, im Stadtteil) – Ausnutzung des baulichen Nebeneinanders von Neu und Alt für das Bild des neuen Quartiers – Angebot nutzungsneutraler Gebäudestrukturen – das einzelne Haus muss an der Straße stehen; Gebäudehöhe entsprechend der Lage am Platz und im Block – dezentrale, nicht an die Einzelbebauung gekoppelte Parkierung in mechanischen Parkierungsanlagen	– Umstrukturierung auf nicht mehr für die bisherige Nutzung benötigten Flächen (Kasernenareale, Eisenbahnflächen, Werksareale, extensiv genutzte Gewerbegebiete) – Nutzungsmischung und Stärkung des Wohnens: entsprechende Anteile bei Umstrukturierungsmaßnahmen, höhere Dichten im Wohnungsbau, Nachverdichtung – Sicherung und Entwicklung der Freiräume: Vernetzung und Verbesserung der Nutzungsqualität innerstädtischer Grün- und Freiflächen, Abbau bestehender Freiflächendefizite
Außenraum | öffentlicher Raum	– Aufmerksamkeit für den öffentlichen Raum als Ort alltäglicher Kommunikation – klare Zuordnung von privatem und öffentlichem Raum	– Qualität des urbanen Raums und der Stadtgestalt: Erkennbarkeit, Erlebnis- und Aufenthaltsqualität der Straßen, Plätze und Freiräume; Durchlässigkeit von Bebauungszusammenhängen
Orte und Netz	– Vermeidung von Exklusion, Förderung von Synergien, Offenheit gegenüber der Nachbarschaft – Freiräume und öffentliche Räume als Verbindungselement zwischen Baustrukturen, Raumfolgen und einzelnen Gebäuden	– ÖPNV- und Zentren-orientierte Siedlungsentwicklung: Konzentration baulicher Entwicklung auf das Umfeld von Schnellbahnlinien, Abstufung erreichbarer Dichten und Nutzungen in Abhängigkeit zur Erschließungsqualität
Maßstabsebenen	– „Stadtquartier als Modell": Stadt als Ansammlung vieler interessanter Quartiere	– Stärkung der Funktionsfähigkeit und Identität der Stadtviertel – Versorgungsqualität von bestehenden Zentren stärken, Lücken der Tragfähigkeit von Zentren in den Randzonen schließen

*nach Feldtkeller 2001
**nach Landeshauptstadt München 1995

Freiräume (Feldtkeller 2001, S. 36). Die dichte Bebauung trägt zu niedrigen Grundstückspreisen bei. Allerdings stößt Dichte auch auf Akzeptanzprobleme, die thematisiert werden müssen: die Aufenthaltsqualität öffentlichen Raums; das Verkehrs- und Wagenabstellkonzept (Steffen/ Bartenbach 2001, S. 197 f.).

Charakteristische Ziele sind (Übersicht 20): die Parzelle als Regelbaustein von Block und Quartier; Neuordnung auf brach gefallenen Flächen für eine andere als die bisherige Nutzung; Vielseitigkeit der Mischung (im Gebäude, im Block, im Stadtteil); Ausnutzung des baulichen Nebeneinanders von Neu und Alt für das Bild des neuen Quartiers; Angebot nutzungsneutraler Gebäudestrukturen; das einzelne Haus muss an der Straße stehen, Gebäudehöhe entsprechend der Lage am Platz und im Block; dezentrale, nicht an die Einzelbebauung gekoppelte Parkierung in mechanischen Parkierungsanlagen; Aufmerksamkeit für den öffentlichen Raum als Ort alltäglicher Kommunikation; klare Zuordnung von privatem und öffentlichem Raum; Vermeidung von Exklusion; Förderung von Synergien; Offenheit gegenüber der Nachbarschaft; Freiräume und öffentliche Räume als Verbindungselement zwischen Baustrukturen, Raumfolgen und einzelnen Gebäuden; Stadtquartier als Modell (Stadt als Ansammlung vieler interessanter Quartiere). Abb. 7 zeigt das Gebiet Stuttgarter Straße/Französisches Viertel in Tübingen.

Für die Steuerung der Bautätigkeit in der Tübinger Südstadt wird das zur Verfügung stehende Instrumentarium höchst unkonventionell angewendet: Die Bebauungspläne beschränken sich bezüglich der Gebäude auf relativ wenige Vorgaben: Ausweisung generell als Mischgebiet, geschlossene Bebauung, vereinzelt Festlegung einer Baulinie, sonst von Baugrenzen; Parzellierung (in bestimmtem Umfang variabel); Festsetzung der zulässigen überbauten Grundstücksfläche (Grundflächenzahl) und der zulässigen Traufhöhe (in der Regel zwischen neun und 16 Metern, darf um bis zu 2 $^1/_2$ Meter unterschritten werden), *keine* Festsetzung einer Geschossflächenzahl; Vorbauten über dem Erdgeschoss bis zu einem Meter Tiefe und fünf Meter Breite zulässig; Dachform freigestellt, darf aber eine bestimmte ,Hüllkurve' nicht überschreiten. Zusätzliche privatrechtliche Regelungen in den Kaufverträgen (Grundstücksvergabe durch die Gemeinde) sehen in den Erdgeschosszonen eine lichte Raumhöhe von 2,75 Meter und die Unterbringung von Gewerbefläche vor (Feketics/ Schenk/ Schuster 2001, S. 101 f.).

Die Konzeption der *Perspektiven für die räumliche Entwicklung* der Stadt München von 1995 bezieht sich auf die Maßstabsebene der Gesamtstadt. Sie steht unter den Leitbegriffen *kompakt, urban, grün*. Sie ist schon allein deswegen ein Stadtumbau-Programm, weil innerhalb der Gemeindegrenzen so gut wie keine Flächen für Stadterweiterung mehr zur Verfügung gestellt werden, es sei denn man würde den Anspruch ,grün' aufgeben. *Kompakt* bedeutet: stadtökologisch qualifizierte Dichte, Innen- vor Außenentwicklung, ,kurze Wege' und Förderung des nicht motorisierten Verkehrs. *Urban* bedeutet: Harmonisierung von Flächennutzungen, ,neue Münchener Mischung', Flexibilität der Raumnutzung. *Grün* bedeutet: sparsamer Flächenverbrauch, geringstmögliche Umweltbelastung, Ausgleich unvermeidbarer Schäden (Planungsgruppe 504/Haase & Söhmisch, 1995, S. 44 ff.).

N ←
|-------|-------|-------| 300 m
Abb. 7 ‚Projekt Innenentwicklung': Stuttgarter Straße/Französisches Viertel, Tübingen.
Städtebaulicher Rahmenplan, 1993 (LEHEN 3 Architekten und Stadtplaner)

Charakteristische Ziele sind (Übersicht 20): Umstrukturierung auf nicht mehr für die bisherige Nutzung benötigten Flächen (Kasernenareale, Eisenbahnflächen, Werksareale, extensiv genutzte Gewerbegebiete); Nutzungsmischung und Stärkung des Wohnens: entsprechende Anteile bei Umstrukturierungsmaßnahmen, höhere Dichten im Wohnungsbau, Nachverdichtung; Sicherung und Entwicklung der Freiräume: Vernetzung und Verbesserung der Nutzungsqualität innerstädtischer Grün- und Freiflächen, Abbau bestehender Freiflächendefizite; Qualität des urbanen Raums und der Stadtgestalt: Erkennbarkeit, Erlebnis- und Aufenthaltsqualität der Straßen, Plätze und Freiräume; Durchlässigkeit von Bebauungszusammenhängen; auf den öffentlichen Personennahverkehr und auf Zentren orientierte Siedlungsentwicklung: Konzentration der baulichen Entwicklung auf das Umfeld von Schnellbahnlinien, Abstufung erreichbarer Dichten und Nutzungen in Abhängigkeit zur Erschließungsqualität; Stärkung der Funktionsfähigkeit und Identität der Stadtviertel; Stärkung der Versorgungsqualität bestehender Zentren; Lücken der Tragfähigkeit von Zentren in den Randzonen sind zu schließen.

Ziele des Stadtumbaus (schrumpfende Stadt)

Bei Stadtumbau im Zusammenhang mit Stagnation oder *Schrumpfung*, der Abnahme der Anzahl der Einwohner und dem Leerstand von Wohnungen, Gewerberäumen und öffentlichen Einrichtungen kommt es, ebenso wie bei der wachsenden Stadt, auf eine Gesamtkonzeption an – allerdings eine, aus der abgeleitet werden kann, welche Stadtteile und Quartiere (in der Regel die zentral gelegenen) auch künftig erhalten und gestärkt werden, und welche andererseits innerhalb einer bestimmten Zeit durch Abriss von Gebäuden reduziert oder aufgegeben werden sollen. Eine solche Gesamtkonzeption kann nur dann erfolgreich verwirklicht werden, wenn

(1)   sie eine begründete Perspektive für die Entwicklung der Stadt insgesamt und für die zu stärkenden Teilgebiete eröffnet;
(2)   die Gemeinde die Einwohner und die Eigentümer oder Investoren (unter anderem die großen Wohnungsbaugesellschaften) frühzeitig mit einbezieht.

So soll sichergestellt werden, dass der Stadtumbau als Antwort auf die Abnahme der Anzahl von Einwohnern und Arbeitsplätzen insgesamt zu einem neuen Impuls für die Stadtentwicklung führen kann. Dies hängt in starkem Maße von den Fähigkeiten der Städte ab, „die stabilisierbaren Strukturen tatsächlich zu erneuern und ein neues Gleichgewicht mit weniger Einwohnern zu gewinnen" (Lütke Daldrup 2002, S. 50). Auch für die Differenzierung der Ziele des Stadtumbaus im Zusammenhang mit Schrumpfung werden im Folgenden zwei Konzeptionen herausgegriffen, die wiederum in einem Fall die Maßstabsebene des Stadtteils oder Quartiers, im anderen die der Gesamtstadt betreffen (Übersicht 21). Die Ziel-

Übersicht 21: Ziele des Stadtumbaus (schrumpfende Stadt)

Ziele Komponenten baulich-räumlicher Organisation	*Ziele des* **Stadtumbaus** *(schrumpfende Stadt)*	
	Umbau von Großsiedlungen* *(Leinefelde)*	*‚die perforierte Stadt'*** *(Leipzig)*
Bodeneinteilung		– Aufrechterhaltung des Stadtgrundrisses
Bebauung, Erschließung, Bepflanzung	– Teilrückbau von Geschossen, Herausnahme von Gebäudeteilen, Abriss von Wohngebäuden – Grundrissveränderungen, Wohnungszusammenlegung, Modernisierung, ergänzender Neubau (u.a. Reihenhäuser) – Konzentration der Wagenabstellplätze im öffentlichen Straßenraum zur Entlastung der Blockinnenbereiche – Begrünung der Straßenräume und Wagenabstellplätze mit Alleebäumen – Anlage von Vorgärten/Mietergärten	– Abriss oder mittelfristige Stilllegung von Wohnungen – Einfügen von zwei- bis dreigeschossigen Stadthäusern in kaiserzeitliche Quartiere, Umbau vorhandener Gebäude zu Einfamilienhäusern – massive Baumpflanzungen als Simulation nicht mehr vorhandener Straßenkanten; Wildwiesen mit inselartigen Baumhainen als neue Schnittstelle zwischen Stadt und Landschaft – ‚Hirschgehege' in der Innenstadt; unkonventionelle zusätzliche Nutzungen in neuen baulichen Formen, temporär oder dauerhaft – Bewohnergärten auf brach liegenden Baugrundstücken
Außenraum | öffentlicher Raum	– vielfältige Nutzbarkeit und deutlichere Differenzierung und Zuordnung von privaten, öffentlichen und halböffentlichen Außenräumen – verkehrsberuhigende Verflechtung von Straßen: neue Erschließungsqualität – Qualifizierung der kommerziellen und sozialen Infrastruktur	– Identifizierung eines langfristig zu stabilisierenden Grundgerüsts aus öffentlichen Räumen mit eingelagerten Kernen – punktuelle bauliche Stadtraumreparaturen
Orte und Netz	– Konzentration aller Aufwertungsmaßnahmen (zunächst) auf den zentralen Bereich, zugleich als Verbindung zum alten Ort – Rücknahme der Höhe und Dichte der Bebauung am Siedlungsrand – Vernetzung der innerörtlichen Freiflächen mit dem Landschaftsraum, neuer zusammenhängender Grünzug durch das Quartier	– Identifizierung von Stadtfeldern unterschiedlichen Veränderungsgrads: (1) Konsolidierungsfelder, (2) Geduldsfelder, (3) Umbaufelder, (4) Transformationsfelder

Maßstabsebenen		– Gesamtstädtische (,strategische') und teilräumliche Konzeptionen – Verbesserung der Konkurrenzfähigkeit der innerstädtischen Quartiere: Schaffung neuer Qualitäten durch Umbauen und Umstrukturieren

*nach Buhtz u.a. 2002, Freistaat Thüringen 2000. **nach Giseke/Lütke Daldrup 2002, Lütke Daldrup 2002

aussagen sind wie in den Übersichten 18 bis 20 jeweils den Komponenten baulich-räumlicher Organisation zugeordnet.

Die Konzeption für den Umbau der ,Südstadt' von Leinefelde in Thüringen, einer typischen Siedlung des industriellen Wohnungsbaus aus den 1960er- bis 1980er-Jahren, hatte mit sehr besonderen Bedingungen zu rechnen. Die Stadt Leinefelde hat zwischen 1994 und 2001 25% ihrer Einwohner verloren, in der Südstadt sind es 37%. Im Jahre 2002 lebten in Leinefelde etwas mehr als 11.000 Personen, davon 7.300 in der Südstadt. Bis 2010 wurde für die gesamte Stadt mit einem weiteren Rückgang auf etwa 8.000 Einwohner gerechnet. Die Konzeption zur Stabilisierung der Südstadt als Stadtteil und Quartier bei einer neuen, stark verminderten Größenordnung umfasst vielgestaltige Ideen und ein abgestimmtes Bündel von sozialen, wirtschaftlichen und baulich-räumlichen Maßnahmen. Diese werden seit 1995 mit kompetenten Partnern und im Rahmen unterschiedlicher Förderprogramme mit zunehmendem Erfolg durchgeführt, was der Südstadt von Leinefelde den Ruf eines Musterbeispiels für den Umbau von Großsiedlungen eingetragen hat (vgl. auch Abschnitt B 2).

Die städtebauliche Konzeption umfasst eine „bedarfsgerechte Umstrukturierung durch Abriss, Umbau oder Neubau" und ist ebenso folgerichtig wie (bis dahin) ungewöhnlich (Rietdorf u.a. 2001, Freistaat Thüringen 2000). Charakteristische Ziele sind (Übersicht 21): Teilrückbau von Geschossen, Herausnahme von Gebäudeteilen, Abriss von Wohngebäuden; Grundrissveränderungen, Wohnungszusammenlegung, Modernisierung, ergänzender Neubau (u.a. Reihenhäuser); Konzentration der Wagenabstellplätze im öffentlichen Straßenraum zur Entlastung der Blockinnenbereiche; Begrünung der Straßenräume und Wagenabstellplätze mit Alleebäumen, Anlage von Vorgärten/Mietergärten; vielfältige Nutzbarkeit und deutlichere Differenzierung und Zuordnung von privaten, öffentlichen und halböffentlichen Außenräumen; verkehrsberuhigende Verflechtung von Straßen: neue Erschließungsqualität; Qualifizierung der kommerziellen und sozialen Infrastruktur; Konzentration aller Aufwertungsmaßnahmen (zunächst) auf den zentralen Bereich, zugleich als Verbindung zum alten Ort; Rücknahme der Höhe und Dichte der Bebauung am Siedlungsrand; Vernetzung der innerörtlichen Freiflächen mit dem Landschaftsraum, neuer zusammenhängender

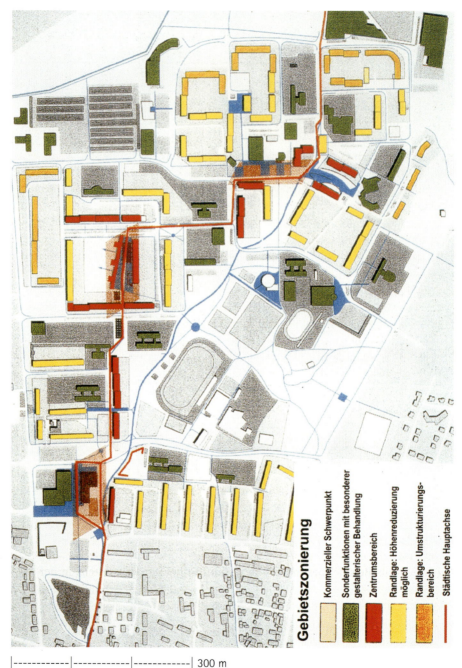

Gebietszonierung

Kommerzieller Schwerpunkt

Sonderfunktionen mit besonderer gestalterischer Behandlung

Zentrumsbereich

Randlage: Höhenreduzierung möglich

Randlage: Umstrukturierungsbereich

Städtische Hauptachse

|------------|------------|------------| 300 m

Abb. 8 Umbau von Großsiedlungen: Südstadt, Leinefelde (Thüringen).
Stadtteilkonzept/Rahmenplan, 1999 (GRAS Gruppe Architektur und Stadtplanung)

Grünzug durch das Quartier. Abb. 8 zeigt als Beispiel für den Stadtumbau unter den Bedingungen einer schrumpfenden Stadt das Gebiet der Südstadt in Leinefelde (Thüringen).

Die Konzeption der *perforierten Stadt* (Lütke Daldrup 2002) stellt eine ebenso radikale wie konsequente Antwort auf den drastischen Bevölkerungsverlust der Stadt Leipzig in den 1990er-Jahren (12% innerhalb von 10 Jahren) und einen Wohnungsleerstand von 20% dar, weist aber deutlich über den besonderen Fall hinaus. Die Stadt wird als Ganzes betrachtet. Es werden, innerhalb bestimmter Bezirke, für verschiedene Gebietstypen mit jeweiligen Problemlagen unterschiedliche Ziele bestimmt, die von der Erhaltung und baulichen Entwicklung bis zur Umwandlung bebauter Teilgebiete in Feld- oder Waldstücke reichen. Der Stadtgrundriss und ein Grundgerüst öffentlichen Raums und damit der sichtbare Zusammenhang der Stadt werden aber erhalten.

Damit soll eine langfristige Stabilität erreicht werden. Zwischen Kernen der Erhaltung und Umnutzung soll eine Art ‚Plasma‘ verbleiben, das eine neue Freiheit für bisher ungekannte Arten der Nutzung in neuartigen Gebäudetypen eröffnet. Charakteristische Ziele sind (Übersicht 21): Aufrechterhaltung des Stadtgrundrisses; Abriss oder mittelfristige Stilllegung von Wohnungen; Einfügen von zwei- bis dreigeschossigen Stadthäusern in kaiserzeitliche Quartiere, Umbau vorhandener Gebäude zu Einfamilienhäusern; massive Baumpflanzungen als Simulation nicht mehr vorhandener Straßenkanten; Wildwiesen mit inselartigen Baumhainen als neue Schnittstelle zwischen Stadt und Landschaft; ‚Hirschgehege‘ in der Innenstadt; unkonventionelle zusätzliche Nutzungen in neuen baulichen Formen, temporär oder dauerhaft; Bewohnergärten auf brach liegenden Baugrundstücken; Identifizierung eines langfristig zu stabilisierenden Grundgerüsts aus öffentlichen Räumen mit eingelagerten Kernen; punktuelle bauliche Stadtraumreparaturen; Identifizierung von Stadtfeldern unterschiedlichen Veränderungsgrads: (1) Konsolidierungsfelder, (2) Geduldsfelder, (3) Umbaufelder, (4) Transformationsfelder; gesamtstädtische (‚strategische‘) und teilräumliche Konzeptionen; Verbesserung der Konkurrenzfähigkeit der innerstädtischen Quartiere: Schaffung neuer Qualitäten durch Umbauen und Umstrukturieren.

Beispiel Barcelona

Der Prozess des Stadtumbaus der 1980er- und 1990er-Jahre in Barcelona ist in mehrfacher Hinsicht als Beispiel besonders interessant. Er bewegt sich erstens in der gesamten Breite des Handlungsfelds: von kleinräumiger Sanierung über umfassendere quartiersbezogene Maßnahmen bis hin zur inneren Stadterweiterung (‚Innenentwicklung‘) und er ist zweitens Ausweis einer beeindruckenden Kontinuität städtebaulichen Handelns, indem Erneuerung und Umbau zum großen Teil im Gebiet des Stadterweiterungsplans von 1859 stattfinden und dessen Vorgaben wieder aufgenommen werden und daran weiter gebaut wird. Es erweist sich, dass diese Vorgaben durchaus heutigen Anforderungen entsprechen können und bei Bedarf neuen Interpretationen zugänglich sind. Schließlich lässt sich hier drittens die Reichweite des theoretischen und planungspraktischen Werks von Cerdá und dessen bis heute ungeschmälerte Bedeutung erkennen.

Stadtumbau stellt sich am Beispiel von Barcelona als ebenso zukunftsweisend wie behutsam dar. Im Zusammenhang mit der Vorbereitung der Olympischen Spiele von 1992 sollte die Innenstadt in ihren nordöstlichen Teilen ‚ans Meer gebracht‘ werden. Cerdás Plan von 1859 hatte einen Streifen Landes zwischen dem Erweiterungsgebiet und der Küstenlinie unbearbeitet gelassen. Noch 1980 war dieser Streifen in seiner gesamten Länge von über drei Kilometern und einer Breite von 100 bis 300 Metern durch Industrie-, Versorgungs- und Eisenbahnanlagen, ärmliche Behausungen und schmutzige Strände belegt. 20 Jahre später erstrecken sich hier neue Wohngebiete, am meisten stadteinwärts die *Vila Olímpica*. Vorgelagert sind Park- und Sportanlagen, kulturelle Einrichtungen, eine Seepromenade und neu angelegte Badestrände. Umfangreiche tiefbautechnische Maßnahmen (Verlegung der Eisenbahn, Bau der neuen Verbindungsstraße *ronda litoral* usw.) mussten zuvor verwirklicht werden. Damit einher ging die Erneuerung der dahinter liegenden älteren Quartiere unter der räumlichen und funktionalen Einbeziehung der neuen Wohngebiete. Die Standortverteilung der Schulen, Kindergärten, Märkte usw. und die Verlängerung der Straßen und Wege bis zum Strand spielen für die Verbindung der alten mit den neuen Teilgebieten eine wichtige Rolle wie auch für ihre baulich-räumliche und soziale Bestimmung als jeweils neue Quartiere. In Teilen, so dem Quartier Poblenou, einer ehemaligen, unmittelbar an die neuen Parkanlagen anschließenden Vorstadt aus der Zeit vor der Stadterweiterung, waren Einzelmaßnahmen im Sinne von Instandsetzung und Modernisierung, auch Abriss und Neubau von Gebäuden durchzuführen.

Die Kontinuität städtebaulichen Handelns liegt in der Wiederaufnahme und Fortführung der Konzeption des Stadterweiterungsplans von 1859. Sein nordöstlicher Teil war nur in Bruchstücken realisiert worden. Noch auf Stadtkarten um 1950 sind viele Straßenabschnitte beziehungsweise Blöcke gestrichelt eingetragen. Das heißt einerseits, dass sie nicht verwirklicht waren, andererseits, dass die Erinnerung an den Plan Bestand hatte. Im Zuge seiner gedanklichen und praktischen Reaktivierung seit den 1970er-Jahren (Generalplan von 1976, besondere Bauordnung von 1983) wurden und werden Straßen weitergeführt und in ihrer vollen Länge ausgebaut und bepflanzt, so die den Gesamtplan beherrschende Avenida Diagonal. Die Blockflächen *(manzanas)* werden in ihrer vorgegebenen Abmessung und mit den typischen abgeschnittenen Ecken baulich ergänzt oder erstmalig bebaut. Dies geschah und geschieht überwiegend nach dem alten Schema der Blockrandbebauung unter Einhaltung der klassischen Traufhöhe und im Sinne der ursprünglichen Bauordnung des 19. Jahrhunderts. Teilweise finden aber auch Variationen statt: Straßenabschnitte werden verbreitert, Plätze eingefügt, offenere und in der Höhe unterschiedliche Bebauungstypen realisiert. Fast immer ist die deutliche Unterscheidung zwischen Blockinnenraum und öffentlichem Straßenraum eingehalten. Die klassische Blockgröße von 113 × 113 Metern (Achsmaß 133 m) erweist sich nach wie vor für eine dichte städtische Bebauung als geeignet. Das Regelprofil der Straßenräume mit 20 Metern Breite und zwei Baumreihen und die Abkantung der Blöcke an den Kreuzungen mit ebenfalls 20 Metern erfüllen die vielfältigen technischen und ästhetischen

Ansprüche von heute. Die scheinbare Monotonie des alten Plans entpuppt sich in seiner neuen Interpretation wiederum als Grundlage für die Vielfalt.

Der Stadterweiterungsplan von 1859 (siehe die Coverabbildung, Fassung von 1863) ist wie alle geistigen und künstlerischen Produkte zeitbedingt. Zugleich erweist er sich aber, wie das Erneuerungsbeispiel zeigt, als zukunftsfähig. Joan Busquets spricht von „einem permanenten Plan von Barcelona" (Busquets 1992, S. 385 ff.). Ebenso zukunftsfähig ist die *Teoría general de la urbanización*, die der Verfasser des Plans im Jahre 1867 veröffentlicht hat (siehe auch Abschnitt A 4). Das theoretische Werk von Cerdá beruht auf seinen planungspraktischen Erfahrungen als einer soliden empirischen Grundlage. Der zeitliche und räumliche Weitblick in seinem Erweiterungsplan wird durch seine Theorie, indem er sich von der reinen Pragmatik löst, noch übertroffen. Er sieht, dass es auch im Industriezeitalter um die Stadt selbst als örtliche (soziale und baulich-räumliche) Organisation gehen muss. Er sieht zugleich, dass die vormals gegebene große Autonomie der Stadt aufgegeben werden und der Einordnung in ihre regionale Umgebung und in weltumspannende ökonomische Beziehungen und technische Verbindungen weichen musste. ‚Lokal Handeln' ist für ihn kein Widerspruch, sondern ein notwendiges Korrelat zum ‚global Denken'. Es geht ihm, auch in einem übertragenen Sinne, gleichermaßen um die Orte wie um das Netz. Die neuere Entwicklung in Barcelona scheint seine Sichtweise zu bestätigen.

6 Zur künftigen Form von Stadt

Form

Mit *Form* von Stadt bezeichne ich im Zusammenhang dieser Arbeit erstens die Summe der Merkmale und entsprechenden Erklärungsmuster zur jeweils vorhandenen Stadt und zweitens die Summe aus den querschnittsbezogenen Zielvorstellungen (Grundsicherung, Nutzbarkeit, Verständlichkeit und Nachhaltigkeit) für die zu planende Stadt – wobei Summe nicht als Addition, sondern als Gesamtergebnis verstanden wird, das entsprechend qualifiziert sein muss. Form ist Ausdruck von Qualität. Im Zusammenhang mit Städtebau ist Qualität daran zu messen, in welchem Grad die baulich-räumliche Organisation von Stadt und Siedlung räumliche Synergien hervorbringt oder nicht hervorbringt, den gesetzten Zielvorstellungen und den dabei verwendeten Bewertungskriterien entspricht oder nicht entspricht. Daran entscheidet sich, ob es sich jeweils um ‚Stadt' oder ‚Nicht-Stadt', um Örtlichkeit oder Ortlosigkeit handelt, auch wenn die Übergänge nicht immer eindeutig sind (siehe Abschnitt C 2, Übersicht 12).

Form von Stadt und Siedlung als qualifiziertes Gesamtergebnis betrifft das Verhältnis der Zielvorstellungen zueinander, ihr Zusammenwirken, ihre Vereinbarkeit oder auch Widersprüchlichkeit. Alle vier Oberziele sollen *gleichermaßen* berücksichtigt werden (Abschnitt C 2). Form ist nicht auf die baulich-räumliche Dimension beschränkt, sondern ebenso Ausdruck der sozialen, ökonomischen und ökologischen Dimensionen von Stadt. Sie muss sozialen und ökonomischen Bedürfnissen, das heißt den Nutzungsanforderungen entsprechen (Nutzbarkeit) und sie soll den Bedingungen von Ressourcenschonung und Naturhaushalt gerecht werden (Nachhaltigkeit). Dem steht nicht entgegen, dass mit Form besonders die visuelle und körperliche Wahrnehmung von Stadt (Verständlichkeit) verbunden ist und dabei die baulich-räumliche Dimension eine besondere Rolle spielt. Dies ist gemeint, wenn Kevin Lynch sein umfassendes Buch über Städtebau *A Theory of Good City Form* (Lynch 1981) und Amos Rapoport eines seiner Bücher *Human Aspects of Urban Form* nennt (Rapoport 1977).

Die Form einer Stadt ist nicht statisch zu denken, sie schließt, von Idealstadtentwürfen vielleicht abgesehen, die Möglichkeit der Veränderung, Erweiterung und Schrumpfung mit ein. Sie hat insoweit dynamischen Charakter. In klassischer Weise hat Melvin M. Webber zur Frage der Form Stellung genommen: „Die baulich-räumlich *(physically)* gut geplante Stadt *(metropolis)* weist eine räumliche Anordnung von Wegeverbindungen *(channels)* und angepassten Räumen auf, die die Bewegung und Behausung *(interactions and locations)* der einzelnen Nutzer erleichtert. Wenn sie auf die (sozialen) Verbindungsnetze und Handlungssysteme Bezug nimmt, entspricht die gut geplante baulich-räumliche Anlage dem gesamten ökonomisch-kulturell-politischen System und sollte so anpassungsfähig an Veränderung sein, wie die Veränderungen im sozialen System es erfordern. Eine baulich-räumliche Form, die sich den prozesshaften Seiten des sozialen Systems, das sie beherbergt, gut anpasst, hat wahrscheinlich mit Schönheit *(beauty)* zu tun; denn Schönheit ist der Qualität eines sorgfältig konzipierten Systems eingeschrieben *(inherent)*" (Webber 1964, S. 101).

Die Ausprägung von Form – soweit mit der baulich-räumlichen Organisation von Stadt verbunden – sehe ich dann als *vorhanden* an, wenn die Stadt auf allen ihren Maßstabsebenen von ihren Bewohnern und Besuchern sinnlich wahrgenommen und verstanden werden kann (Verständlichkeit). Das reicht von Haus und Hof, Straße und Platz, über Quartier und Stadtteil bis zur Gesamtstadt und der weiträumigen Anordnung von Siedlungseinheiten in einer Region (Stadt im weiteren Sinne), in ihrer einsehbaren räumlichen Verteilung und ihrem erkennbaren räumlichen Zusammenhang. Gleiches gilt für die Freiräume als Garten und Park, Sportanlage und Friedhof, Feld und Wald. Bei der Wahrnehmung spielen unterschiedliche Perspektiven (nach Altersgruppen, Fortbewegungsarten usw.) eine Rolle. Siedlung und Landschaft als visuell Wahrgenommenes bleiben leer, wenn sie nicht körperlich erfahren und ihre Elemente nicht einem Zweck, einem praktischen Gebrauch oder einer symbolischen Bedeutung zugeordnet werden können. Dazu gehört, dass die Verteilung von Standorten in einem Gebiet nicht wahllos und zufällig erscheint, dass Gebäude, Außenräume, Quartiere sowie Siedlung und Landschaft insgesamt verraten, wer sie nutzt, was in ihnen geschieht und welche Potenziale sie bieten.

Form sehe ich als *nicht vorhanden* an, wenn und soweit die Wahrnehmung von Stadt eingeschränkt, behindert oder überhaupt unmöglich geworden ist, wie im ,Niemandsland'.

Dies wird im allgemeinen Sprachgebrauch mit „Verödung", „Zersiedelung" oder auch „Wüste" bezeichnet. Die heute in den wirtschaftlich entwickelten Ländern vorhandene Siedlungsstruktur ist im Bereich der großen Agglomerationen häufig durch Addition und Dispersion gekennzeichnet. Die vorindustriellen Begriffe von Stadt und Dorf sind hier an vielen Stellen nicht mehr nachvollziehbar. Die Kernstädte als Ausgangspunkte der Siedlungsentwicklung des Industriezeitalters sind im Inneren oft durch großmaßstäblichen Umbau entstellt. Dies betrifft auch die Erweiterungsgebiete der Kaiserzeit. Die großen Wohngebiete des 20. Jahrhunderts, als Geschosswohnungsbau wie als Einzelhausgebiete errichtet, tragen das Ihre zu dem Eindruck von Addition und Dispersion bei. In den ehemaligen Dörfern und Kleinstädten im engeren Umland ist die ursprüngliche, überwiegend landwirtschaftlich bestimmte Nutzung und Bedeutung anderen Nutzungen gewichen. Ihre baulich-räumliche Form ist oft nicht mehr zu erkennen, allenfalls als Hülse der Erinnerung erhalten geblieben. Neue Standorte sind in Zwischenzonen, außerhalb der herkömmlichen Siedlungsstruktur, meist in Orientierung am übergeordneten Straßennetz entstanden: Gewerbegebiete, Frachthöfe, Flughäfen, Einkaufs- und Vergnügungszentren, auch Wohngebiete. In besonders verdichteten Landstrichen geht die eine städtische Agglomeration fast unmerklich in die nächste über. Das ist schon früh beschrieben worden (z.B. Hall 1966). Solche Zwischenzonen, die „Zwischenstadt" (Sieverts 1998), sind zwar technisch und logistisch erschlossen, ihr räumlicher Zusammenhang aber ist darüber hinaus kaum noch wahrnehmbar, sie haben in diesem Sinne keine Form. Die Nutzbarkeit ist in begrenztem Umfang gewährleistet, nicht aber die Verständlichkeit. „Die neueren Baumassen ... tragen weder zu einer dauerhaften Orientierung bei, noch verankern sie sich als bedeutungsvolle Zeichen im Gedächtnis. Das ... Land wird, überspitzt ausgedrückt, als Sammelplatz von Nicht-Orten genutzt" (Baccini/Oswald 1998, S. 16).

Wenn Einvernehmen darüber besteht, dass das Vorhandensein von Stadt oder städtischen Siedlungseinheiten *Form* in ihrer baulich-räumlichen Dimension voraussetzt, kommt es auf die Bestimmung der Bedingungen an, unter denen Stadt-Form entstehen und überdauern kann. Diese sind für die einzelnen Maßstabsebenen verschieden. Auf der Ebene der Inselfläche oder des Blocks sind die Gebäudetypologie und die Art der Zueinanderordnung der Gebäude und Anlagen zu Außenräumen von entscheidender Bedeutung. Auf der Ebene des Stadtteils oder Quartiers sind unter anderem eine bestimmte Größenordnung, ein bestimmtes Maß an funktionaler Eigenständigkeit, eine genügend hohe Dichte an Einwohnern und Arbeitsplätzen und ein Netz öffentlichen Raums erforderlich. Auf der Ebene der Gesamtstadt oder Region ist es wichtig, dass die einzelnen Siedlungsteile als solche erkennbar und einsehbar miteinander verbunden sind, ein Siedlungsmuster bilden (siehe auch Abschnitt B 5). Es muss sichtbar und erfahrbar sein, wie sich die auf der jeweils unteren Maßstabsebene wahrgenommenen Einheiten zu der jeweils oberen Maßstabsebene zusammenfügen und wie die jeweils obere Maßstabsebene untergliedert ist.

Dies erfordert nicht unbedingt feste Abgrenzungen, aber dennoch die Möglichkeit klarer Unterscheidung, zum Beispiel des Charakters unterschiedlicher Stadtteile und Quartiere im räumlichen Kontinuum eines Stadtgebiets oder einer Region. Wesentlich sind die vollständige Abfolge der verschiedenen Maßstabsebenen und die Übergänge zwischen ihnen. Form auf der oberen Ebene kann Form auf der unteren Ebene nicht ersetzen. Auch die Regionalstadt mit vielen Millionen Einwohnern braucht eine einsehbare Gliederung, braucht Stadtteil und Quartier, wenn auch in einer Weise, die nicht unbedingt der Vergangenheit gleicht (vgl. Kunzmann 1997). Der Mensch bedarf aufgrund seiner physisch gegebenen Größe einer anschaulichen Vermittlung zwischen seiner greifbaren engeren Umgebung und seinen weiteren Bewegungsräumen. Ist die Vermittlung nicht in der Form der Stadt beziehungsweise des Siedlungssystems angelegt, herrscht der Eindruck von Addition und Dispersion, von Desorientierung, Eintönigkeit und Langeweile vor; und dies hat erhebliche negative Folgen für die Nutzbarkeit und auch für die Nachhaltigkeit von Stadt.

Stichwort „Auflösung der Stadt"

   Die Entwicklung von Stadt und Siedlung in ihrer baulich-räumlichen Organisation zeigt – insbesondere in der zweiten Hälfte des 20. Jahrhunderts – außergewöhnliche Veränderungen. Sie können es nahe legen, von *Auflösung der Stadt* zu sprechen. Erscheinungsformen sind einschneidender Stadtumbau ebenso wie Suburbanisierung und Zersiedelung. Maßgebliche Gründe liegen in den wirtschaftlich entwickelten Ländern in der außergewöhnlichen Steigerung des Wohlstands großer Teile der Bevölkerung und im Wegfallen von Standortrestriktionen durch die Einführung des privaten Automobils als Massenverkehrsmittel. Hinzu kommen die Kalküle der privaten Haushalte und Gewerbebetriebe zu Gunsten peripher gelegener Gebiete aufgrund niedriger Bodenpreise, geringer Transportkosten und guter externer Erreichbarkeit. Wunschvorstellungen im Sinne des ‚Zurück-zur-Natur‘ gründen häufig auf nachteiligen Rahmenbedingungen in der inneren Stadt, werden indessen auch zur Illusion, je mehr sie sich als massenhafte Bewegung schrittweise selbst wieder aufheben. Allerdings ist jenseits der Kalküle und Illusionen das Symbol des eigenen Hauses im Garten und die (fast zwangsläufig damit verbundene) ständige Benutzung des eigenen Autos eine nicht zu unterschätzende Kraft der Zersiedelung.
   Von zahlreichen Autoren werden Zielvorstellungen abgeleitet, welche die Konsequenzen aus der *Auflösung der Stadt* zu ziehen suchen. Als Trends, die der dispersen Siedlungsentwicklung zugrunde liegen, werden Delokalisierung, Virtualisierung, Mobilität und der (veränderte) Umgang mit Zeit festgestellt. Einzeloptimierung, Suburbanisierung und die Isolierung städtischer Funktionen bestimmten die Entwicklung (Hatzfeld/Roters 1998). Die neue Siedlungsstruktur besteht danach aus „miteinander koordinierenden Zonen" wie internationalen Finanz- und Dienstleistungszentren, Franchising-Unternehmen, Discount Shopping Centers, Edge Cities, Technopolen, interregionalen Distributionszentren, Airport Cities: einer Kollage von Fragmenten, welche die wirkliche „Patchwork Metropolis" bildet.
   Die Fragmente gehörten zu einer komplexen, nicht-physischen Ordnung, die aus ei-

nem wechselnden Gleichgewicht politischer, ökonomischer, historischer und kultureller Kräfte erwächst. Aus diesen Fragmenten bildeten die Einwohner des (Flicken-)Teppichs ihre eigene persönliche Stadt (Neutelings 1997, nach Englert 2000). Klaus Englert stellt unter Bezugnahme auf Manuel Castells fest, dass „die flexiblen Steuerungsmechanismen heute auf die Infrastrukturen zielen, deren Systeme vornehmlich nach Geschwindigkeit und Kontinuität ausgerichtet sind, während sich die Gebäude der Netzwerk-Stadt ... mehr und mehr nach Autobahnen, Schnellstraßen und riesigen Satellitenschüsseln richten. ... Die Rolle der territorialen Nachbarschaft wird minimiert und die Kommunikationsnetzwerke in allen ihren Dimensionen werden maximiert" (Englert 2000, S. 234). „In diesen *Network Cities* gibt es keine fixen räumlichen Determinanten mehr, dagegen eine Vorherrschaft von Konnexionen und Flüssen: Die räumliche Artikulation dominierender Funktionen findet ... innerhalb von Interaktionsnetzwerken statt, die erst die Informationstechnologien ermöglicht haben. ... Die Technologie-Infrastruktur hinter dem Netzwerk definiert den neuen Raum" (S. 236).

Castells spricht von der Aufspaltung zwischen der symbolischen Bedeutung, der räumlichen Verankerung von Funktionen und der sozialen Aneignung von Raum (Castells 1999, S. 58 f.) und davon, dass kein Ort aus sich selbst existiert, da alle Positionen durch Ströme definiert werden (S. 65). Aber er vermerkt auch die andere Seite der Entwicklung: „... neben den wichtigsten globalen Städten verfügen auch andere kontinent-weite, nationale bzw. regionale Ökonomien über ihre eigenen Knotenpunkte, die sie mit dem globalen Netzwerk verbinden. Jeder dieser Knotenpunkte erfordert eine adäquate technische Infrastruktur, ein System von für die Versorgung zuständigen Subfirmen, einen spezialisierten Arbeitsmarkt und ein den Ansprüchen des hochqualifizierten Personals genügendes Dienstleistungssystem" (S. 67). „Der Raum der Ströme durchdringt nicht sämtliche Ebenen der menschlichen Erfahrung in der Netzwerk-Gesellschaft. Sowohl in fortschrittlichen als auch in traditionellen Gesellschaften lebt die überwiegende Mehrheit der Menschen an Orten, und sie nehmen daher ihren Raum als ortsgebunden wahr. Ein Ort ist eine Lokalität, die in Form, Funktion und Bedeutung innerhalb der Grenzen physischer Nähe unabhängig ist" (S. 75).

Unter denen, die sich mit der *Auflösung der Stadt* beschäftigen, gibt es warnende Stimmen, solche, die darauf hinwirken, die drastischen Veränderungen zur Kenntnis zu nehmen und mit ihnen gestaltend umzugehen (z.B. Sieverts 1998), aber auch solche, die diese Entwicklung als unaufhaltsam ansehen, zum Teil resignierend, zum Teil fasziniert von dieser ‚schönen neuen Welt‘ (siehe oben). Ein Nachdenken über die Entwicklung der *human settlements*, der Siedlungsstruktur, der baulich-räumlichen Organisation, das auf die Koordination und Steuerung der Bautätigkeit gerichtet ist, kann indessen nicht bei Resignation und genauso wenig bei einer Verherrlichung der Vorteile der *Auflösung der Stadt* stehen bleiben. Ein solches Nachdenken und entsprechendes Handeln hat gleichermaßen die Nachteile einer solchen Entwicklung zu berücksichtigen und zu sehen, was verloren geht, wenn eine mehrere tausend Jahre alte Organisationsform, die der (noch) vorhandenen Stadt, aufgegeben wird. Es kann sich dabei nicht um eine Ästhetisierung volkswirtschaftlich und ökologisch unzweckmäßiger baulich-räumlicher Strukturen handeln, sondern es muss um die zielgerichtete Veränderung dieser Strukturen gehen. Dies hat eine ebenso existenzielle Bedeutung wie die des Umgangs mit den natürlichen Ressourcen und dem Naturhaushalt und ist im Übrigen unlösbar damit verbunden. Den Dingen ihren Lauf zu lassen würde heißen, dem Entstehen und Überdauern sozialer und kultureller Synergien, die auf bestimmte baulich-räumliche Voraussetzungen angewiesen sind, die Grundlage zu entziehen. Addition und Dispersion, räumliche Dysergie, sind das Gegenbild von räumlichem Gefüge und Kohärenz, von räumlicher Synergie (siehe Abschnitt B 3, C 2).

Stichwort „kompakte Stadt"

Die Bezeichnung „kompakte Stadt" ist der Versuch einer Antwort auf die säkularen Veränderungen der Stadt- und Siedlungsstruktur im 20. Jahrhundert, insbesondere in der zweiten Jahrhunderthälfte. Sie wird von zahlreichen Autoren als irreal, als den Trends der Veränderung, der tatsächlichen Siedlungsentwicklung entgegenstehend angesehen (siehe oben). Einige sehen den Ansatz auch als historisch rückwärts gewandt und nostalgischen Motiven verhaftet. Mit dem Stichwort „kompakte Stadt" wird ein Gegenbild zur *Auflösung der Stadt* entworfen. Es wird, etwas ungenau, auch von der „europäischen Stadt" als Gegenbild zur „amerikanischen Stadt" gesprochen. Stichworte der darüber in vollem Gang befindlichen Diskussion sind: Landverbrauch, Energieverbrauch, Stoffkreislauf; Siedlungsdichte, Funktionsmischung, Nutzungsvielfalt, öffentlicher Raum; Konzentration, Dezentralität, stadtverträgliche Mobilität; kulturelle Eigenständigkeit, soziale Integration, kreative Milieus (Tharun/Bördlein 2000, Apel u.a. 1997). Diese Stichworte stellen die zu planende Stadt nicht nur als *kompakt*, sondern auch als in sich *differenziert* dar. Zur kompakten Stadt gibt es ortsbezogene Programme und sehr konkrete Ausarbeitungen, zum Beispiel die Strategie *compacte stad* der Stadt Amsterdam von 1985 (Gemeente Amsterdam 1985) oder die Strategie *kompakt, urban, grün* der Stadt München von 1995 (Planungsgruppe 504/Haase & Söhmisch 1995). Siehe im Übrigen hierzu Abschnitt C 2.

Die *kompakte Stadt* ist keineswegs nur die herkömmliche, historisch entwickelte Stadt. Ihre Entsprechung im regionalen Maßstab betrifft das räumliche Verhältnis der unterschiedlichen Siedlungseinheiten zueinander und zur Landschaft, etwa formuliert im Konzept der *dezentralen Konzentration* (Informationen zur Raumentwicklung 1994, Gemeinsames Landesentwicklungsprogramm 1998). Die Merkmale der kompakten Stadt können in zentral oder dezentral organisierten Agglomerationen, in großen, mittleren oder kleineren Siedlungseinheiten erfüllt sein. Die Siedlungseinheiten können auch in der Region verteilt liegen und durch ein intelligentes Verkehrssystem miteinander verbunden sein. Entscheidend ist, dass ihre Größenordnung sowie Bevölkerungs- und Bebauungsdichte ein bestimmtes Maß nicht unterschreiten (siehe weiter unten). Für die kompakte Stadt sprechen ökonomische und ökologische, je nach Einstellung und Befindlichkeit auch soziale Argumente.

Ökonomische Argumente: Sie betreffen insbesondere die Rationalität öffentlicher Haushalte, die Verteilung der Entgelte für Infrastrukturleistungen auf die privaten Haushalte und Unternehmen, aber auch die Kosten privater Bautätigkeit und Nutzung. Bau und Betrieb relativ kompakter Verkehrs- und Leitungsnetze sind deutlich billiger als weit verzweigte Netze. Dies bewirkt an den dispersen Standorten zusätzliche Aufwendungen durch die öffentliche Hand oder die privaten Versorgungsunternehmen. Es kommt hinzu, dass die bestehenden, überwiegend konzentriert angelegten Infrastruktureinrichtungen mit ihren sehr langen Nutzungszyklen im Zuge fortschreitender Dispersion untergenutzt sind, zum Teil brach liegen, aber dennoch unterhalten werden müssen. „Aus volkswirtschaftlicher Sicht wäre es nahezu grotesk, die enormen öffentlichen und privaten Investitionen, die im Hinblick auf eine geordnete Innenstadtentwicklung getätigt worden sind, durch räumlich mehr oder weniger zufällige Investitionsstandorte zu entwerten. Nach wie vor ist der Grundansatz einer plangeleiteten Koordination öffentlicher und privater Investitionen in einem besonderen Teil der Stadt ökonomisch plausibel" (Hatzfeld 2000, S. 13).

An den randstädtischen und peripheren Standorten mit geringer Bevölkerungs- und Bebauungsdichte sind sowohl die Investitionen in Gebäude und Infrastrukturanlagen als auch die laufende Inanspruchnahme von Verkehrsflächen, Energie, Wasser usw. direkt oder indirekt hochgradig subventioniert. Die dortigen privaten Haushalte und Unternehmen bezahlen nicht die zusätzlichen Infrastrukturkosten für Wege und Leitungen. Und die Ersteren kommen außerdem bislang (in Deutschland) bevorzugt in den Genuss steuerlicher Vergünstigungen für den Weg von der Wohnung zur Arbeitsstätte (‚Entfernungspauschale'). Die zusätzlichen Infrastrukturkosten werden tatsächlich von den Bewohnern der dicht bebauten innerstädtischen Gebiete mit getragen, die selbst geringere Kosten verursachen. Die Subventionierung der dispersen Standorte nach den bislang geltenden Regeln fördert zudem den Prozess weiterer Zersiedelung. Wenn jeder die Standort-, Erschließungs- und Unterhaltungskosten bezahlen müsste, die er verursacht, würde die Siedlungsentwicklung völlig anders verlaufen.

Ökologische Argumente: Es ist erkannt worden, dass die einzelnen Länder, Regionen und Städte nicht nur die Probleme der Energie- und Stoffströme und des Naturhaushalts in ihrem eigenen Gebiet zum Bestandteil ihrer Entwicklungspolitik machen müssen, sondern auch ihren Beitrag zur Sicherung beziehungsweise Wiederherstellung des globalen natürlichen Gleichgewichts zu leisten haben, und zwar dadurch, dass sie jeweils zu einem möglichst geringen Teil Ressourcen von außerhalb in Anspruch nehmen und möglichst keine Abfälle und Schadstoffemissionen exportieren.

In diesem Zusammenhang haben die Mindestgröße einer Siedlungseinheit, ihre Bevölkerungs- und Bebauungsdichte, die geeignete räumliche Mischung von Nutzungsarten, die Art der Bebauung und die Anlage und Wirkungsweise der technischen Infrastruktur erhebliche Bedeutung. Je stärker die Dispersion von Siedlungsteilen und je geringer die Bevölkerungs- und Bebauungsdichte, umso höher ist der Energieaufwand für Raumheizung und Verkehr, umso mehr Land wird anteilig durch Gebäude und Fahrstraßen ‚versiegelt'. Dazu liegen genaue Untersuchungen vor. Zum Beispiel lag Ende der 1990er-Jahre in einer randstädtischen Reihenhaussiedlung (Berlin-Spandau) der Energieverbrauch je Person mehr als doppelt so hoch wie in einem dicht bebauten innerstädtischen Gebiet (Berlin-Moabit), und zwar bei vergleichbaren sozialstrukturellen und gebäudetechnischen Voraussetzungen. Die innerstädtischen Haushalte kamen auf insgesamt nur 64% des Energieverbrauchs der randstädtischen Haushalte, im Verkehrsbereich sogar nur auf 37%. Die Auswertung der Studie zeigt, dass die Nutzungsstruktur und Nutzungsmischung, die Bebauungsdichte und das Nutzerverhalten die maßgeblichen Determinanten des Energieverbrauchs sind, wobei das Nutzerverhalten wiederum in erheblichem Maße durch den Standort und die Siedlungsstruktur bestimmt ist (Verkehrsmittelwahl) (Lehmann 1999).

Soziale Argumente: Die disperse Siedlungsentwicklung führt nicht nur zu volkswirtschaftlichen Verlusten und zu ungerechter Lastenverteilung, sondern auch zum Brachliegen sozialer und kultureller Ressourcen, die auf den Potenzialen von räumlicher Nähe, visueller und körperlicher Wahrnehmung, der Vielfalt von Nutzungsangeboten und dem Austausch aufbauen, welche die *kompakte Stadt* anbietet. Dies berührt allerdings unterschiedliche Wunschvorstellungen und Interessen. Mag auf der einen Seite der viel zitierte Wunsch nach dem eigenen Haus im Garten in den Augen einer Minderheit, darunter vieler Stadt- und Raumplaner, als Klischee gelten, so ist er für eine Mehrheit Ausdruck von Selbstverwirklichung, Unabhängigkeit, familiengerechtem Wohnen, Nähe zur Natur. Allerdings werden die Nachteile dabei leicht übersehen und stellen sich jeweils erst nach einiger Zeit heraus: lange Wege zu kommerziellen, sozialen und kulturellen Einrichtungen, die geringe Vielfalt der Angebote, der mangelnde Zugang und eine schlechte Anbindung an öffentliche Verkehrsmittel usw. Soziale Nachteile liegen in der latenten Unselbständigkeit von Kindern, Jugendlichen und älteren Personen, dem Mangel an ungeplanten Kontakten, der deutlich geringeren Chance zufälliger Begegnungen, in Dysergien unterschiedlichster Art.

Die viel beklagte Langeweile oder ,Verödung' von Siedlungsteilen ist unter anderem durch Nutzungstrennung, geringe Bevölkerungs- und Bebauungsdichte und die fehlende Artikulation öffentlicher Räume verursacht. Jan Gehl hat sich in seinem Buch *Life Between Buildings* sehr differenziert mit den baulich-räumlichen Voraussetzungen sozialer Synergien beschäftigt. Er untersucht darin die Bedingungen, unter denen sich „Leben zwischen den Gebäuden" im öffentlichen Raum entfaltet. Aus den ,notwendigen' Aktivitäten (etwa Gang zur Haltestelle) und den ,wahlfreien' Aktivitäten (etwa Spazieren-Gehen) können ,soziale' Aktivitäten (beginnend mit Sehen und Gesehen werden) entstehen, wenn bestimmte Bedingungen im öffentlichen Raum gegeben sind (Gehl 1996, S. 11 ff.). Das betrifft vorstädtische Wohngebiete ebenso wie Innenstadtgebiete (siehe auch Abschnitt B 3).

Die Reihe der Argumente für die *kompakte Stadt* könnte ohne weiteres verlängert werden. Allerdings stehen ihnen erhebliche gesellschaftliche und politische Widerstände entgegen. Gewinninteressen bei der weiteren Ausbeutung nicht regenerierbarer Ressourcen, das Denken in kurzfristigen Zyklen, einseitiges Vertrauen auf individuelle und institutionelle Einzelentscheidungen, die Unkenntnis über längerfristig wirkende Zusammenhänge, Angst vor dem Verlust erreichten (oder noch zu erreichenden) individuellen Wohlstands, eine mangelnde Bereitschaft und Fantasie zur Veränderung von Arbeits- und Lebensweisen, um nur einige zu nennen, lassen an der gewohnten Siedlungsentwicklung (der vergangenen 50 Jahre) festhalten und dem Trend zu Addition und Dispersion ihren Lauf. Man muss diese Entwicklung sehr genau studieren, weil nur an ihren Gründen und Ursachen Ansätze zu einer Umsteuerung wirklich Erfolg haben können.

Eine normative Theorie des Städtebaus kann sich jedoch nicht damit begnügen, eine solche Stadt- und Siedlungsentwicklung einfach hinzunehmen und nachzuzeichnen. Es kann gezeigt werden, dass diese weder ökonomisch noch ökologisch oder sozial den Bestand unserer Zivilisation sichern kann, vielmehr ihn erheblich in Frage stellt. Ich glaube, dass es sich lohnt, die in einer kompakten und differenzierten baulich-räumlichen Organisation eingeschlossenen Ressourcen und Synergien zu erhalten, zu pflegen und weiter zu entwickeln und die von additiver und disperser Entwicklung bestimmten Teile der Siedlungsstruktur gründlich zu reorganisieren. Dazu ist im Städtebau eine Stärkung des fachlichen und allgemeinen öffentlichen Bewusstseins für die Notwendigkeit strengerer Rahmensetzung und zugleich eines größeren Spielraums für die Rahmenausfüllung erforderlich (siehe Abschnitt D 0). Die Rahmensetzung als Bau-leitendes Medium muss sich auf den städtischen *Raum*, besonders den öffentlichen Raum, und auf den Landschaftsraum beziehen. Sonst wird man die Stadt vor lauter Häusern und den Wald vor lauter Bäumen nicht mehr sehen können. Dies verlangt zugleich den Mut zur Formulierung klarer Zielvorstellungen zu ihrer Verteidigung auch *gegen* den Trend. Die Stadt- und Raumplaner sollten sich nicht an der „atemberaubenden Tatenlosigkeit der Verantwortlichen" (Schmals 2000, S. 32) beteiligen, vielmehr mit genügend Selbstbewusstsein diejenigen intellektuellen, administrativen und politischen Mittel einsetzen, die zur Verfügung stehen.

Komponenten und Bezugspunkte künftiger baulich-räumlicher Organisation

Die künftige Form von Stadt sei, im Sinne der hier vertretenen Auffassung, durch eine kompakte, relativ konzentrierte Anordnung von Gebäuden und Außenräumen, durch eine neue Inwertsetzung des öffentlichen Raums, durch innere Differenzierung nach Stadtteilen und Quartieren und, im regionalen Maßstab, durch ein einsehbares Verhältnis der Siedlungseinheiten zueinander und zur freien Landschaft bestimmt. Eine solche Konzeption für die baulich-räumliche Organisation von Stadt soll so formuliert sein, dass sie auf die heute bestehende Siedlungsstruktur angewendet und für deren weitere Entwicklung maßgebend werden kann. Dazu müssen die Eigenschaften der vorhandenen Stadt mit denen der zu planenden Stadt in Verbindung gebracht werden. Die Komponenten und Bezugspunkte baulich-räumlicher Organisation, die der Beschreibung der heute beobachtbaren und fassbaren Erscheinungsform von Stadt und Siedlung zugrunde gelegt sind (siehe Teil B), müssen dabei ihre Eignung und ihren Nutzen für die Bestimmung der künftigen Form von Stadt erweisen. Dies soll im Folgenden zusammenfassend aufgezeigt werden.

Bodeneinteilung (Abschnitt B 1). Nach dem in der westlichen Welt heute überwiegend auf römischem Recht beruhenden Eigentumsbegriff hat der Eigentümer grundsätzlich die Verfügungsgewalt über die Bebauung und Nutzung eines Grundstücks, allerdings eingeschränkt zu Gunsten der Allgemeinheit durch die Bestimmungen des Bau-, Planungs- und Umweltrechts. Je kleinteiliger nun die Einteilung des Bodens ist, umso mehr Verfügungsberechtigte kann es in einem Gebiet geben, was in der Regel zu einer entsprechenden Vielfalt der Bautätigkeit und Nutzung und auch zu einem entsprechend differenzierten Potenzial für Veränderungen, für die Steuerung der Bautätigkeit führt. Zudem sind die Möglichkeiten der Nutzungs*mischung* umso größer, je kleinteiliger die Bodeneinteilung ist. So wie in der Regel kleine Betriebe oder Institutionen eher anpassungsfähig und innovativ sind als große, ist eine Stadt mit vielen kleineren Grundstücken, wie die Erfahrung zeigt, in ihrer Entwicklung beweglicher als eine mit wenigen großen, und die interessantesten und beliebtesten Quartiere sind so gut wie immer kleinteilig organisiert.

Dem steht das Interesse großer Institutionen, Unternehmen und Investoren gegenüber, größere Areale zum Gegenstand ihrer Verwaltungs- oder Geschäftstätigkeit zu machen und sie auch dann zu besitzen, wenn dies nicht durch technologische Voraussetzungen der Produktion bedingt ist. Ein signifikantes Beispiel sind die Areale der Siedlungen des sozialen beziehungsweise staatlichen Wohnungsbaus, die überwiegend im Besitz weniger großer Gesellschaften sind. Die Motive sind nicht nur Ausfluss einer bestimmten betriebswirtschaftlichen Denkweise, sie haben ebenso mit Machtansprüchen zu tun. Zu große Grundstücke in bestimmten Lagen schaden aber der Kontinuität des öffentlichen Raums, sie produzieren bauliche Barrieren, verhindern tendenziell Nutzungsmischung, mindern also das Potenzial räumlicher und dementsprechend sozialer und wirtschaftlicher Synergien. Daraus lässt sich umgekehrt ableiten, dass eine Politik der sorgfältigen Parzellierung im Zuge von Stadterweiterung und der Wiederparzellierung großer Grundstücke im Zuge von Stadterneuerung und Stadtumbau angesagt ist. Dies ist nicht nur für die vermehrte Schaffung von kleinteiligem Bodeneigentum von Bedeutung, sondern auch für die flexible Disposition größerer Eigentümer über ihre Grundstücke.

Bebauung, Erschließung, Bepflanzung (Abschnitt B 2). Das jeweilige System der Bebauung, Erschließung und Bepflanzung in einem Gebiet (Bebauungstyp, Erschließungstyp) bestimmt die Anordnung der Gebäude und ihre Beziehung und Verbindung zueinander. Die Konzipierung dieses Systems und seine Ausgestaltung im Einzelnen kann als Kernaufgabe des Städtebaus bezeichnet werden. Die weiter oben aufgeführten Argumente für eine *kompakte Stadt* haben deshalb hier besonderes Gewicht. Die Größe und Höhe der Gebäude, das Verhältnis ihrer Geschossfläche zur Grundstücksfläche (Bebauungsdichte), ihre Typologie, die Art ihrer Zueinanderordnung befördern räumliche Synergien oder stehen ihnen entgegen. Die Art der Erschließung eines Gebiets durch Straßen und Wege und seine Bepflanzung unterstützen oder aber behindern Verbindung, Austausch und soziale Aktivitäten, nicht zuletzt auch die öffentliche Sicherheit.

Die künftige baulich-räumliche Organisation von Stadt verlangt im Ganzen und in ihren Teilen eine Mindestbevölkerungs- und Bebauungsdichte, die eine kostengünstige und energetisch sparsame Erschließung sowie eine gute Erreichbarkeit und Qualität der Ausstattung mit Versorgungseinrichtungen ermöglicht. Aus der Bebauungsdichte folgt eine bestimmte Gebäudetypologie, die etwa das Aneinander-Bauen begünstigt und jedenfalls das herkömmliche freistehende Einfamilienhaus ebenso wie das freistehende Wohn- oder Büro-Hochhaus eher als Ausnahme vorsieht. Dieses trägt zwar unter bestimmten Bedingungen zur Bebauungsdichte bei, hat aber einen weit überdurchschnittlichen Energieverbrauch und nicht selten eine negative klimatische Wirkung auf seine Umgebung. Hinzu kommt seine Eigenschaft als ‚vertikale Sackgasse‘, die seine Nutzungen vom Kommunikationsnetz der Straßen und Wege entrückt und einen sozial wirksamen Sicht- und Hörkontakt von den höher gelegenen Stockwerken aus unmöglich macht (vgl. Jaeger 1992).

Entscheidend für Bebauung, Erschließung und Bepflanzung ist die Art ihrer Zueinanderordnung zu Außenräumen: privaten, halböffentlichen und öffentlichen. Dadurch erst wird die Aufgabe erfüllt, Beziehung und Verbindung herzustellen. Der *Raum*, insbesondere der öffentliche Raum macht die Stadt aus, nicht die Gebäude und Anlagen als solche. (Dies wird oft von den Bauherren, Architekten und Ingenieuren nicht gesehen, denn sie sind mit dem *Bau* beschäftigt.) Die Ausrichtung der Gebäude auf den öffentlichen Raum, ihre Orientierung am Raum, kann ihnen selbst zusätzliche Qualität, positive externe Effekte, erbringen. Ihre konstitutive Funktion für die Bildung von städtischem Raum schafft auf der anderen Seite einen öffentlichen, sozialen Mehrwert. Beides zusammen macht die *räumliche Synergie* aus, die aus einer bestimmten Art der Anordnung der Gebäude, technischen Anlagen und Pflanzungen erwächst.

Außenraum | öffentlicher Raum (Abschnitt B 3). Der Außenraum in der Stadt ist der Raum *zwischen* den Gebäuden. Öffentlicher Raum ist überall, wo sich Menschen außerhalb ihrer privaten Wohnung oder ihrer Arbeitsstätte ohne besondere Einschränkung begegnen können. Im öffentlichen Raum findet die physisch wahrnehmbare *Bewegung* statt, weswegen er für Hillier die „Triebkraft" der Stadt, *the machine*, darstellt (siehe Abschnitt B 4). Triebkraft kann er aber nur sein, wenn er wahrnehmbar und verständlich ist, so dass er seine Beziehung und Verbindung stiftende Funktion ausüben und den Aktivitäten der Einwohner oder Nutzer, welche die eigentlichen Subjekte von Bewegung sind, Rahmenbedingung und Unterstützung geben kann. Der als solcher physisch wahrnehmbare öffentliche Raum ist insofern die ‚Schnittstelle‘ zwischen der Stadt als sozialem und der Stadt als baulich-räumlichem Gebilde. Dies lässt ihm eine Schlüsselstellung zukommen.

Die Verfasser des Entwurfs zum „Stadtentwicklungsplan öffentlicher Raum" für Berlin haben hierzu genaue Feststellungen getroffen: Der öffentliche Raum muss langfristig stabil und dauerhaft sein, anpassungsfähig an den Wandel der Anforderungen, für viele Zwecke gleichzeitig brauchbar. Er muss für Stadtbenutzer, ob Einwohner oder Fremde, allgemein verfügbar, in seiner ganzen Komplexität und allen seinen Schichten lesbar und verständlich sein, so dass er ohne fremde Hilfe auch in unbekannten Bereichen leicht genutzt werden kann. Ein Plan für die Entwicklung des öffentlichen Raums sollte dessen innere Zusammenhänge, seine ‚Logik', herausarbeiten, Verknüpfungen herstellen, ungenutzte Potenziale erschließen, um sie der Allgemeinheit verfügbar zu machen (Projektgemeinschaft 1995, S. 4 f.). Da der öffentliche Raum viele interessante Einzelheiten und Orte von großer öffentlicher Bedeutung aufweist, es aber selbst langjährigen Bewohnern unklar bleibt, wie diese untereinander zusammenhängen, ergibt sich als maßgebliches Ziel die Verstärkung aller orientierungsfördernden Elemente und Strukturen (S. 15). Dabei sind deren Unterschiede in Teilgebieten aus unterschiedlichen Entstehungszeiten und die verschiedenen Maßstabsebenen zu berücksichtigen: Straße und Platz vor dem Haus; das Netz öffentlichen Raums auf Quartiers- und Stadtteilebene; das die gesamte Stadt kennzeichnende übergeordnete System öffentlichen Raums mit seinen Hauptbewegungslinien, Quartiers- und Stadtteilzentren, Zwischenräumen, Gewässern und besonderen Markierungen; die eine ganze Region bestimmenden Landschaftsteile zwischen den Siedlungseinheiten. Nur wenn es von neuem gelingt, öffentlichen Raum wahrnehmbar und verständlich zu machen, neuen wahrnehmbaren öffentlichen Raum zu schaffen, kann eine *künftige Form der Stadt* erreicht werden.

Orte und Netz (Abschnitt B 4). Die Orte in der Stadt bilden einerseits eine Art Hierarchie entsprechend ihrer Lage und Zugänglichkeit sowie Art und Umfang ihrer Nutzung und Bebauung, vom gemischten innerstädtischen Baublock bis zum Einfamilienhaus-Geviert am Stadtrand, vom Rathausplatz bis zur Straßenecke im abgelegenen Wohn- oder Gewerbegebiet. Andererseits sind alle Orte gleich, indem sie grundsätzlich alle an das Netz der Straßen und Wege und an die Netze der Energie- und Wasserversorgung, der Abwasser- und Abfallbeseitigung und der Telekommunikation angeschlossen sind. Das Netz bildet zugleich den Grundriss für den öffentlichen Raum (siehe oben). Die Konfiguration des Netzes hat Einfluss darauf, wo und in welcher Intensität sich die Orte herausbilden, im Ganzen und auf den verschiedenen Maßstabsebenen. Dadurch bestimmt es die Form der Stadt erheblich. Engmaschige Netzteile auf Stadtteil- und Quartiersebene erlauben kleinteilige und gemischte Nutzung und Bebauung. Die Kontinuität des Netzes erlaubt, neben der zusammenhängenden räumlichen Wahrnehmung, die Ausdehnung oder Schrumpfung bestimmter Nutzungsarten. Eine häufige Verknüpfung zwischen quartiersbezogenen und übergeordneten Netzlinien erlaubt gleitende Übergänge zwischen unterschiedlichen Typen von Teilgebieten oder Orten und ‚zähmt' den Fahrzeugverkehr. Besonders herausgehobene Orte, etwa mit konzentrierter kommerzieller Nutzung und entsprechendem Verkehrsaufkommen, können der Stadt Glanzpunkte verschaffen, aber auch Brüche im Gefüge der Nutzung und Bebauung verursachen, wenn sie zu sehr gefördert werden – etwa durch Schnellstraßen und Parkhäuser, die ihrerseits wiederum ungenutzte Zonen darstellen, Barrieren bilden, Kontinuität verbauen. Andere herausgehobene Orte haben kaum negative Nebenwirkungen: zum Beispiel zentrale Parks, Stadtplätze, Boulevard-Straßen.

Die Anlage des Straßen- und Wegenetzes in seiner Differenzierung nach den verschiedenen Maßstabsebenen, in seiner Begehbarkeit wie Befahrbarkeit, und dazu das Netz der öffentlichen Verkehrsmittel, die Dimensionierung nach Maschenweite und Querschnitten, sind ein strategisches Element zur Bestimmung der *Form von Stadt*. Indem das Netz überwiegend vorhanden ist, kommt es auf seine differenzierte Kontrolle, gezielte Weiterentwicklung, gegebenenfalls seinen Umbau an. Dabei maßgebende Kriterien (die sich allerdings mit denen der herkömmlichen Verkehrsplanung nur teilweise decken) sind Kontinuität, Übersichtlichkeit, Orientierung, die Sicherung von Nutzungsvielfalt und die Gleichberechtigung unterschiedlicher Arten der Fortbewegung. Die Ausweisung von Optionen und Restriktionen für Art und Umfang der Nutzung und Bebauung der *Orte* spielt dabei eine begleitende, aber nicht zu unterschätzende Rolle (siehe Abschnitt D 4).

Maßstabsebenen (Abschnitt B 5). Die bislang erörterten Komponenten künftiger baulich-räumlicher Organisation von Stadt sind jeweils auf die unterschiedlichen Maßstabsebenen zu beziehen: Inselfläche oder Block, Quartier/Stadtteil, Gesamtstadt, Region (siehe auch Übersicht 8), auf die Stadt im engeren und im weiteren Sinne. Insofern hat die Komponente *Maßstabsebenen* eine Art Querschnittsfunktion, indem sie die baulich-räumliche Organisation eines Gebiets zu der ihrer Teile in Beziehung setzt. Dies betrifft die Zugänglichkeit oder Erreichbarkeit, die räumliche Verteilung sozialer und ökonomischer Funktionen, die Wahrnehmbarkeit und Verständlichkeit, die Identifizierung mit der Stadt oder Agglomeration im Ganzen und in ihren Teilen. Worum es sich beim ‚Ganzen‘ und den ‚Teilen‘ handelt, ist im Zusammenhang künftiger baulich-räumlicher Organisation neu zu definieren. Es stellt sich die Frage, welches die kleinste und welches die *bestimmende* räumliche Einheit sein kann oder soll, aus der das Siedlungssystem gebaut ist. Baccini und Oswald definieren, insbesondere unter dem Gesichtspunkt der Ressourceneffizienz, ein *Siedlungsmodul* von rund 40 ha Fläche mit mindestens 2.000 Einwohnern und 600 Arbeitsplätzen (Baccini/Oswald 1998, S. 142). Diese *kleinste* räumliche Einheit mit einem Minimum an Kompaktheit ist geeignet, auch noch für abgelegene und wenig bewohnte Landstriche, für Dörfer als Ordnungsmuster zu dienen. Die *bestimmende* räumliche Einheit sollte sie nach meiner Auffassung nicht sein. Ich setze hierfür eine Größenordnung von wenigstens 10.000 Einwohnern (5 Module) und eine Flächengröße von 40 bis 120 ha an, also die eines Quartiers oder Stadtteils oder auch einer herkömmlichen Kleinstadt. Für die Maßstabsebenen der Gesamtstadt und der Region stellt sich dann die Frage, in welcher Weise größere Gebiete, wie herkömmliche Städte, in Stadtteile oder Quartiere untergliedert werden können und wie disperse Siedlungsteile zu Quartieren zusammengefügt werden oder abgelegene Dörfer arbeitsteilige Versorgungsnetze bilden können.

Nutzung (Abschnitt B 6). Die tatsächliche Nutzung der Grundstücke, Gebäude, Erschließungsanlagen und Freiflächen, sodann die des öffentlichen Raums und des Straßen- und Wegenetzes ist einerseits Ausdruck von sozialen und ökonomischen Anforderungen der

Individuen und der Gesellschaft an die Stadt (Nutzungsanforderungen), andererseits der Möglichkeiten oder Potenziale, welche die Art baulich-räumlicher Organisation selbst einräumt (Nutzungsbedingungen). Diese stellen ein Angebot dar, das die Nutzung unterstützt oder aber behindert. Es ist deshalb nicht möglich, die baulich-räumliche Organisation von Stadt unmittelbar aus den gesellschaftlichen Funktionen abzuleiten; beide stehen vielmehr in einem Wechselverhältnis zueinander. Die zentrale Fragestellung ist der anzustrebende Grad der räumlichen Trennung oder Mischung der unterschiedlichen Aktivitäten beziehungsweise Nutzungsarten. Unter den Bedingungen des Bodenmarkts und der ‚Produktion‘ von Standorten kommt es in der Regel zu einseitigen Konzentrationen einzelner Nutzungsarten, Wirtschaftszweige, Bevölkerungsgruppen, großer Betriebe und Wohnanlagen und somit auch großer Grundstücke (vgl. Frick 1993 a). Dadurch werden die Entfernungen größer, was den Transportaufwand vermehrt, den Austausch in erhöhtem Maße auf den Fahrzeugverkehr verlagert und ein flächendeckendes Störpotenzial nach sich zieht. Vor allem aber werden die möglichen räumlichen Synergien reduziert: Das Potenzial unmittelbarer Nachbarschaft unterschiedlicher Nutzungsarten und dessen, ‚was am Wege liegt‘, kommt nicht zum Zuge. Der Konflikt besteht zwischen individuellen, oft zugleich kürzerfristigen Kalkülen, welche die Standort- und Investitionsentscheidungen bestimmen, und einer Konzeption von Stadtentwicklung, die auf wirtschaftlich und sozial langfristig wirksame Nutzungsgefüge und Standortbedingungen setzt und die baulich-räumlichen Voraussetzungen hierfür zu erhalten und weiter zu entwickeln sucht.

Solche Voraussetzungen liegen in der Verwirklichung von Kleinteiligkeit und Dezentralität, wo immer dies möglich ist (Bodeneinteilung, Netzgestaltung). Sie liegen zugleich in der Begünstigung ganz bestimmter zentraler und subzentraler Standorte von öffentlichem Interesse und von privaten Produktionsstandorten, die besonderer Nutzungsbedingungen ausdrücklich bedürfen. Die Qualität baulich-räumlicher Organisation lebt von einem Gerüst aus besonderen Aktivitäten oder Nutzungsarten an hervorgehobenen Orten (unter anderem Stadtteil- und Quartierszentren), aber vor dem Hintergrund eines großen Feldes vielfältiger, unterschiedlich gemischter Nutzungsarten. Dieses Feld ist durch ein Grundmuster aus Orten, dem Straßen- und Wegenetz und weiteren Infrastrukturen gekennzeichnet, das Stabilität sichert, zugleich aber Anpassung, Veränderung und Erneuerung fördert.

Energie- und Stoffströme, Naturhaushalt (Abschnitt B 7). Der sorgsame Umgang mit der natürlichen Umwelt und die Steuerung der Energie- und Stoffströme, des Ressourcenverbrauchs, kennzeichnen die ökologische Dimension künftiger baulich-räumlicher Organisation. Vielfache Zersiedelung und übergeordnete Verkehrslinien haben im Bereich der großen Agglomerationen die Landschaft weithin fragmentiert. Dies hat eine Nivellierung der Wasser- und Nährstoffverhältnisse sowie die Zerstörung von Biotopen bewirkt und gilt als die wichtigste Ursache des Artenrückgangs (Baccini/Oswald 1998, S. 40). Daraus ergibt sich die Notwendigkeit der Erhaltung und Rückgewinnung größerer, nicht zerteilter Landschaftsräume im regionalen Maßstab und der Verknüpfung von Freiräumen innerhalb der Stadt zu einem möglichst zusammenhängenden System. Durch die disperse Siedlungsentwicklung hat zudem die Ressourceneffizienz der menschlichen Aktivitäten stark abgenommen. Dies bezieht sich insbesondere auf die Bereiche Wasserwirtschaft, Raumheizung und Transport. Zum Beispiel wird in dispersen Siedlungsstrukturen im Vergleich zu kompakten städtischen Gebieten ein Vielfaches an Verkehrsfläche benötigt, bis zum Zehnfachen je Einwohner (S. 140).

Die Ressourceneffizienz kann unter anderem durch innere Verdichtung der Siedlungseinheiten signifikant gesteigert werden (Baccini/Oswald 1998, S. 61). Als maßgebliche Indikatoren werden Nutzungs- und Bebauungsdichte, Nutzungsmischung, Straßenfläche, Kiesverbrauch, Energieverbrauch, Diversität von Verkehrswegen und von Verkehrsmitteln genannt (S. 95, 130). Für die schweizerische Region Olten wurde zum Beispiel errechnet, dass durch eine Siedlungsverdichtung die Straßenfläche um ein Viertel reduziert werden kann und dass die dadurch gewonnene Fläche in ihrer Größenordnung ausreichen würde, um sämtliche in der Region benötigte Energie photovoltaisch zu erzeugen (S. 146, 148).

Stadt als Verbund unterschiedlicher Quartiere

Je mehr eine Stadt oder städtische Agglomeration wächst, umso unübersichtlicher kann sie werden, umso weiter werden die internen Wege – umso mehr soziale und ökonomische Ressourcen stehen aber auch zur Verfügung, um auch dezentralen Orten Gewicht zu verschaffen. So ist die Herausbildung von Quartieren (Vierteln), oder auch Sestieren (Sechsteln) wie in Venedig, schon früh ein Merkmal von Stadtentwicklung gewesen, sei es prozesshaft ,von unten' oder durch administrative Einteilung ,von oben'. Nimmt man *Quartier* als eine soziale und baulich-räumliche Einheit bestimmter Größenordnung, die sich innerhalb (bestehender oder zu schaffender) bebauter städtischer Gebiete von außen oder von innen her abgrenzen lässt, die sich insgesamt von den umgebenden Siedlungsteilen unterscheidet, die eine spezifische Qualität und Identität aufweist (siehe Abschnitt B 5), so könnte das Quartier diejenige räumliche Einheit sein, die als ,Baustein' für die Siedlungsstruktur bestimmend wird. Dafür sprechen auf der einen Seite die mögliche graduelle Eigenständigkeit und die weit gehende Unabhängigkeit der Quartiere von administrativen Grenzen, auf der anderen Seite ihre vielfältig unterschiedlichen Ausprägungen von der Innenstadt bis zum äußeren Rand einer Agglomeration. Die Kerngemeinde(n) ebenso wie die übrigen Gemeinden wären aus Quartieren zusammengesetzt und die kleinsten bildeten selbst ein ,Quartier'.

Wie können die Quartiere nun mit der Gesamtheit einer großen Stadt oder Agglomeration verbunden sein? Wie wirken sie zusammen und worin besteht gegebenenfalls die Arbeitsteilung zwischen ihnen? Kann einer Konzeption von *Stadt als Verbund unterschiedlicher Quartiere* ein Erklärungswert und ein planungsstrategischer Nutzen zugemessen werden?

Es würde sich um Stadt als ein unterschiedlich ausformuliertes Angebot örtlicher Rahmenbedingungen wie Lage, Bevölkerungs- und Bebauungsdichte, Gebäudetypologie, Ausstattung, bauliche Anlage und räumliche Form handeln, die ihrerseits wiederum Einfluss

auf Nutzungsmischung, Wohn- und Arbeitsformen usw. haben. Wenn man von den Dienst-
leistungs- und Verwaltungszentren und den reinen Gewerbe- und Industriegebieten absieht,
könnte die *Stadt als Verbund unterschiedlicher Quartiere* sowohl Gebiete der Innenstadt und
des Innenstadtrands als auch der Peripherie und des Umlands umfassen, vom klassischen
innerstädtischen Quartier über die vielen Siedlungen des öffentlich geförderten Wohnungsbaus, die Großsiedlungen oder *grands ensembles*, die Einzelhausareale bis zu den historischen Kleinstädten des Umlands. Sie könnte zugleich ein gemeinsames Bewusstsein jeweils
nicht nur der Einwohner der Kernstadt, sondern der gesamten städtischen Agglomeration
ansprechen. Ein Erklärungswert bestünde darin, dass es bereits Quartiere gibt, die als solche
wahrgenommen und verstanden werden, die entsprechende Merkmale erfüllen und zugleich
Ansätze zu einem Ordnungs- und Orientierungsmuster für das Gesamtgebiet liefern – die
klar machen, wie die Stadt zusammengesetzt ist. Der planungsstrategische Nutzen könnte
darin bestehen, dass die Gesamtstruktur der vorhandenen Agglomeration gestärkt und ver-
deutlicht wird und die durch Addition und Dispersion gekennzeichneten Siedlungsteile insbesondere der Peripherie und des Umlands zu Quartieren ergänzt, umgebaut und qualifiziert
werden (vgl. hierzu Kohlbrenner/Werner 1998).

Der Titel „Quartier" müsste, unabhängig von Lage und Siedlungstyp, an bestimmte
Qualitätsmerkmale gebunden sein und die so bestimmten Einheiten müssten ein gewisses
Maß an tatsächlicher Teilautonomie aufweisen, die es den Einwohnern erlaubt, auf die Qualität ihrer Lebensbedingungen Einfluss zu nehmen. Zu solchen Qualitätsmerkmalen gehören,
neben der Größenordnung und einer Mindest- beziehungsweise Höchstdichte an Einwohnern
und Arbeitsplätzen, eine baulich-räumliche Organisation, die das Quartier räumlich erfahrbar und verständlich macht, gute Orientierung vermittelt und durch die Form des Stadtgrundrisses und des öffentlichen Raums klare Anhaltspunkte zur Identifizierung liefert. Die Verbindung nach außen muss durch ein effizientes Netz öffentlicher Verkehrsmittel gewährleistet sein. Welches Maß an Nutzungsmischung und welche Art von Versorgungseinrichtungen
das ‚normale' Quartier künftig haben kann, hängt von wirtschaftlichen und sozialen Entwicklungen ab, die nur zum Teil voraussehbar sind, wie etwa der Prozess der Zentralisierung im
Einzelhandel und auch bei öffentlichen Diensten. Wenn diese fortschreitet, werden zusätzliche Verkehrsleistungen erforderlich. Quartier bedeutet aber nicht nur Versorgung, sondern
auch baulich-räumliche Voraussetzung für eine gegenseitige Hilfeleistung und gemeinschaftliche Selbsthilfe, die wahrscheinlich an Bedeutung zunimmt, wenn die Versorgungsangebo-
te vor Ort schmäler werden (vgl. Frick 1999). Baulich-räumliche Qualitätsmerkmale von
Quartier müssen so definiert sein, dass sie gesellschaftliche Veränderungen mit einbeziehen
und zugleich in der Lage sind, solche Veränderungen aufzufangen.

Wichtige quantitative Merkmale sind die Größe und die Mindest- und Höchstdichte
an Einwohnern und Bebauung. Die Größe sollte so bemessen sein, dass ein Quartier überhaupt entstehen kann. Dazu gehören genügend Nachfrager, die einen wirtschaftlichen Betrieb der öffentlichen und privaten Bildungs-, Versorgungs- und Erholungseinrichtungen erlauben, und zwar in einer angemessenen Breite und Tiefe des Angebots. Es muss ein ‚Markt'

im ökonomischen und sozialkulturellen Sinne möglich sein, der die Grundlage für eine gewisse lokale Eigenständigkeit hergibt. Die *minimale Dichte* für ein Quartier ergibt sich:

(1)   aus den Wegelängen zu den Bildungs-, Versorgungs- und Erholungseinrichtungen und den Haltestellen des öffentlichen Nahverkehrs,
(2)   aus den Bau-, Betriebs- und Unterhaltungskosten der technischen Infrastruktur,
(3)   aus den Möglichkeiten eines sparsamen Energieverbrauchs, insbesondere für Raumheizung und Transport,
(4)   aus den Bedingungen sozialer Interaktion.

Eine Begrenzung der Länge der Erschließungswege und Versorgungsleitungen ist ein wichtiger Kostenfaktor, der sich auf die Miethöhe beziehungsweise die Betriebskosten je Wohneinheit auswirkt. Die Festlegung einer Mindestbevölkerungs- und Bebauungsdichte erlaubt ein vielfältiges Angebot an Gütern und Dienstleistungen und den Einsatz ökonomisch und ökologisch vorteilhafter Wasser-, Energie- und Wärmeversorgungssysteme. Wenn die Wege innerhalb des Quartiers überwiegend zu Fuß zurückgelegt werden können, wird Transportenergie eingespart. Fußgänger auf der Straße begünstigen wiederum die soziale Interaktion. Die *maximale Dichte* für ein Quartier ist bestimmt durch:

(1)   den Bedarf an öffentlichen und privaten Grün- und Freiflächen,
(2)   die Sicherung der einschlägigen Standards von Belichtung, Belüftung und Außenraumqualität,
(3)   die zweckmäßige Begrenzung der zusätzlichen Kosten hoher baulicher Verdichtung (Hochhäuser, Fahrstühle, Klimaanlagen, Hoch- und Tiefgaragen).

Für die Größe und Dichte eines Quartiers können Werte angegeben werden, die allerdings nicht als fixe Zahlen zu nehmen sind; das liegt an der erheblichen Streubreite je nach Lage, Entstehungszeit, örtlichem Nutzungsgefüge, Bebauungs- und Erschließungstyp. Ab einer Quartiersgröße von 10.000 Einwohnern können in der Regel die genannten Qualitätsanforderungen gut erfüllt werden. Die Flächengröße kann zwischen 40 und 120 ha liegen. Eine Dichte ab wenigstens 100 Einwohnern/ha (bezogen auf die Quartiersfläche insgesamt) erlaubt eine effektive Bedienung mit öffentlichen Verkehrsmitteln. Eine Auswahl neuer Wohngebiete am Rand europäischer Städte aus den 1990er-Jahren, die dem Anspruch an ein Quartier im Wesentlichen entsprechen, weist 7.000 bis 12.000 Einwohner, eine Flächengröße von 42 bis 115 ha und eine Dichte von 70 bis 178 Einwohnern/ha auf (Jost 1999, S. 101). In Berlin haben Abschnitte von Großsiedlungen aus den 1960er- bis 1980er-Jahren, die einem Quartier ungefähr entsprechen, heute eine Dichte bis zu 220, Wohngebiete aus der Zeit zwischen 1920 und 1960 von 80 bis 160, innerstädtische Quartiere bis zu 300 Einwohnern/ha (in Amsterdam oder Paris bis zu 450 Einwohnern/ha).

Reorganisation der Siedlungsstruktur

Die Konzeption der *Stadt als Verbund unterschiedlicher Quartiere* könnte zu einer veränderten Wahrnehmung der Region, von Stadt im weiteren Sinne führen, zur partiellen Ablösung einer Vorstellung, die mit der vorindustriellen, im Allgemeinen radiokonzentrisch angelegten, als geschlossen wahrnehmbaren Stadt verbunden ist. Diese hatte eine deutlich begrenzte Größenordnung, eine klare Aufgabe im Siedlungsgefüge und eine Identität, die von eindeutigen Machtverhältnissen bestimmt war und sich in ihrer Form entsprechend ausdrückte (Residenzstadt, Handels- oder Hafenstadt, Landstadt usw.). Mit dem Stadtwachstum des 19. und 20. Jahrhunderts hat sich das Abbild dieser Identität im historischen Zentrum zwar in vielen Fällen, selbst über Zerstörungen hinweg, erhalten, sie ist aber nicht wirklich in die neuen Vororte oder Siedlungsteile mit hineingewachsen. Nur der Name der alten, zentralen Stadt wurde mitgenommen, nicht aber die Qualitätsmerkmale, die sie auszeichneten. Je mehr, je schneller und je ungeordneter die Stadt wuchs, umso abhängiger, ärmer an Nutzungsvielfalt, Bedeutung und zugleich Qualität städtischer Lebensbedingungen waren die neuen Siedlungsteile. Zugleich fand eine Stärkung, aber oft auch eine funktionale Vereinseitigung oder Entleerung des alten Zentrums statt. Mit der Einführung des privaten Automobils als Massenverkehrsmittel war dem Prozess der Suburbanisierung im Sinne von Addition und räumlicher Dispersion sowie Armut an Nutzungsvielfalt und Bedeutung Tür und Tor geöffnet.

Die Vorstellung einer *Reorganisation der Siedlungsstruktur* müsste ein Gegenbild zur herkömmlichen monozentralen Stadt oder auch zur polyzentralen städtischen Agglomeration zeichnen: eine Konzeption der Qualifizierung von außerhalb oder von unten her. Dem Quartier (oder dem Stadtteil) wäre mehr funktionale Eigenständigkeit, mehr Selbstorganisation, mehr eigene Identität, eine genauer wahrzunehmende Form zu geben; der Abhängigkeit, Deprivation und Langweiligkeit vieler Teilgebiete, die noch gar keine ‚Quartiere‘ sind (siehe oben), wäre in einer Weise zu steuern, dass sie sich schrittweise zu solchen entwickeln können. Je höher der Anteil der Siedlungsfläche steigt, der von Quartieren mit entsprechender Qualität der Lebensbedingungen eingenommen wird, umso eher kann auch das Gewicht der Peripherie gegenüber dem Zentrum (oder den Zentren) zunehmen, umso mehr können sich sowohl Ausgleich als auch Arbeitsteilung zwischen den *unterschiedlichen* Quartieren entwickeln. Diese können auch von ihrer spezifischen Lage her Profil gewinnen und unterschiedlicher Nachfrage gerecht werden. Liegen sie mehr innerhalb, ist der Zugang zu den Hauptzentren, zur ‚Stadtmitte‘ günstiger. Liegen sie mehr am Rande, ist die freie Landschaft schneller erreichbar. Für die Gesamtfunktion der Agglomeration ist dabei erstens die relative Eigenständigkeit der vorhandenen, neu zu qualifizierenden oder neu zu errichtenden Quartiere oder Siedlungseinheiten entscheidend; denn sie ist Voraussetzung für eine konsequente polyzentrische Organisation der Stadt und ihres Umlands. Es kommt zweitens auf die erstklassige Bedienung durch den schienengebundenen öffentlichen Nahverkehr (S-Bahn, U-Bahn, Straßenbahn) an.

Ein bestimmtes Maß an lokaler Eigenständigkeit und Ausstattung ist nur die *eine* Seite städtischer Qualität. Die andere ist der Zugang aller Bevölkerungsgruppen zu den jeweils anderen Quartieren und Stadtteilen, zu den Gebieten mit konzentrierten Arbeitsstätten, zu den Hauptzentren, den Orten von historischer Identität, der Vielfalt großstädtischer Angebote und Ereignisse, nicht zuletzt zu den Erholungsgebieten. Es ist dabei nicht erheblich, ob das eigene Quartier in der Innenstadt, an der Peripherie oder gar im Umland liegt, maßgeblich ist die Reisezeit, abhängig vom jeweiligen Verkehrsmittel.

Wichtig erscheint festzustellen, dass eine *Reorganisation der Siedlungsstruktur* (in dem skizzierten Sinne) nicht eine Aufhebung der Hierarchie der Maßstabsebenen und der funktionalen, zentralörtlichen Gliederung innerhalb der Agglomeration darstellt, sondern vielmehr die Relativierung dieser Hierarchie. Sozial gesehen zielt eine solche Relativierung auf eine Veränderung der Bewertung der einzelnen Siedlungseinheiten oder Siedlungsteile, also einerseits den Abbau von Überbewertung (etwa von etablierten Zentren), andererseits die Inwertsetzung peripherer oder als ‚weiße Flecken‘ überhaupt nicht wahrgenommener Gebiete (größere Eigenständigkeit und mehr Selbstorganisation). Ökonomisch gesehen steht eine Rationalisierung, eine Kostenminderung bei Betrieb, Instandhaltung und Verwaltung der Stadt durch die Verlagerung entsprechender Tätigkeiten und Verantwortungen auf die Ebene von Quartier oder Stadtteil an. Man kann dies analog zu Reorganisationsmaßnahmen innerhalb großer Wirtschaftbetriebe sehen. Hierzu bedarf es der Stärkung der (Siedlungs-)Einheiten, die solche Tätigkeiten übernehmen sollen, und deren Verfügung über die entsprechenden Ressourcen. Ökologisch gesehen zielt die Reorganisation unter anderem auf die Verminderung des Energieverbrauchs und damit insbesondere der Luftbelastung. Das größte Minderungspotenzial hat dabei der Kraftfahrzeugverkehr. Durch Quartiere, die nach Bevölkerungsdichte, Ausstattung und baulich-räumlicher Organisation entsprechend qualifiziert sind und Zugang zu einem leistungsfähigen Netz des öffentlichen Nahverkehrs haben, lässt sich das Maß der Inanspruchnahme des eigenen Autos tendenziell verringern, zumal wenn zusätzlich bestimmte Anreize beziehungsweise Restriktionen eingeführt werden (Apel u.a. 1997).

Reorganisation der Siedlungsstruktur in dem skizzierten Sinne zielt auf die Qualifizierung disperser, isolierter oder desolater Siedlungsteile zu Quartieren oder Stadtteilen und ihre Einbeziehung in die baulich-räumliche Organisation von Stadt und Region, das heißt auf den bewussten Umgang mit der ‚Zwischenstadt‘ und tendenziell zugleich deren Abschaffung.

D Bauen an der Stadt
Steuerung der Entwicklung ihrer baulich-räumlichen Organisation

0 Methodologie des Städtebaus

Als Methodologie des Städtebaus wird die Lehre von der Art und Weise möglichen Eingreifens in den Vorgang der materiellen Herstellung von Stadt begriffen. Es geht dabei um den Versuch, die Bautätigkeit im Hinblick auf die Ziele der Grundsicherung, Nutzbarkeit, Verständlichkeit und Nachhaltigkeit baulich-räumlicher Organisation (siehe Teil C) zu koordinieren und zu steuern. Zunächst sei das Feld der Aktivitäten, der Entwicklungsprozess, und sodann das Eingreifen im Sinne städtebaulicher Planung kurz bezeichnet. Dabei wird auf die öffentlichen und privaten Akteure, auf das Prinzip von Rahmensetzung und Rahmenausfüllung, auf die zur Verfügung stehenden Instrumente der Koordination und Steuerung und auf die unterschiedlichen Planungsarten eingegangen.

Die Akteure: Bevölkerung, Investoren, öffentliche Hand

Städtebau unter marktwirtschaftlichen und demokratischen Bedingungen bedeutet, dass grundsätzlich jede Person nicht nur auf den Vorgang der Herstellung, sondern auch auf die Planung der Stadt Einfluss nehmen kann. Dies kommt unter anderem dadurch zum Ausdruck, dass nach deutschem Städtebaurecht die Entwürfe von Bauleitplänen (Flächennutzungsplänen, Bebauungsplänen) auf die Dauer eines Monats öffentlich auszulegen sind und von jedermann/jederfrau Bedenken und Anregungen dazu vorgebracht werden können. Diese Bedenken und Anregungen müssen im weiteren Verfahren, das zur Verabschiedung und Festsetzung eines rechtsverbindlichen Plans führt, angemessen berücksichtigt werden. Insofern besteht, was die Diskussion über einen Plan angeht, Gleichheit. Betrachtet man hingegen das Entscheiden über einen Plan und das Handeln bei seiner Ausführung, gibt es unterschiedliche Akteure, deren Einfluss auf die Planung der Stadt nach Art und Umfang deutlich verschieden ist und jeweils unterschiedliches Gewicht hat: die Bevölkerung, die Investoren und die öffentliche Hand (Gemeinde und Staat).

Die *Bevölkerung* stellt sich dar als die Summe der Einwohner und Gewerbetreibenden in einem Stadtquartier, einer Stadt oder Region, die eine Wohnung oder einen Gewerberaum einnehmen oder suchen. Sie treten als Nachfrager auf dem Markt für Wohnungen oder Gewerberäume auf. Sie tragen durch ihre Wünsche, ihre Präferenzen für Größe, Qualität und Lage (im Rahmen ihrer Zahlungsfähigkeit) dazu bei, was gebaut wird, wie gebaut wird und wo gebaut wird. Dies kommt insbesondere dann zur Wirkung, wenn, wie derzeit in vielen deutschen Städten und auf ihren Teilmärkten, das Angebot die Nachfrage übersteigt. Wenn hingegen Knappheit an Wohnungen besteht und die ärmeren Bevölkerungsgruppen eine Wohnung, die einem Mindeststandard entspricht, nicht finden können, muss die öffentliche Hand in den Markt eingreifen, etwa durch Wohnungsbauförderung, durch ‚sozialen Wohnungsbau' (was im 20. Jahrhundert weithin der Fall war). Die nach Anzahl und Ansprüchen wachsende (oder schrumpfende) Bevölkerung der Stadt oder von Teilen der Stadt bildet durch ihr Nachfragepotenzial für Miete oder Kauf von Wohnungen und Gewerberäumen die Grundlage dafür, dass Investoren mit Aussicht auf Erfolg tätig werden können.

Investoren sind im Zusammenhang mit Städtebau alle diejenigen, die Geldkapital für den Kauf von Grundstücken und die Errichtung von Gebäuden einsetzen. Man kann sie in drei Gruppen einteilen:

(1)   private Haushalte oder Wirtschaftsunternehmen, die Gebäude für ihre eigene Nutzung errichten;

(2)   Gemeinde oder Staat, die Gebäude und technische Anlagen für allgemeine öffentliche Zwecke einschließlich der öffentlichen Verwaltung errichten;

(3)   private Investoren, die Geldkapital zum Kauf von Grundstücken und zur Errichtung von Gebäuden zur Verfügung stellen oder diese errichten, und zwar dann, wenn sie aufgrund der voraussichtlichen Nachfrage mit einer bestimmten Rendite rechnen können.

Die an dritter Stelle genannten privaten Investoren bringen ein Angebot an Gebäuden und Anlagen für unterschiedliche Nutzungen in bestimmter Größe und Qualität und an bestimmten Standorten auf den Markt. Diese Investoren sind umso erfolgreicher, je eher sie mit ihren Maßnahmen der vorhandenen oder voraussichtlichen Nachfrage entsprechen. Sie liefern zugleich Vorgaben, indem sie durch ihre Investitionsentscheidungen bestimmen, welche und wo überhaupt man Wohnungen und Gewerberäume mieten oder kaufen kann. Zumal in Zeiten der Knappheit können sie deshalb erheblichen Einfluss auf die Stadtentwicklung erlangen.

Die *öffentliche Hand* umfasst Gemeinde und Staat und ihnen nachgeordnete oder andere öffentliche Institutionen (‚Träger öffentlicher Belange'). Nach dem deutschen Grundgesetz hat die Gemeinde in zahlreichen Angelegenheiten, so auch im Städtebau, ein hohes Maß an Selbständigkeit. Gemäß dem Städtebaurecht kann sie unter anderem Bauleitpläne (Flächennutzungs- und Bebauungspläne) aufstellen und über sie entscheiden sowie weitere Instrumente der Stadtplanung einsetzen (vgl. Schmidt-Eichstaedt 1998). Sie muss dabei naturgemäß die übergeordneten gesetzlichen Grundlagen (z.B. Raumordnungsgesetz) einhalten und übergemeindliche Vorgaben, zum Beispiel solche der Regionalplanung, berücksichtigen. Mittels rechtlich definierter (formeller) und weiterer (informeller) Pläne, mittels eigener Investitionen insbesondere in die Infrastruktur, auch mittels Öffentlichkeitsarbeit beziehungsweise Werbung ist sie grundsätzlich in der Lage, den Prozess der städtebaulichen Entwicklung zu steuern. Die Steuerungsfunktion besteht darin, Rahmenbedingungen für die Entscheidungen der Bodeneigentümer und Investoren und sodann der Mieter und Käufer zu setzen und die Einhaltung dieser Rahmenbedingungen, unter anderem über das Verfahren der Baugenehmigung, laufend zu kontrollieren. Die Gemeinde beziehungsweise die städtebauliche Planung definiert dabei, wenn sie klug handelt, die Voraussetzungen für ein insgesamt sinnvolles Zusammenwirken der Marktkräfte, für das Wechselspiel zwischen Angebot und Nachfrage auf dem Bau- und Bodenmarkt, dem Wohnungsmarkt, dem Markt für Gewerberäume usw., für ein Grundgerüst baulich-räumlicher Organisation, das räumliche Synergien wirksam werden lässt.

Rahmensetzung und Rahmenausfüllung

Städtebau unter marktwirtschaftlichen Bedingungen hat einerseits die Aufgabe der Rahmensetzung, andererseits die der Steuerung der Rahmenausfüllung. Die Rahmensetzung besteht in der Aufstellung von Plänen. Sie ist eine öffentliche, nach deutschem Recht eine kommunale Aufgabe und schließt in der Regel das Zur-Verfügung-Stellen der Infrastruktur mit ein. Die Rahmenausfüllung ist grundsätzlich eine Aufgabe der einzelnen Bauherren oder Investoren und sodann der von ihnen beauftragten Architekten, Ingenieure und Baubetriebe. Aber es muss sichergestellt werden, dass die Bautätigkeit den Rahmen setzenden Plänen nicht widerspricht. Ein wichtiger Teil der Steuerung und Kontrolle ist in dieser Hinsicht das Verfahren der Baugenehmigung, das durch die (regional unterschiedlichen) Bauordnungen geregelt ist. Allerdings geht es nicht nur um Kontrolle. Städtebau ist auf das gestaltende Handeln der Einwohner und Gewerbetreibenden, der Eigentümer und Investoren angewiesen. Die den Rahmen setzenden Pläne müssen deshalb so beschaffen sein, dass sie einerseits genügend Spielraum für die Entfaltung der Bautätigkeit gewähren, andererseits das Handeln der Einzelnen und Gruppen an bestimmten Zielsetzungen, an einer Konzeption ausrichten, ohne die eine Stadt nicht funktionieren und nicht Gestalt annehmen kann.

Eine städtebauliche Konzeption, wenn sie längerfristig Bestand haben soll, braucht ein Regelwerk, das sodann durch zahlreiche einzelne Maßnahmen des Hochbaus, des Tiefbaus und des Landschaftsbaus auszufüllen ist. Das Wechselverhältnis zwischen Rahmensetzung und Rahmenausfüllung hat dabei eine räumliche und eine zeitliche Dimension. Räumlich sichert der Spielraum den einzelnen Akteuren Bewegungsfreiheit bei ihrer Standortwahl und bei ihren Baumaßnahmen und ermöglicht für das Plangebiet bauliche Vielfalt. Zeitlich ermöglicht er Anpassung und Veränderung während eines längeren Entwicklungsprozesses. Allerdings muss die Rahmensetzung präzise genug sein, um eine funktionstüchtige baulich-räumliche Organisation zu sichern und um aus der Vielfalt der Einzelmaßnahmen Stadtstruktur und Stadtbild entstehen zu lassen. Wie wir wissen, gibt es Stadtgrundrisse, die 100, 800 oder 2000 Jahre alt sind. Sie haben sich offensichtlich deshalb so lange halten können, weil sie eine wirkungsvolle Balance zwischen Rahmensetzung und Rahmenausfüllung, zwischen dem Straßen- und Wegenetz einerseits und den einzelnen Orten (Grundstücken, Raumabschnitten usw.) andererseits in sich tragen.

Das skizzierte Paradigma von Rahmensetzung und Rahmenausfüllung ist heute allerdings gewissen Schwierigkeiten ausgesetzt. Es wird nicht immer richtig verstanden. Große (private und öffentliche) Investoren, die große Geländestücke bebauen, erneuern oder umbauen wollen, legen oft Entwürfe vor, die dem Verhältnis von Orten und Netz nicht Rechnung tragen und die Nutzbarkeit, Verständlichkeit und Nachhaltigkeit der Stadt und des öffentlichen Raums dadurch empfindlich stören. Sie überschreiten so die Grenze der Rahmenausfüllung und greifen in die Rahmensetzung ein. Dieser Umstand verdient besondere Aufmerksamkeit, und hier besteht eine besondere Steuerungsaufgabe. Manche Stadtplaner und Stadtpolitiker neigen dazu, sich zu sehr auf die wirtschaftliche Kraft großer Investoren zu verlassen, und übersehen dabei die Bedeutung der öffentlichen Rahmensetzung in ihrer räumlichen Dimension: der Gewährleistung von allgemeiner Nutzbarkeit, Übersicht und Orientierung, aber ebenso von Kleinteiligkeit, baulicher und nutzungsbezogener Vielfalt.

Institutionelle, materielle und informationelle Instrumente

Die Instrumente, die der öffentlichen Hand, insbesondere der Gemeinde für ihre Aufgabe der Koordination und Steuerung der Bautätigkeit zur Verfügung stehen, sind vielfältig. Man kann sie in institutionelle, materielle und informationelle Instrumente einteilen. Das Instrumentarium des Städtebaus wie der Stadt- und Raumplanung insgesamt ist seit Mitte des 20. Jahrhunderts erheblich weiter entwickelt und ausgebaut worden. Der öfter erhobene Ruf nach neuen und besseren Instrumenten erscheint wenig begründet; eher bedarf das vorhandene Instrumentarium einer Vereinfachung, auch der Anpassung an neue theoretische Einsichten und praktische Bedingungen. Das schließt nicht aus, über eine gründlichere Reform nachzudenken, denn ein Planungssystem trägt auch die Gefahr des ‚Veraltens‘ in sich. Es kommt in der Hauptsache auf die Art der Anwendung an: dass die Instrumente nicht schematisch, sondern jeweils den besonderen Zielsetzungen und Bedingungen entsprechend und in geeigneter Kombination eingesetzt werden (vgl. Ganser 1991). Um gute, den Zielsetzungen der Planung entsprechende Ergebnisse zu erreichen, ist eine umsichtige, der jeweiligen Situation angepasste Handhabung der Instrumente erforderlich. Der Verlauf der Realisierung von Plänen muss kontinuierlich begleitet und dabei die Möglichkeit der Rückkoppelung und der Korrektur in Bezug auf Ziele und Instrumente im Auge behalten werden. Dies ist unter anderem Aufgabe des *Urban management* (siehe Abschnitt D 5).

Institutionelle Instrumente stellen Vorschriften dar über das, was in Bezug auf Nutzungsart und Bebauung erlaubt und erwünscht ist (Optionen), und über das, was nicht erlaubt ist (Restriktionen). Sie sind nach deutschem Recht im Baugesetzbuch und gegebenenfalls in anderen Gesetzen festgelegt. Zu diesen Instrumenten zählen insbesondere der Flächennutzungsplan und der Bebauungsplan (Bauleitplanung). Mit der Aufstellung von Flächennutzungs- und Bebauungsplänen ist aber nicht zwingend verbunden, dass auch tatsächlich gebaut wird. Dies hängt davon ab, ob sich aufgrund vorhandener Nachfrage und entsprechender Rendite-Erwartungen bauwillige Investoren finden. *Wenn* gebaut wird, liefert das Verfahren der Baugenehmigung ein wichtiges Instrument der Kontrolle, um die Einhaltung der Vorgaben des Flächennutzungsplans und der Bebauungspläne sowie anderer Vorschriften zu gewährleisten. Ein weiteres institutionelles Instrument gemäß Baugesetzbuch ist die Bodenordnung (siehe Abschnitt D 1).

Materielle Instrumente schaffen reale Voraussetzungen und zugleich Anreize für private Bautätigkeit. Sie bestehen insbesondere in den Infrastruktur-Investitionen der öffentlichen Hand, in der Art und Weise, wie die Netze der Straßen-, Schienen- und Wasserwege sowie der technischen Versorgungsleitungen angelegt und verändert werden, wo und in welcher zeitlichen Reihenfolge dies geschieht. Das gilt entsprechend für andere öffentliche Investitionen: Gebäude für Schulen, Kindergärten, Krankenhäuser usw. Ein weiteres materielles Instrument ist die finanzielle Förderung privater Investitionen beim Wohnungsbau (Wohnungsbauförderung) und bei der Ansiedlung von Gewerbebetrieben (Wirtschaftsförderung) (siehe Abschnitt D 5). Das Steuerungs-Potenzial der öffentlichen Investitionen wird oft unterschätzt und kommt wegen mangelhafter Koordination der unterschiedlichen Behörden innerhalb der öffentlichen Verwaltung oft nicht zum Tragen.

Informationelle Instrumente sind öffentliche Verlautbarungen der Gemeinde über Chancen und Möglichkeiten für private Investitionen, die aufgrund der geltenden Pläne, der materiellen Standortbedingungen und der vorhandenen Förderprogramme günstig und sinnvoll getätigt werden können. Solche Verlautbarungen bestehen

(1) in ,informellen' Programmen und Plänen, zum Beispiel städtebaulichen Rahmenplänen, Stadtteil- und Quartiersplänen oder sektoralen Entwicklungsplänen für Verkehr, Schulen, Wohnungsversorgung usw. Sie stellen nicht, wie die Flächennutzungs- und Bebauungspläne, geltendes (behörden- bzw. allgemeinverbindliches) Baurecht dar; sie sind vielmehr Handlungszusagen der Gemeinde gegenüber Einwohnern und privaten Investoren und zugleich Richtlinien für die Kooperation der unterschiedlichen Verwaltungsstellen untereinander. Solche Verlautbarungen bestehen

(2) in Werbeschriften und Informationsdiensten, durch welche die Standortfaktoren und die Standortgunst der Stadt im Ganzen und in Teilgebieten für unterschiedliche Nachfrager (private Haushalte, Wirtschaftsbetriebe, Konsumenten, Touristen) beschrieben und bekannt gemacht werden. Solche Verlautbarungen werden

(3) im Rahmen von öffentlichen Veranstaltungen, Bürgerforen, ,runden Tischen' usw. mitgeteilt und zur Diskussion gestellt. Damit kann auch auf eigenständige Initiativen der Bevölkerung (Bürgerinitiativen) reagiert werden, dies unabhängig von der Verpflichtung im Baugesetzbuch, die Bürger an der Bauleitplanung zu beteiligen, sie frühzeitig zu unterrichten und ihnen Gelegenheit zur Äußerung und Erörterung zu geben.

Übersicht 22: Planungsarten, Aufgaben, Instrumente

Komponenten baulich-räumlicher Organisation	Planungsarten	Aufgaben	Instrumente
Bodeneinteilung	**Bodenordnung**	Bereitstellung von geeignetem Bauland, Parzellierung, Sicherung des Spielraums für längerfristige Veränderungen	Ausweisung von Bauland, Umlegung, Grenzregelung und Enteignung, eigene Aktivitäten der Gemeinde am Bodenmarkt
Bebauung, Erschließung, Bepflanzung	**Bebauungsplanung**	Zueinanderordnung von Gebäuden, technischen Anlagen und Pflanzungen zu sinnvoll nutzbaren und wahrnehmbaren Außenräumen	städtebauliche Rahmenpläne, rechtsverbindliche Bebauungspläne, städtebauliche Verträge, Baugenehmigung, eigene Bautätigkeit der Gemeinde
Außenraum | öffentlicher Raum (und öffentliche Einrichtungen)	**Infrastrukturplanung**	Sicherstellung der räumlichen Beziehung und Verbindung der Grundstücke/Gebäude zueinander, Ausstattung eines Gebiets mit technischen und sozialen Einrichtungen sowie Freiflächen	Fachpläne, sektorale Entwicklungspläne, öffentliche Investitionen, Beeinflussung der Nachfrage durch Ausstattungs- und Nutzungsregeln (Verkehrsregelung, Nutzungsentgelte usw.)
Orte und Netz Maßstabsebenen	**Bodennutzungs- und Standortplanung**	Steuerung der Nutzung der Grundstücke und der räumlichen Verteilung von Nutzungsarten und Standorten in einem Gebiet (Region, Gesamtstadt, Quartier)	Raumordnungspläne, räumliche Entwicklungspläne, Flächennutzungspläne, Schaffung/Begrenzung von Nutzungsbedingungen (Verkehrserschließung usw.)
	Investitionsförderung, *Urban management*	Zielgerichtete Unterstützung der Bebauungs-, Infrastruktursowie Bodennutzungs- und Standortplanung; Koordination städtebaulicher, sozialer, ökonomischer und ökologischer Ziele im Ablauf des Planungsverfahrens; Vermittlung zwischen Bodenangebot und -nachfrage	Finanz- und Investitionsplanung der öffentlichen Haushalte; Koordination und Konzentration von Mitteln der verschiedenen Verwaltungsebenen und Maßnahmenträger; gezielte Förderung privater Investitionen; Bodenmanagement, Quartiersmanagement, städtebauliches Projektmanagement

Die hier dargestellte Methodologie des Städtebaus baut auf fünf verschiedenen *Planungsarten* auf, das heißt Kategorien von Eingriffen in den Vorgang der Herstellung von Stadt:

(1)   Bodenordnung,
(2)   Bebauungsplanung,
(3)   Infrastrukturplanung,
(4)   Bodennutzungs- und Standortplanung und
(5)   Investitionsförderung, *Urban management.*

Die Planungsarten (1) bis (4) betreffen die baulich-räumliche Organisation im engeren Sinne. Die Planungsart (5) *Investitionsförderung* und *Urban management* umfasst, hier in Bezug auf den Städtebau betrachtet, die Koordination sämtlicher geeigneten Maßnahmen der Stadt- und Raumplanung zur Verwirklichung von Zielvorstellungen und Plänen. Die Planungsarten liefern zugleich die thematische Gliederung für die Abschnitte 1 bis 5 des Teils D dieser Arbeit und sind dort im Einzelnen beschrieben.

In Übersicht 22 ist die Zuordnung der Aufgaben und Instrumente zu den einzelnen Planungsarten und zu den Komponenten baulich-räumlicher Organisation dargestellt. Die Planungsarten sind die in der Praxis üblichen. Die Zuordnung zu den Komponenten baulich-räumlicher Organisation erscheint im Prinzip plausibel. Die Verbindung zwischen Infrastrukturplanung und öffentlichem Raum ist allerdings nicht geläufig; sie wird im Abschnitt D 3 näher begründet. Die Reihenfolge, in der die Planungsarten behandelt werden, folgt nicht den idealtypischen Abläufen im Planungsprozess, sondern der im Teil B eingeführten Systematik der Komponenten (Übersicht 4).

1 Bodenordnung

Bodenordnung wird im methodologischen Zusammenhang als aktive Handlungsweise im Sinne von Boden*politik* verstanden, wie es auch dem Sprachgebrauch im deutschen Städtebaurecht entspricht. – Dies im Unterschied zu dem ebenfalls gängigen Begriff für das sachlich und rechtlich bestimmte System der jeweils *gegebenen* Ordnung. Bodenordnung als Bestandteil einer Methodologie des Städtebaus ist der planende Umgang mit der jeweils vorhandenen Bodeneinteilung (siehe Abschnitt B 1). Allgemeine Aufgabe der Bodenordnung ist die Veränderung der Einteilung der Bodenfläche eines Gebiets, so dass die vorgesehene Bodennutzung, Bebauung, Erschließung und Bepflanzung möglichst zweckmäßig stattfinden und öffentlicher Raum entstehen kann. Eine besondere Aufgabe der Bodenordnung in der Praxis des Städtebaus, im Zuge der Stadterweiterung, der Stadterneuerung und des Stadtumbaus, ist die ‚Produktion' von Bauland.

Maßnahmen der Bodenordnung sind einerseits an jeweils vorzugebende Inhalte und Zwecke aus der Bebauungs-, Infrastruktur- sowie Bodennutzungs- und Standortplanung gebunden, andererseits schafft Bodenordnung die buchstäblich grundlegenden sachlichen und rechtlichen Voraussetzungen dafür, dass die vorgesehene Nutzung und Bebauung überhaupt realisiert werden kann. Die jeweils neu zu schaffende Bodeneinteilung kann unmittelbarer Ausdruck einer baulich-räumlichen Konzeption sein, diese sozusagen nachzeichnend, wie es in der Phase der Moderne gang und gäbe war. Sie kann aber auch eine unmittelbar steuernde Wirkung zeitigen, indem sie über die Art und Weise der Grundstückseinteilung beziehungsweise Parzellierung (im Zusammenwirken mit der Bauordnung) und über Maschenweiten und Querschnitte des öffentlichen Straßen- und Wegenetzes die Bebauung und Erschließung in nennenswertem Umfang beeinflusst. Dies traf in hohem Maße für die Vormoderne, das 19. und frühe 20. Jahrhundert, zu, als Städtebau zunächst Neuordnung der Bodeneinteilung war.

Aufgaben

Die Aufgaben der Bodenordnung sind auf unterschiedliche Zeithorizonte gerichtet oder sie sollten es jedenfalls sein. Die zeitlich nahe liegende Aufgabe betrifft die Bereitstellung von geeignetem Bauland und ist im Prinzip an der Lebensdauer der zu errichtenden Gebäude orientiert. Boden soll am richtigen Ort, zur richtigen Zeit und zu angemessenen Preisen verfügbar sein. Was ‚richtig' ist, muss einerseits aus einer Gesamtkonzeption für die Entwicklung der baulich-räumlichen Organisation der Stadt abgeleitet sein und andererseits der Nachfrage auf dem Bodenmarkt entsprechen. Die zeitlich weiterreichende Aufgabe bezieht sich auf die Sicherung des Spielraums, den ein System der Bodeneinteilung in sich trägt und aufgrund dessen eine laufende Veränderung beziehungsweise Anpassung von Nutzung und Bebauung an zuvor noch nicht absehbare Zwecke möglich ist – gegebenenfalls weit über die durchschnittliche Lebensdauer der Gebäude hinaus. Beide Aufgaben sind mit dem Gesichtspunkt von Kontinuität und Nachhaltigkeit der Entwicklung der Stadt eng verbunden. Größe und Anordnung der Grundstücke, die Art ihrer Zusammenfassung zu Insel- oder Blockflächen, die Anlage des öffentlichen Straßen- und Wegenetzes bestimmen mit darüber, welche Nutzungsarten, Bebauungsformen und Bebauungsdichten jetzt und künftig möglich oder nicht möglich sind, ob der sparsame Umgang mit der knappen Ressource Boden und der Beitrag zur Sicherung eines sparsamen und effizienten Energie- und Stoffkreislaufs dabei gewährleistet werden kann.

Instrumente

Der Gemeinde zur Verfügung stehende Instrumente der Bodenordnung sind

(1)   Ausweisung von Bauland, Umlegung, Grenzregelung und Enteignung (nach deutschem Städtebaurecht),
(2)   eigene Aktivitäten am Bodenmarkt und
(3)   Bodenmanagement.

Über die *Ausweisung von Bauland* (und Nicht-Bauland) werden sachliche und rechtliche Bedingungen der Bodennutzung, Bebauung und Verwertung von Grundstücken festgelegt, mit
denen die Teilnehmer am Bodenmarkt auf jeden Fall zu rechnen haben und die den Rahmen
für Angebot, Nachfrage und Bodenpreise mitbestimmen. Vor allem kann (und sollte) im Bebauungsplan die künftig vorgesehene Bodeneinteilung dargestellt werden. Durch Umlegung
kann anschließend erreicht werden, dass „bebaute und unbebaute Grundstücke ... in der
Weise neu geordnet werden, dass nach Lage, Form und Größe für die bauliche oder sonstige Nutzung zweckmäßig gestaltete Grundstücke entstehen" (Baugesetzbuch § 45), dass somit die Bodeneinteilung der vorgesehenen städtebaulichen Konzeption entspricht. Bei
Grenzregelungen werden benachbarte Grundstücke oder Teile davon gegenseitig ausgetauscht oder einseitig zugeteilt. Die Enteignung von Grundstücken zu Gunsten der Gemeinde dient der Verwirklichung von vorgesehenen Nutzungen oder Baumaßnahmen, die der Eigentümer selbst nicht tätigen will oder kann, und sie ist insbesondere auch „aus zwingen-
den städtebaulichen Gründen" (Baugesetzbuch § 88) möglich. Sie wird selten angewandt, ist
aber ein wichtiger Hintergrund bei Verhandlungen zum freihändigen Erwerb von Grundstücken durch die Gemeinde. Da bei der Bodenordnung stets Eigentumsrechte oder Nutzungsrechte berührt sind und eine erhebliche Wertveränderung mit der Schaffung oder Veränderung von Baurecht verbunden sein kann, sind die Verfahren meist langwierig und kompli-
ziert. Dies spiegelt sich nicht zuletzt in dem Umfang wider, den Bodenordnung und Enteignung im Städtebaurecht einnehmen.

Eigene Aktivitäten der Gemeinde *am Bodenmarkt* sind ein besonders starkes Instrument der Bodenordnung. Es fügt den institutionellen Befugnissen ein materielles Verfügungsrecht hinzu. Die Gemeinde kann als Grundeigentümer, zum Beispiel im Zuge einer gezielten Bodenpolitik über einen Liegenschaftsfonds, durch Verkauf oder zwischenzeitlichen
Erwerb und Wiederverkauf von Bauland (unter ganz bestimmten planungsbezogenen Auflagen) maßgeblich zur Verwirklichung ihrer Zielsetzungen beitragen. Dies hat zugleich eine
erhebliche Bedeutung für die Finanzierung von städtebaulichen Maßnahmen durch die öffentliche Hand. Die Gemeinde soll im Rahmen der Bodenordnung wenigstens *den* Anteil aus
der Bodenwertsteigerung erhalten, den sie für Flächenerwerb und Investitionen in die öffentliche Infrastruktur oder auch für Entschädigungen bei der Bodenwertminderung privater Grundstücke ausgeben muss. Dabei können ihr nach deutschem Recht auch die beson-

deren gesetzlichen Regelungen für städtebauliche Sanierungs- oder Entwicklungsmaßnahmen zugute kommen.

Mit dem Instrument des *Bodenmanagements* (auch ,haushälterisches Bodenmanagement' oder ,integriertes Flächenmanagement') wird versucht, zwischen Angebot und Nachfrage von Boden zu vermitteln und dabei Standortpräferenzen von Entwicklungsträgern und Nachfragern im Sinne der städtebaulichen Zielsetzungen der Gemeinde zu beeinflussen oder auch Interessenten für Bodenflächen zu finden, welche die Gemeinde bebaut sehen will. Dies geschieht in aller Regel parallel oder gar im Vorfeld der Aufstellung von Bebauungsplänen. Stichworte sind unter anderem Marktbeobachtung, Bauflächenmonitoring für Wohn- und Gewerbenutzung, Empfehlungstabellen zur zeitlichen Reihenfolge der Bodeninanspruchnahme und indikatorengestützte Erfolgskontrolle. Auch beim Abschluss städtebaulicher Verträge spielen Elemente des Bodenmanagements eine Rolle.

Rechtliche und steuerliche Rahmenbedingungen

Gemeindliche Bodenordnung beziehungsweise Bodenpolitik geschieht vor dem Hintergrund der *Rahmenbedingungen*, die durch das geltende Bodenrecht und die Bodenbesteuerung gegeben sind. Diese stellen eine wichtige Verbindung zwischen der baulich-räumlichen (Städtebau) und der ökonomischen Dimension von Stadtplanung her. Die Entwicklung städtischer Siedlungsmuster mit einem ungebrochenen Trend zur Suburbanisierung, Zersiedelung und ,Verschwendung' von Flächen ist zuvorderst dem System der Grundsteuer und ihrer Höhe, gleichzeitig dem System der Wohnungsbauförderung geschuldet (siehe auch Abschnitt D 5). Beide verursachen in Deutschland, etwa im Unterschied zu Dänemark oder den Niederlanden, in erheblichem Maße zweckfremde und volkswirtschaftlich kontraproduktive Standortentscheidungen und Nutzungszuordnungen, in gleicher Weise aus der Sicht des öffentlichen wie des privaten Interesses. Wenn auf dem Bodenmarkt durch verbesserte Rahmenbedingungen das ökonomische Prinzip des ,Wanderns des Bodens zum besten Wirt' sichergestellt wäre, würde dies in seiner Tendenz zu Flächen sparender Bodennutzung führen und zugleich eine ökologische Wirkung entfalten (vgl. Unabhängige Arbeitsgruppe 1995).

Neuere Reformvorschläge sehen insbesondere eine Grundsteuer vor, die auf den Bodenwert bezogen ist und nach ihrer Höhe die Eigentümer von Bauland zu einer weit gehenden Ausnutzung ihrer Bau- und Nutzungsrechte oder aber zum Verkauf ihrer Grundstücke veranlasst, wodurch zugleich das Horten von Grundstücken und die Spekulation auf Wertsteigerungen weit gehend uninteressant würden. Die Gemeinden könnten sich durch eine solche Grundsteuer einen Teil der Bodenwertsteigerungen zurückholen, die sie durch ihre Planungen und Investitionen ausgelöst haben, was bisher nur im besonderen Fall der städtebaulichen Sanierungs- oder Entwicklungsmaßnahme gemäß Baugesetzbuch möglich ist (Unabhängige Arbeitsgruppe 1995).

Von Kritikern des bestehenden Systems wird eine mangelnde Effizienz der Bodenmärkte sowohl ökonomisch (durch Produktivitäts-, Wachstums- und Wohlstandsverluste) als auch städtebaulich und ökologisch festgestellt. „Für Bodennutzungs- und Verwertungsrechte muss (deshalb) ein Verteilungsinstrument gefunden werden, das ökonomisch effizient den Boden mobilisiert und in die Hände jener Nachfrager lenkt, die damit am wirtschaftlichsten umgehen. Es muss zur optimalen Allokation beitragen; es muss Baulücken schließen, städtebauliche Angebote zügig umsetzen helfen und ökologisch effizient wirken, zum Beispiel Anreize zum sparsamen Verbrauch von Flächen und Bodenschätzen schaffen ...“ (von Heynitz 1997, S. 274). Konsequent ausgestaltet und angewandt, könnte eine auf den Bodenwert bezogene Grundsteuer dazu führen, dass „alle künftigen Bodenrenten abfließen“. Dann „lohnt sich die Einflussnahme auf Erkenntnis- und Entscheidungsprozesse allein aus dem Ertragsinteresse an Bodenrenten nicht mehr. ... Nur noch Nutzungs- und Verwertungsinteressen wirken legitimerweise auf die Erkenntnis- und Entscheidungsorgane ein. ... Ein Bodennutzungs- und Verwertungsrecht ... (hat) keinen Vermögenswert mehr. ... Die Bodenmärkte lösen sich von den Kapitalmärkten“ (S. 276 f.). Städtebau, zumal ein dem Prinzip der Nachhaltigkeit verpflichteter, wäre von entscheidenden Widerständen befreit. Eine neuere Studie enthält den Vorschlag, die auf den Bodenwert bezogene Grundsteuer mit einer Flächenkomponente zu verbinden, das heißt große Grundstücke höher zu besteuern als kleine. Dies hätte eine konzentrierende, innerstädtische Lagen tendenziell begünstigende Wirkung (Lehmbrock/Coulmas 2001).

2 Bebauungsplanung

Der hier verwendete Begriff der *Bebauungsplanung* ist nicht auf das Instrument des Bebauungsplans gemäß Baugesetzbuch beschränkt, sondern bezieht sich auf alle Gegenstände und entsprechenden Vorgehensweisen, die mit der Steuerung von Bautätigkeit im engeren, materiellen Sinn verbunden sind: die Komponenten Bodeneinteilung, Bebauung, Erschließung, Bepflanzung und Außenraum | öffentlicher Raum (siehe auch Übersicht 22). Bebauungsplanung soll die Anordnung und Zueinanderordnung von Gebäuden, technischen Anlagen und Pflanzungen zu Außenräumen und Erschließungssystemen gewährleisten, das heißt die Bautätigkeit der privaten und öffentlichen Bauherren (Grundstückseigentümer) so lenken, dass die Ansprüche an die Nutzbarkeit, Verständlichkeit und Nachhaltigkeit von Stadt und damit die Qualität städtischer Lebensbedingungen in einer Siedlungseinheit erfüllt, die Energie- und Stoffströme möglichst rational geleitet werden und der Naturhaushalt nicht beeinträchtigt wird. Die baulich-räumliche Organisation soll insgesamt so erhalten oder entwickelt werden, dass sie, im Sinne von räumlicher Synergie, positiv auf die Qualität des einzelnen Grundstücks und Gebäudes zurück wirkt. Bebauungsplanung ist zwar grundsätzlich auf die gesamte Stadt oder Agglomeration gerichtet; daran erinnert der Begriff des „Generalbebauungsplans". In der heutigen Praxis ist sie aber auf die Maßstabsebenen von Stadtteil und Quartier sowie Block und Raumabschnitt konzentriert. – Dies aus Gründen, die in der Größenordnung heutiger Agglomerationen und der begrenzten Steuerbarkeit ihrer baulichen Entwicklung, aber auch des konkreten, ortsbezogenen Charakters der Bautätigkeit und der Wahrnehmung ihrer Ergebnisse liegen.

Aufgaben

Die Aufgaben der Bebauungsplanung beziehen sich darauf, welche Grundstücke in einem Gebiet bebaut oder nicht bebaut, wie die vorhandenen oder neu zu errichtenden Gebäude, technischen Anlagen und Pflanzungen zu sinnvoll nutzbaren, visuell und körperlich wahrnehmbaren Außenräumen angeordnet und wie die Dimensionen sowie Ausstattungs- und Nutzungsregeln für den öffentlichen Raum: Straßen, Plätze, Parkanlagen usw. festgelegt werden sollen. Mittels Bebauungsplanung soll angeregt und kontrolliert werden, welche Art von Gebäuden, technischen Anlagen und Pflanzungen, zu welchen Zwecken, in welchem Umfang (Dichte) und welcher Größenordnung (Länge, Breite, Höhe) sowie in welcher Lage auf den zu bebauenden Grundstücken errichtet werden. Dabei geht es um den Zusammenhang aller baulich und räumlich bedeutsamen dauerhaften Gegenstände und topographischen Gegebenheiten in einem Gebiet. Im Einzelnen bedeutet dies: Festlegung einer der Nutzung und dem Standort angemessenen Bebauungsdichte; Sicherung der Zugänglichkeit der einzelnen Grundstücke sowie technischer und hygienischer Standards; Sicherstellung der Kommunikationsbeziehungen über ein entsprechend kleinteiliges Straßen- und Wegenetz; Schaffung guter Orientierungsmöglichkeiten durch geeignete Kenntlichmachung des Straßen- und Wegenetzes in der dritten Dimension (Verständlichkeit); Anlage unterschiedlicher Außenraumkategorien, die unterschiedliche Grade von Zurückgezogenheit und Offenheit (Öffentlichkeit) erlauben; Sicherstellung eines gewissen Spielraums in der faktischen Nutzung der öffentlichen und privaten Flächen, für die Errichtung der Einzelgebäude und für deren Veränderung; Pflege und Neubestimmung von baulich-räumlichen Gestaltmerkmalen, die von den Benutzern der Stadt wahrgenommen werden und mit denen sie sich identifizieren können (Raumeinheiten und Raumfolgen, besondere oder denkmalwerte Anlagen und Gebäude usw.).

Instrumente

Die Instrumente der Bebauungsplanung lassen sich nach institutionellen, materiellen und informationellen Instrumenten untergliedern (siehe auch Abschnitt D 1). *Institutionelle* Instrumente sind: der rechtsverbindliche Bebauungsplan, in dem insbesondere Art und Maß der ‚baulichen Nutzung' der Grundstücke, die zulässige Bauweise (offene, geschlossene Bebauung), die Stellung der Gebäude auf dem Grundstück (Baulinien, Baugrenzen) und die Erschließung der Grundstücke geregelt werden (Baugesetzbuch §§ 8 und 9); das Baugenehmigungsverfahren gemäß Bauordnung, nach der unter anderem die Mindestabstände zwischen den Gebäuden, die Zugänglichkeit der Gebäude beziehungsweise Grundstücke von befahrbaren Straßen aus, die bautechnischen und feuerpolizeilichen Anforderungen an die Gebäude geregelt werden; die Bestimmungen, welche die Zulässigkeit von Bauvorhaben in Gebieten regeln, für die keine Bebauungspläne vorliegen (Baugesetzbuch §§ 34 und 35); gemeindliche Satzungen, zum Beispiel Gestaltungssatzungen in Bezug auf zu verwendende Bauformen, Materialien und Architekturelemente.

Materielle Instrumente sind Investitionen der öffentlichen Hand in Maßnahmen des Hoch- und Tiefbaus, mittels derer unmittelbar materielle Veränderungen der baulich-räumlichen Organisation einer Siedlungseinheit vorgenommen werden, auch die finanzielle Förderung privater Investitionen unter bestimmten Auflagen. Den bedeutendsten materiellen Einfluss hat die Gemeinde durch die Art und Weise der Bereitstellung der Infrastruktur, insbesondere des Straßen- und Wegenetzes und des damit verbundenen Systems öffentlichen Raums. Bevor die Erschließung eines Grundstücks, Blocks oder Baugebiets nicht realisiert ist, kann grundsätzlich nicht gebaut beziehungsweise können die errichteten Gebäude nicht genutzt werden. Die Baugenehmigung kann in diesem Falle versagt werden.

Informationelle (oder auch informelle) Instrumente sind entweder solche, die im Vorhinein die baulich-räumliche Konzeption für ein neu zu schaffendes oder die Veränderung eines vorhandenen Baugebiets vorbereiten, bekannt machen und vermitteln. Klassisches Beispiel ist der städtebauliche Entwurf, aus dem dann der formelle Bebauungsplan hervorgeht, oder im größeren Maßstab der städtebauliche Rahmenplan. Sie haben große Bedeutung als Vorlage für die öffentliche Diskussion und die Bürgerbeteiligung. Informationelle Instrumente sind aber auch solche, die im Nachhinein, wenn ein formeller Plan festgesetzt und rechtsgültig ist, für seine Verwirklichung werben – durch Standortinformation, Bauberatung, ‚Image-Pflege' usw.

Städtebauliches Entwerfen

Ein städtebaulicher Entwurf ist das Ergebnis städtebaulichen Entwerfens. Er ist im Allgemeinen die Vorstufe zu einem Bebauungsplan oder städtebaulichen Rahmenplan. Im Unterschied zum Entwerfen von einzelnen Gebäuden, technischen Anlagen oder Pflanzungen besteht die Aufgabe des *städtebaulichen* Entwerfens nicht primär in der Definition von Objekten, welche die Stadt materiell-physisch konstituieren, sondern in der Definition der privaten und öffentlichen Zwischenräume und in der Verknüpfung dieser zu einem räumlichen Netz (öffentlicher Raum). Wie oben schon gesagt: Der öffentliche Raum und die mit ihm verbundenen Systeme der Bodeneinteilung und Erschließung überdauern, die einzelnen Objekte werden über die Zeit hin verändert oder ersetzt. Städtebauliches Entwerfen zielt auf ein Grundgerüst, einen dauerhaften Kontext, einen Rahmen, der die räumlichen und baulichen Grundlinien und sodann die Rolle des einzelnen Gebäudes im baulich-räumlichen Zusammenhang bestimmt, zugleich aber für die einzelnen Baumaßnahmen sowie für Veränderungen über die Zeit Spielraum lässt (siehe auch Abschnitt D 0).

Nimmt man diese Definition als Voraussetzung, so ist städtebauliches Entwerfen einer unter mehreren Zugängen zum Planungsprozess, die regelkreisartig miteinander verbunden sind: Bestandserfassung, Bewertung, Ziel- und Programmformulierung, öffentliche Diskussion, Erfolgskontrolle. Der niederländische Stadtplaner Erik Pasveer hat prägnant formuliert, welche verschiedenen Rollen das städtebauliche Entwerfen dabei zu übernehmen hat, nämlich:

(1)   eine detaillierte Erkundung der räumlichen Möglichkeiten durch probeweise Anordnungen, mit denen das Vermögen des Ortes, neue Bedeutungen anzunehmen, getestet wird,

(2)   die Zusammenfassung von verfügbarem Wissen, von Ideen und Anregungen zu einem räumlichen Bild und

(3)   die Festlegung detaillierter (möglicher) Entscheidungen über die Form eines Projekts.

Im ersten Fall handelt es sich nach Pasveer um städtebauliches Entwerfen als Forschungsinstrument, im zweiten Fall als Kommunikationsmedium, im dritten Fall als konventionellen Plan, der im Prinzip zu jeder Zeit rechtsverbindlich gemacht und ausgeführt, aber genauso durch einen anderen Entwurf ersetzt werden kann (Pasveer 1993). Indem ein städtebaulicher Entwurf in der Regel nicht als das unmittelbar zu realisierende Endprodukt angesehen wird, sondern als eine Station in einer aufeinander folgenden Reihe von Entwürfen, wird er einem vielfältigen Rückkoppelungsprozess ausgesetzt, kann dabei neue Erkenntnisse und intersubjektiv erhärtete Bewertungen aufnehmen und das Maß an Abgeklärtheit erlangen, das er als langfristig tragfähiges Element für die baulich-räumliche Entwicklung eines Stadtgebiets haben muss. Dazu gehört, dass eine im Entwurfsprogramm formulierte Nachfrage zwar zu berücksichtigen ist, zugleich aber klar sein muss, dass im Städtebau der Nachfrage im Einzelnen niemals genau entsprochen werden kann, auch nicht genau entsprochen werden soll, weil dies zu Lasten raum-zeitlicher Variabilität und langfristiger Tragfähigkeit ginge.

Planungssystematisch gesehen ist städtebauliches Entwerfen ein *Suchprozess*, bei dem historische Erfahrung, verfügbares (theoretisches und empirisch-ortsbezogenes) Wissen, programmatische Vorgaben sowie jeweils anerkannte Entwurfsregeln auf der einen Seite und räumlich vermittelte Intuition bezüglich der künftigen Konfiguration der Gebäude und Außenräume (Raumabschnitte) auf der anderen Seite in einen hypothetischen, modellhaften bildlichen Zusammenhang, in eine Konzeption, gebracht werden. Diese Konzeption kann anschließend überprüft, verworfen, weiterentwickelt und schließlich in den Prozess der Bebauungsplanung eingebracht werden. Wichtig ist die Frage, woran und wie die Qualität der Ergebnisse städtebaulichen Entwerfens jeweils gemessen werden kann. Dies ist ein äußerst kritischer Punkt. Natürlich spielen die jeweils formulierten Zielsetzungen (Nutzungs-anforderungen, Dichte usw.) eine Rolle, aber der Entwurf selbst kann sie verändern. Natürlich muss der Bedarf, die erkennbare Nachfrage berücksichtigt sein, aber der Entwurf kann auch ein Angebot formulieren, das neue Nachfrage erst induziert. Auf der programmatischen und der marktbezogenen Ebene kommt man offenbar nur schwer weiter; die hier verfügbaren Maßstäbe reichen nicht aus. Die Berücksichtigung historisch-kultureller und ökologischer Bestände vor Ort und deren Einbau in den Entwurf werden als wesentlich angesehen, auch sie bleiben aber ein Gegenstand der Abwägung; diese kann im Einzelfall ganz unterschiedlich ausgehen.

Beim städtebaulichen Entwerfen spielen ‚anerkannte Entwurfsregeln‘ eine Rolle, durch welche die ‚räumlich vermittelte Intuition bezüglich der künftigen Konfiguration der Gebäude und Raumeinheiten‘ (siehe oben) beeinflusst wird. Solche Entwurfsregeln haben zum Teil handwerklichen Charakter, sie sollten aber auf jeden Fall theoretischer Reflexion und entsprechender *Bewertung* zugänglich sein. Sie spiegeln ihrerseits den jeweils zeitbedingten theoretischen oder ideologischen Kontext wider. Eine interessante Übersicht hierzu gibt Ursula Flecken in ihrer Arbeit „Zur Genese der Nachmoderne im Städtebau“ (Flecken 1999). Sie stellt für die Zeit der Moderne und der Nachmoderne je ein „System von Entwurfs-regeln“ zusammen (S. 56 f., 116 f.). Acht „Ordnungskriterien“, auf welche die Entwurfsregeln jeweils bezogen sind, machen die beiden Systeme vergleichbar: gesamtstädtische Ordnung, Nutzung, verkehrliche Erschließung, Bebauung, Außenraum, Grünflächen und Bepflanzung, Parzellierung, Umgang mit dem Bestand (S. 22). Fleckens Methode unterstellt dem jeweiligen Bündel von Entwurfsregeln eine gewisse *Konsistenz*, indem sie mit Recht darauf hinweist, dass „erst in der Verflechtung mehrerer Entwurfsregeln ... eine Entwurfsregel ihre volle Wirksamkeit entfalten“ kann (S. 353). Und sie arbeitet mit dem *Vergleich* der beiden unterschiedlichen Systeme der Moderne und der Nachmoderne. Vor dem Hintergrund der Ordnungskriterien werden anhand der Fachliteratur und von städtebaulichen Entwürfen aus der Phase des Übergangs (1960–1975) Veränderungen von Entwurfselementen herausgearbeitet und wichtige Unterschiede in den Entwurfsregeln identifiziert und damit bewusst gemacht (S. 284 ff.). Übersicht 23, geordnet nach den Komponenten baulich-räumlicher Organisation, mag dies veranschaulichen:

Die dort dargestellten Veränderungen von Entwurfsregeln erinnern einerseits daran, dass Zielvorstellungen im Städtebau zeitbedingt sind. Andererseits fordert der Vergleich zu einer Begründung heraus, weshalb die Zielvorstellungen der zweiten Spalte etwa denen der ersten vorgezogen werden und heute gelten sollen. Jan Gehl fasst diese Fragestellung in folgende vier Alternativen: *to assemble or disperse, to integrate or segregate, to invite or repel, to open up or close in* (Gehl 1996, S. 83 ff.). Im Übrigen können die Entwurfsregeln als differenzierte Zielsetzungen gelesen werden (vgl. Übersichten 18–21).

Übersicht 23: Entwurfsregeln der Moderne und der Nachmoderne

Entwurfsregeln Komponenten baulich-räumlicher Organisation	Entwurfsregeln der *Moderne**	Entwurfsregeln der *Nachmoderne**
Bodeneinteilung	– (Lösung der Bodenfrage auf) großteilige(n) Parzellen	– möglichst kleinteilige Parzellierung
Bebauung, Erschließung, Bepflanzung	– geringe (Bebauungs-)Dichte – Einheitlichkeit und Typisierung der Gebäude – einzelkörperliche Auffassung der Gebäude – Abriss ungesunder und dem Fortschritt entgegenstehender Bebauung – verkehrsgerechter Ausbau für den Fahrverkehr – Trennung der Verkehrsarten – eindeutige Nutzungsbestimmung von Grünflächen, sofern als Erholungsflächen geplant	– relativ hohe, jedoch verträgliche (Bebauungs-)Dichte – Kleinteiligkeit der Bebauung – kontextuelle Auffassung der Gebäude – Orientierung der Gebäude zum öffentlichen Raum – bestandsorientierte Stadterneuerung – Einschränkung des motorisierten Individualverkehrs zu Gunsten des Fuß- und Radverkehrs und des ÖPNV – gemeinsames Wegesystem für den Fuß- und Fahrradverkehr – Angebot verschiedenartiger Grünflächen und flexible Gestaltung für verschiedene Nutzungsmöglichkeiten
Außenraum | öffentlicher Raum	– fließender Außenraum	– räumliche Fassung des Außenraums – klare Abgrenzung zwischen öffentlichem und privatem Bereich
Orte und Netz	– Nutzungstrennung – unvollständiges Erschließungsnetz	– Nutzungsmischung – vollständiges Erschließungsnetz
Maßstabsebenen	– ‚die gegliederte und aufgelockerte Stadt'	– vernetztes, der Bedeutung und Lage entsprechend hierarchisch gegliedertes Außenraumgefüge

* nach Flecken 1999, eigene Ergänzungen

3 Infrastrukturplanung

Infrastrukturplanung als Bestandteil einer Methodologie des Städtebaus dient, nach dem bisherigen Stand der fachlichen Diskussion, der Ausstattung der Stadt mit solchen Gebäuden, technischen Anlagen und Einrichtungen, die eine wesentliche materielle Voraussetzung für die Nutzung der bebauten und unbebauten Bodenflächen im Einzelnen und für das Funktionieren der baulich-räumlichen Organisation insgesamt bilden. Im Unterschied zur Bebauungs- und Bodennutzungsplanung ist Infrastrukturplanung nicht flächendeckend auf alle, sondern auf ganz bestimmte, strategisch bedeutsame Gegenstände und Vorgehensweisen gerichtet. Üblicherweise werden die Netze der Straßen-, Schienen- und Wasserwege, der Energie- und Wasserversorgung, der Abwasserbeseitigung und Telekommunikation (technische Infrastruktur) und die Einrichtungen der Erholung, Bildung, Kultur, Gesundheit usw. (soziale Infrastruktur) zu den Gegenständen der Infrastrukturplanung gerechnet. Infrastrukturplanung trägt zur ‚Produktion‘ von Lage- oder Standortqualität eines Gebiets bei. Sie reicht aber zugleich über ein einzelnes Gebiet hinaus, indem sie die anderen Maßstabsebenen mit zu berücksichtigen hat und die technischen Verbindungen zwischen der jeweils lokalen und der regionalen bis globalen Ebene herstellt.

Infrastrukturplanung ist nicht Querschnittsplanung (wie die Bebauungs- und Bodennutzungsplanung), sondern umfasst verschiedene *sektorale* oder *Fach*planungen, die jeweils durch die Querschnittsplanung zu koordinieren und so in die städtebauliche Gesamtplanung einzubinden sind. Die etablierten Arten von Infrastrukturplanung sind mit den unterschiedlichen Fach-Ressorts der öffentlichen Verwaltung verbunden: Verkehrsplanung, Grünflächenplanung, Schulplanung, Gesundheitsplanung usw.; zu den sektoralen Planungen rechnen auch die Wohnungs- und die Gewerbeplanung, die sich allerdings nicht auf die Infrastruktur beziehen. In zahlreichen Fällen findet die Einbindung nur unvollständig statt, und Fachplanungen folgen eigenen Gesichtspunkten, oft unter Vernachlässigung negativer Nebenwirkungen, was sich zum Schaden der Gesamtentwicklung auswirkt. Die Dominanz und auch Einseitigkeit von Zielen in einzelnen Planungssektoren (zum Beispiel der Straßenverkehrsplanung) kann zu erheblichen Ungleichgewichten und Störungen im Nutzungs- und Standortgefüge führen.

Dem könnte entgegengewirkt werden, wenn der *öffentliche Raum* zum Gegenstand und zur Leitgröße von Infrastrukturplanung gemacht würde, an der sich alle anderen sektoralen Planungen orientieren. Dafür sprechen gute Gründe: Ursprünglich leistete der öffentliche Raum das ‚Miteinander-in-Beziehung-und-Verbindung-Bringen‘ der Grundstücke und Gebäude (Cerdá). Am öffentlichen Raum sind bis heute fast alle technischen Netze orientiert, da sie auf oder unter den öffentlichen Straßenflächen liegen. Auf den öffentlichen Raum sind auch überwiegend die Einrichtungen der sozialen Infrastruktur bezogen, indem sie besonderen Anforderungen an Zugänglichkeit und Sichtbarkeit genügen müssen. Es bietet sich also an, die *Planung des öffentlichen Raums* als maßgeblichen Teil der Infrastrukturplanung einzuführen, dem öffentlichen Raum dadurch eine eindeutige Stelle in der Planungssystematik einzuräumen und ihm ein Gewicht zu verleihen, das seiner (lange Zeit vernachlässigten) Bedeutung gerecht wird. Ich schlage dies hiermit ausdrücklich vor und stütze mich dabei auf die von Bill Hillier entwickelten theoretischen Grundlagen *("space is the machine"*, siehe Abschnitte A 2 und B 3). Bis heute fehlt eine Instanz, die ausdrücklich für den öffentlichen Raum zuständig ist. In wenigen Fällen gibt es eigene Referate in den Stadtplanungsämtern; für die Stadt Berlin zum Beispiel einen „Stadtentwicklungsplan öffentlicher Raum", der aber bislang Entwurf geblieben ist (Projektgemeinschaft 1995).

Aufgaben

Aufgaben der Infrastrukturplanung sind:

(1)   die Erschließung, das heißt die Herstellung der räumlichen und technischen Beziehung und Verbindung zwischen den Grundstücken und Gebäuden und
(2)   die jeweils gebietsbezogene Ausstattung und Versorgung der privaten Haushalte, Wirtschaftsbetriebe und sonstigen Institutionen mit den erforderlichen öffentlichen und privaten Diensten.

Der erste Punkt betrifft das Netz des öffentlichen Raums, die Verkehrsanlagen und die sonstigen technischen Erschließungsnetze. Der zweite Punkt betrifft die Einrichtungen der ‚Daseinsvorsorge‘, also die Bereitstellung von Parkanlagen, Schulen, Krankenhäusern usw. sowie das kommerzielle Angebot an Waren und Dienstleistungen. Hierbei spielen die Lage und Erreichbarkeit der Einrichtungen, ihre Größe und Ausstattung sowie die Angemessenheit des Preises der Leistungen im Verhältnis zum Einkommen der jeweiligen Bevölkerungsgruppe eine Rolle. Im Prinzip ist jeweils dasjenige Versorgungssystem zu wählen, das bei sparsamem Verbrauch an Flächen, geringer Umweltbelastung und möglichst niedrigen Kosten den Bedarf angemessen decken kann. Was als ‚angemessen‘ gelten soll, bestimmen allerdings gesellschaftspolitische Wertvorstellungen, die gruppenspezifisch unterschiedlich sind, sowohl was die Anbieter als auch was die Nachfrager nach Einrichtungen und Leistungen angeht.

Instrumente

Instrumente der Infrastrukturplanung sind:

(1) die Ausweisung der Netzflächen für die Erschließungsanlagen und der Blockflächen für die einzelnen Einrichtungen (,Standortsicherung'),
(2) die Investitionen in die Anlagen und Einrichtungen. Beide beruhen zum Teil auf
(3) gesetzlichen Verpflichtungen zur Bereitstellung der institutionellen Bedingungen und finanziellen Mittel durch die öffentliche Hand.
(4) Auch die Möglichkeit der Bedarfssteuerung kann zu den Instrumenten der Infrastrukturplanung gerechnet werden.

Die *Ausweisung von Flächen* für Infrastruktureinrichtungen ist eng an die Bebauungs- und Bodennutzungsplanung gebunden. Diese schafft für die Fachressorts beziehungsweise die öffentlichen oder privaten Träger die bau- und planungsrechtlichen Voraussetzungen, um am geeigneten Standort sinnvoll investieren zu können. Die Ausweisung der Flächen hat gleichzeitig sicherzustellen, dass die Anlage und räumliche Verteilung der unterschiedlichen Infrastrukturen die Beziehung und Verbindung zwischen allen Grundstücken und Gebäuden innerhalb des jeweiligen Gebiets insgesamt leisten kann. Dies betrifft etwa beim Straßen- und Wegenetz die Trassenführung, die Maschenweite und die einzelnen (Raum-)Querschnitte, bei den standortgebundenen Einrichtungen ihre Zugänglichkeit und Lage zu den Einzugsbereichen.

Die *Investitionen* in die Anlagen und Einrichtungen der Infrastruktur, zumal der Verkehrs- und sonstigen technischen Netze, sind mit das stärkste (materielle) Instrument zur faktischen Beeinflussung der übrigen Bautätigkeit. Gekoppelt mit intelligenten Konzeptionen kann die Gemeinde, indem sie selbst baut, hiermit erfolgreich Städtebau betreiben, mit einseitigen sektoralen Zielsetzungen aber auch ihre Zukunft buchstäblich verbauen.

Gesetzliche Verpflichtungen oder auch einfach Möglichkeiten zur Infrastrukturplanung und weiterer sektoraler Planungen (Wohnungs- und Gewerbeplanung) ergeben sich in Deutschland aus einer ganzen Reihe von Fachplanungsgesetzen. Sie regeln Fragen des Straßen-, Schienen- und Binnenschiffsverkehrs, der Energiewirtschaft, des Wasserhaushalts, des Natur- und Umweltschutzes, der Flurbereinigung und anderer Gegenstände. Teilweise sind die Fachplanungsgesetze zugleich Finanzierungsgesetze, das heißt sie verpflichten die öffentliche Hand auch zu finanziellen Leistungen für sektorale Versorgungssysteme.

Ein weiteres Instrument sektoraler Planung besteht in der *Steuerung des Bedarfs* beziehungsweise der Nachfrage nach Einrichtungen und Leistungen. Zum Beispiel kann durch polizeiliche Ordnungsmaßnahmen (Verkehrsregelungen) die Kapazität eines städtischen Straßennetzes in bestimmten Abschnitten und zu bestimmten Zeiten reduziert und dadurch eine Bedarfsverschiebung zugunsten des öffentlichen Nahverkehrs erreicht werden. Oder es kann über die Tarifpolitik bei öffentlichen Einrichtungen (öffentlicher Nahverkehr, Museen,

Kindertagesstätten, Schwimmbäder) Nachfrage erzeugt oder beschnitten werden, was sich dann auf den materiellen Bedarf an Einrichtungen und Leistungen auswirkt.

Planung des öffentlichen Raums

Wenn ich oben vorgeschlagen habe, den öffentlichen Raum, und zwar von der gesamtstädtischen Ebene über die des Quartiers bis zur Blockebene, zum Gegenstand und zur Leitgröße von Infrastrukturplanung zu machen und die *Planung des öffentlichen Raums* als maßgeblichen Teil von Infrastrukturplanung einzuführen, dann können dafür historische, theoretische und planungsmethodische Gründe genannt werden.

Historisch ist die gängige Vorstellung vom öffentlichen Raum mit dem der vorhandenen herkömmlichen Stadt verbunden. Jedenfalls lässt sich an ihr der öffentliche Raum als Komponente baulich-räumlicher Organisation am ehesten beschreiben und erklären (siehe Abschnitt B 3). Dieser ist allerdings in aller Regel nicht zufällig und als Residuum von Bautätigkeit entstanden, sondern er ist in den meisten Fällen eigens *geplant* worden. Braunfels hat dies für die mittelalterlichen Städte in Oberitalien gezeigt (Braunfels 1966), die Fürsten des Absolutismus im 17. und 18. Jahrhundert haben es so diktiert, Haussmann hat es in Paris nach 1852 exemplarisch vorgeführt (Haussmann 2000), Sitte hat es für den Städtebau des späten 19. Jahrhunderts vorausgesetzt und differenziert gefordert (Sitte 1889).

Theoretisch gesehen hat Hillier, wie schon mehrfach erwähnt, den öffentlichen Raum als *die* Komponente definiert, welche die Stadt in ihrer baulich-räumlichen Organisation generiert, das heißt die Bewegung von Fußgängern und Fahrzeugen und die räumliche Verteilung von Nutzungsarten, Standorten und Bebauungsdichte maßgeblich beeinflusst (Hillier 1996). Wenn man der Theorie und den empirischen Untersuchungen von Hillier folgt, erscheint es in vollem Umfang gerechtfertigt, der Planung des öffentlichen Raums einen eigenen Status und eine Schlüsselrolle innerhalb der Infrastrukturplanung und des Städtebaus insgesamt zu verleihen. Dies umso mehr, als in der Phase der Moderne, im zweiten und dritten Viertel des 20. Jahrhunderts, der öffentliche Raum als besonderer Gegenstand städtebaulicher Planung weit gehend ausgeblendet war.

Planungsmethodisch eröffnet sich die Möglichkeit, die Planung des öffentlichen Raums zur Schnittstelle für alle Infrastrukturplanungen zu machen und ihr dabei die Aufgabe der Koordination zu übertragen. Denn die einzelnen Fachplanungen und -entscheidungen gehen oft ihre eigenen, einseitig interessengeleiteten und ressortspezifischen Wege und verhindern so die Erreichung von größtmöglichen räumlichen Synergien zu Gunsten der Nutzbarkeit, Verständlichkeit und Nachhaltigkeit von Stadt. Eine solche Bestimmung von Infrastrukturplanung würde zugleich die Rolle des Außenraums in der Bebauungsplanung und im städtebaulichen Entwurf stärken und ein Bewusstsein dafür entwickeln, dass im Städtebau in erster Linie der öffentliche Raum, ein Raum-Netz und räumliche Form zu konzipieren sind, an denen sich dann die bauliche Anlage, die Anordnung und Dimensionierung der Gebäude, technischen Anlagen und Pflanzungen orientieren.

4 Bodennutzungs- und Standortplanung

Der hier verwendete Begriff von *Bodennutzungs- und Standortplanung* ist weiter gefasst als jener der formellen gemeindlichen Flächennutzungsplanung. Er ist nicht auf das Gebiet einer Gemeinde beschränkt, sondern umfasst alle Maßstabsebenen von der Region bis zur einzelnen Insel- oder Blockfläche. Bodennutzungs- und Standortplanung als Bestandteil einer Methodologie des Städtebaus bezieht sich auf die Steuerung der räumlichen Zueinanderordnung der menschlichen Aktivitäten in einem Gebiet, und zwar solcher, die längerfristig und regelmäßig auf den Grundstücken betrieben werden und entsprechende baulich-räumliche Ausprägungen finden. Es handelt sich um Aktivitäten wie wohnen, arbeiten, produzieren, verwalten, kaufen, verkaufen, sich erholen, sich bewegen, Ackerbau treiben usw. Die Begriffe „Bodennutzung" und „Standort" sind komplementär. Sie besagen, *welche* Aktivitäten und baulich-räumlichen Ausprägungen *wo*, an welchen *Orten* innerhalb des Netzes der Straßen und Wege (und der anderen Erschließungsnetze), stattfinden oder nicht stattfinden (sollen). Die räumliche Verteilung der Nutzungsarten und Standorte in einem Gebiet bildet ein Nutzungs- und Standort*gefüge* (siehe Abschnitt B 6), das sich einerseits aus dem Geschehen auf dem Bau- und Bodenmarkt, andererseits aus den Regeln ergibt, die den Rahmen für dieses Marktgeschehen liefern. Die Konfiguration der Gebäude, technischen Anlagen, Pflanzungen und Raumabschnitte ist das materiell-physische Gegenstück zum Nutzungs- und Standortgefüge, sowohl dessen Ausdruck als auch seine baulich-räumliche Voraussetzung. Bodennutzungs- und Standortplanung soll Regeln im Hinblick auf eine funktionale, verständliche und nachhaltig wirksame Anordnung, Beziehung und Verbindung der Nutzungsarten und ihrer Standorte setzen und den laufenden Vorgang der Nutzungsänderung steuern. Dabei steht an, wie die Teilgebiete und Grundstücke genutzt werden sollen, in welche Richtung sich die räumliche Verteilung der unterschiedlichen Nutzungsarten und ihrer Standorte im Verlauf bestimmter Zeitabschnitte entwickeln und was in den einzelnen Teilgebieten demzufolge gebaut oder nicht gebaut werden soll.

Bodennutzungs- und Standortplanung bezieht sich auf Städtebau im weiteren wie im engeren Sinne (siehe Abschnitt A 1) und ist dabei besonders auf die Maßstabsebenen Region und Gesamtstadt konzentriert. Sie schlägt sich sowohl in regionalen Raumordnungsplänen als auch in gemeindlichen Flächennutzungsplänen nieder. Sie ist der Bebauungsplanung maßstäblich und sachlich vorgelagert. Allerdings bedeutet dies ein nicht nur übergeordnetes, sondern auch auf Rückkoppelung beruhendes Verhältnis. Nach dem deutschen Städtebaurecht sollen die Flächennutzungspläne die Bebauungspläne vorbereiten (Baugesetzbuch

§ 5), aber es gilt auch das ‚Gegenstromprinzip'. Bodennutzungs- und Standortplanung ist zugleich mit der Infrastrukturplanung eng verbunden. Die Optionen und Restriktionen für die räumliche Verteilung und Mischung der Nutzungsarten sind von der Auslegung des *Netzes* der Straßen und Wege (und anderer Erschließungsnetze) abhängig. Beide zusammen schaffen wesentliche Voraussetzungen für die Entstehung von *Orten* (vgl. Abschnitt B 4).

Bodennutzungs- und Standortplanung ist strategisch angelegt und hat die sozialen, ökonomischen und ökologischen Ansprüche an die Entwicklung der baulich-räumlichen Organisation mit zu verarbeiten. Dies kommt planungssystematisch dadurch zum Ausdruck dass sie einen maßgeblichen Teil regionaler und kommunaler Gesamtplanung bildet, die ihrerseits durch sämtliche Dimensionen und Teildisziplinen der Stadt- und Raumplanung bestimmt ist. Die Steuerung von Bodennutzungs- und Standortveränderung, Siedlungs- und Bautätigkeit kann nur dann in gewissem Umfang erfolgreich sein, wenn sie im Kontext von Bevölkerungs- und Wirtschaftsentwicklung, Arbeits- und Wohnungsmarkt, Investitionen, öffentlichen Finanzen und Naturhaushalt geschieht. Dieser Ansatz, der den heutigen Begriff von Stadt- und Raumplanung prägt, wird seit den 1960er-Jahren im deutschen Sprachgebrauch regionale oder kommunale *Entwicklungsplanung*, im Englischen *comprehensive planning*, in jüngerer Zeit auch *strategische Planung* genannt. Er kennzeichnet die Stadt- und Raumplanung als interdisziplinär, Ressort übergreifend und politisch und schließt eine prozessuale, nicht auf einen ‚idealen' Endzustand fixierte Betrachtungsweise ein. Im Zusammenhang mit Städtebau, der baulich-räumlichen Dimension, stellt die Planungsart der Bodennutzungs- und Standortplanung das maßgebliche Bindeglied zur Stadt- und Raumplanung insgesamt dar, indem sie dem Begriff der *Nutzung* vorrangig Gewicht gibt (siehe Abschnitt B 6).

Aufgaben

Aufgaben der Bodennutzungs- und Standortplanung sind:

(1)   den voraussichtlichen Flächenbedarf für die einzelnen Nutzungsarten zu ermitteln beziehungsweise abzuschätzen und Flächen entsprechender Größenordnung auszuweisen; dies betrifft die Erfüllung der Flächenbedarfe der Bedarfsträger (private Haushalte, Wirtschaftsunternehmen, öffentliche Institutionen usw.) einerseits nach deren besonderen Nutzungsanforderungen, andererseits unter sparsamem Umgang mit der nicht vermehrbaren Ressource Grund und Boden;

(2)   geeignete Lagebedingungen und Standorte für die einzelnen Nutzungsarten innerhalb des Nutzungs- und Standortgefüges sicherzustellen, das heißt die arbeitsteilige Ergänzung und den Schutz vor gegenseitigen Störungen zwischen den unterschiedlichen Aktivitäten zu berücksichtigen, einander ergänzende Nutzungsarten in Nachbarschaft zu bringen und einander störende auseinander zu halten;

(3)   die Beziehung und Verbindung zwischen den Nutzungsarten im Gesamtgebiet und in den Teilgebieten zu gewährleisten; dies bedeutet gute wechselseitige Erreichbarkeit zwischen Wohnstätten, Arbeitsstätten, öffentlichen Versorgungseinrichtungen, Konsum- und Freizeiteinrichtungen, Erholungsgebieten usw., gleichzeitig die Festlegung ihrer Standorte derart, dass diese Einrichtungen gut ausgelastet sind und wirtschaftlich betrieben werden können.

Insgesamt ist es Aufgabe der Bodennutzungs- und Standortplanung, das Nutzungs- und Standortgefüge beziehungsweise dessen räumliche Konfiguration im Gebiet einer Region oder Gemeinde zu sichern und weiterzuentwickeln, und zwar unter Abwägung der unterschiedlichen Nutzungsanforderungen, unter Beachtung der dabei zu erwartenden Konflikte, unter besonderer Berücksichtigung der wirtschaftlich und sozial schwachen Bevölkerungsgruppen und unter Schonung der natürlichen Ressourcen. Bei der Bearbeitung dieser Aufgabe ist damit zu rechnen, dass sich einzelne Ansprüche ganz oder teilweise widersprechen und der Ausgleich der Widersprüche zusätzlich durch die unterschiedliche wirtschaftliche und politische Machtstellung der einzelnen Bedarfsträger beziehungsweise Nutzergruppen erschwert wird.

Instrumente

Die Instrumente der Bodennutzungs- und Standortplanung sollen Grundstückseigentümer, potenzielle Käufer, Pächter und Mieter veranlassen, die Grundstücke in einem Gebiet in einer Weise zu nutzen, die den Zielsetzungen bezüglich der Entwicklung des Nutzungs- und Standortgefüges möglichst gut entspricht, das heißt dass insgesamt ein hohes Maß an räumlichen Synergien erreicht wird (siehe Abschnitt C 2). Diese Instrumente haben sich historisch entwickelt. Wenn die öffentliche Hand die Nutzung von Grundstücken steuern will, gibt es grundsätzlich zwei Möglichkeiten: entweder die Aktivitäten der Nutzer unmittelbar zu beeinflussen, zum Beispiel durch gewerbepolizeiliche, gesundheitspolizeiliche oder verkehrspolizeiliche Auflagen und Kontrollen; oder die baulich-räumlichen *Vorbedingungen* für die Nutzung von Grundstücken zu kontrollieren, das heißt insbesondere die Errichtung, den Umbau oder die Beseitigung von Gebäuden und technischen Anlagen, ohne die entsprechende Aktivitäten nicht durchführbar wären. Die zweite Möglichkeit ist leichter zu handhaben als die erste, unter anderem, weil Veränderungen an Gebäuden und Anlagen schwer zu verheimlichen sind. Das ist einer der Gründe, weswegen sich die Gesetzgebung bezüglich der Bodennutzungs- und Standortplanung (wie auch der Bebauungsplanung) überwiegend auf die Kontrolle der *Bautätigkeit* stützt. Die Nutzung als soziale und ökonomische Aktivität wird so mittels Regelung der *baulichen* Nutzung gesteuert, also über die jeweils einer Nutzungsart entsprechenden, für ein Grundstück oder Teilgebiet als zulässig oder nicht zulässig bezeichneten Gebäude, technischen Anlagen und Pflanzungen. Instrumente der Bodennutzungs- und Standortplanung sind im Einzelnen:

(1)	die Formulierung von Optionen und Restriktionen, die besagen, auf welchen Grundstücken welche Gebäude und Anlagen zu welchen Zwecken und in welchem Umfang zulässig oder nicht zulässig sind (regionale Raumordnungspläne, Flächennutzungspläne, Bebauungspläne);

(2)	die Schaffung oder Verweigerung von außerhalb des Grundstücks liegenden Vorbedingungen, die für dessen Nutzung erforderlich sind: Verkehrserschließung, Energie- und Wasserversorgung, Abwasserbeseitigung usw. (siehe Abschnitt D 3);

(3)	eine kommunale oder regionale Bodenpolitik, die eine der Entwicklung sinngemäß entsprechende, rechtzeitige Verfügbarkeit der bezeichneten Flächen sicherstellt (siehe Abschnitt D 1).

Die Instrumente lassen sich jeweils nach einzelnen Bedarfsträgern oder Nutzungsarten differenzieren; als Beispiel sei dies hier anhand der Nutzungsart Wohnen ausgeführt: Die Grundlage von Optionen und Restriktionen sind unter anderem die Perspektiven des Wohnungsmarkts, die Wohnungsbaugesetzgebung, das Mietrecht, das Wohnungsbaukreditwesen und das Wohnungsbaugenossenschaftswesen. Die Schaffung oder Verweigerung von Vorbedingungen für die Nutzung bezieht sich hier neben der technischen Erschließung auf die Ausstattung mit sozialer Infrastruktur (Schulen, Kindergärten, Jugend- und Alteneinrichtungen, Parkanlagen). Durch Bodenpolitik können Flächen beziehungsweise Standorte für den Wohnungsbau gesichert werden, um so eine Durchmischung mit anderen Nutzungsarten (‚Nutzungsmischung‘) zum Beispiel auch in Gebieten mit höheren Bodenpreisen zu erreichen.

5 Investitionsförderung, *Urban management*

Investitionsförderung

Investitionsförderung im Städtebau besteht im gezielten Einsatz öffentlicher Mittel zur Unterstützung privater Bautätigkeit – dies im Unterschied zu den überwiegend öffentlichen Investitionen im Rahmen der Infrastrukturplanung. Schon die absolutistischen Regenten im 17. und 18. Jahrhundert haben sich der Investitionsförderung als Anregung und Steuerung privater Bautätigkeit bedient, um ihre Stadterweiterungen oder Stadtneugründungen zügig zu realisieren. Die Vergabe von Mitteln geht jeweils auf unterschiedliche Motive zurück – zum Beispiel wohnungspolitische, wirtschaftspolitische, arbeitsmarktpolitische. Für den Städtebau ist allerdings entscheidend, dass durch die Bestimmung der Teilgebiete und Standorte, an denen eine Förderung erfolgen oder nicht erfolgen soll, zugleich auf die räumliche Verteilung und auf die zeitliche Reihenfolge privater Baumaßnahmen Einfluss

genommen wird. Während die Bodennutzungs- und Standortplanung und die Bebauungsplanung den institutionellen und die Infrastrukturplanung überwiegend den materiellen
Rahmen setzen, wodurch *Vorbedingungen* begründet werden, wirkt die Investitionsförderung *unmittelbar* auf die private Bautätigkeit ein. Mit der Investitionsförderung kann demnach, neben den öffentlichen Investitionen in die Infrastruktur, ein Beitrag zur materiellen
Verwirklichung städtebaulicher Zielsetzungen geleistet werden.

Die *Aufgaben* der Investitionsförderung, soweit sie die baulich-räumliche Organisation der Stadt betreffen, sind nicht eigenständig, sondern von denen der Bebauungsplanung
sowie der Bodennutzungs- und Standortplanung abgeleitet. Im Zuge der Formulierung und
Durchführung von staatlichen Förderprogrammen soll sichergestellt werden, dass die städtebaulichen Zielsetzungen einbezogen sind und im Zusammenhang mit den vorgesehenen
Maßnahmen ausdrücklich verfolgt werden und dass nicht etwa gegenteilige Wirkungen her-
vorgerufen werden. Das Letztere ist leider häufig der Fall. Zum Beispiel sind an die Vergabe von Mitteln zur Förderung des Wohnungsbaus, der Wohnungsmodernisierung und der
Bildung von Wohnungseigentum bisher überwiegend keine standortbezogenen Bedingungen geknüpft (etwa die Bevorzugung innerstädtischer statt randstädtischer, quartiersbezo-
gener statt disperser Standorte). Das Gleiche gilt in Bezug auf unterschiedliche Bebauungstypen (Einzelhausgebiete, Großwohnsiedlungen usw.). Bei der Förderung der Ansiedlung
oder Umsiedlung von Wirtschaftsbetrieben geben bekanntermaßen deren ganz besondere
Standortwünsche, die oft den erklärten Zielen der städtischen oder regionalen Planung entgegenstehen, nicht selten den Ausschlag.

Die Investitionsförderung als Methode des Städtebaus hat in gewissem Sinn einen
Doppelcharakter. Einerseits ist sie, da ihre Ziele eher abgeleitet sind, selbst Instrument. Andererseits können für sie eigene Instrumente benannt werden. Diese bestehen insbesondere
in der Finanz- und Investitionsplanung der öffentlichen Haushalte und dabei in der Koordination und Konzentration von Mitteln der verschiedenen Verwaltungsebenen und Ressorts
im Sinne einer gezielten Ausrichtung auf einheitliche Förderziele, einer wechselseitigen Verstärkung und jedenfalls der Vermeidung gegenläufiger (städtebaulicher) Wirkungen. Das
längerfristig angelegte Programm der deutschen Bundesregierung zur Förderung des Stadtumbaus in den ostdeutschen Ländern könnte sich hier als ein gutes Beispiel erweisen (vgl.
Strubelt 2003).

Urban management

Urban management ist ein verhältnismäßig neuer aus dem Englischen übernomme-
ner Begriff. Die Notwendigkeit eines *Urban management* bezeichnet den Umstand, dass die
besten Pläne und die zahlreichen Instrumente, die im Planungssystem zur Verfügung stehen, unter den Bedingungen eines weit gehend freien Bau- und Bodenmarkts, eines kom-
plizierten Verwaltungssystems und einer weltweit (,global') verknüpften Wirtschaft nicht

ausreichen, um eine befriedigende Stadtentwicklung sicherzustellen. *Urban management* ist der Versuch und eine Methode,

(1)   die unterschiedlichen öffentlichen und privaten Akteure, die auf die Stadtentwicklung einwirken, im Hinblick auf die gesetzten Ziele zu koordinieren und

(2)   die zur Verfügung stehenden Instrumente so einzusetzen, dass sich ihre Wirkungen nicht gegenseitig aufheben, sondern ergänzen und verstärken.

Dabei spielt die Vermittlung zwischen den Beteiligten, den verschiedenen öffentlichen Stellen auf kommunaler und regionaler Ebene, den privaten Grundeigentümern, Investoren, Wirtschaftsbetrieben, Bürgerkomitees, Vereinen usw. eine erhebliche Rolle. Zugleich kommt es darauf an, die große Zahl unterschiedlicher Schritte bei der Konkretisierung von Plänen und der Durchführung von Maßnahmen in einen sachlichen, räumlichen und zeitlichen Zusammenhang zu bringen, der eine zügige Verwirklichung erlaubt (Prozesssteuerung). In Bezug auf Städtebau ist von Bedeutung, dass *Urban management* die Steuerung der Bautätigkeit mit den anstehenden sozialen, ökonomischen und ökologischen Zielen und Maßnahmen in ständiger Verbindung hält und auftretende Schwierigkeiten durch wechselseitige Rückkoppelung minimiert. „Städtische Quartiere entstehen heute ... noch nicht marktgängig. Deshalb genügt es nicht, nur die planungsrechtlichen Voraussetzungen zu schaffen. Hinzu kommen muss ein strategischer Faktor, der bewirkt, dass der geschaffene Rahmen auch wirklich ausgefüllt und mit städtischem Leben erfüllt wird. Dazu müssen Impulsgeber und Akteure animiert werden, den konzeptionellen Rahmen als besondere wirtschaftliche und kulturelle Chance zu nutzen" (Feldtkeller 2001, S. 20 f.) Methoden des *Urban management* in Bezug zu Aufgaben der Stadtplanung sind in Deutschland seit den 1980er-Jahren entwickelt worden.

Ein Beispiel ist das *städtebauliche Projektmanagement* im Rahmen der Arbeiten für die Internationale Bauausstellung Berlin 1987. Es ging hier um die Sicherstellung des Zusammenhangs zwischen städtebaulichen, architektonischen und sozialen Zielen im Ablauf des Planungsverfahrens, um die Verknüpfung dieser Ziele mit der Vergabe öffentlicher Grundstücke und Fördermittel an Investoren und zugleich mit den jeweils besten Entwürfen der Architekten. Zunächst wurden die für ein bestimmtes Grundstück oder Gebiet zu beauftragenden Architekten und sodann die Investoren durch Wettbewerbe ermittelt. Die Wettbewerbe haben sich (jenseits der bis dahin üblichen bürokratischen Abläufe) als die schnellste Methode herausgestellt, alle beteiligten Akteure innerhalb und außerhalb der öffentlichen Verwaltung ‚an einen Tisch' zu bringen und auf einen verbindlichen zeitlichen Ablauf (von Grundstücksübertragung, Finanzierung, Baugenehmigung usw.) zu verpflichten. In der Folge wurden innerhalb der Stadtplanungs- und Bauverwaltung besondere Arbeitsgruppen eingerichtet, die Wettbewerbe vorbereiten, durchführen und auswerten; und es wurden neue Management-Methoden bei der Beratung von Investoren eingeführt, ohne die eine *public-private-partnership* nicht wirksam und für die Stadtentwicklung insgesamt nützlich und fruchtbar werden kann (vgl. Frick 1993 b).

Ein anderes Beispiel ist das *Bodenmanagement*. Mit dem Instrument des Bodenmanagements (auch „haushälterisches Bodenmanagement" oder „integriertes Flächenmanagement" genannt) wird versucht, zwischen Angebot und Nachfrage von Boden zu vermitteln und dabei Standortpräferenzen von Entwicklungsträgern (Investoren) und Nachfragern im Sinne der städtebaulichen Zielsetzungen der Gemeinde zu beeinflussen; oder auch Interessenten für Bodenflächen zu finden, welche die Gemeinde vorrangig bebaut sehen will. Dies geschieht in aller Regel parallel oder gar im Vorfeld der Aufstellung von Bebauungsplänen. Zum Bodenmanagement gehören unter anderem Marktbeobachtung, Bauflächenmonitoring für Wohn- und Gewerbenutzung, die Aufstellung von Empfehlungstabellen zur zeitlichen Reihenfolge der Bodeninanspruchnahme und eine indikatorengestützte Erfolgskontrolle. Auch beim Abschluss städtebaulicher Verträge spielen Elemente des Bodenmanagements eine Rolle.

Ein drittes Beispiel ist das *Quartiersmanagement*. Hier geht es um die Koordination möglichst aller Aktivitäten, die ein bestimmtes Stadtquartier betreffen, und zwar öffentlicher wie privater Aktivitäten, insbesondere auch solcher, die von den Einwohnern und Gewerbetreibenden im Quartier selbst ausgehen. Maßnahmen des Städtebaus beziehungsweise der Stadterneuerung sind dabei wichtig, stellen aber nur einen Teilaspekt dar. Programme des Quartiersmanagements werden in Quartieren eingerichtet, deren soziale und wirtschaftliche Entwicklung eine negative Richtung zu nehmen droht – angezeigt zum Beispiel durch Überalterung, Jugendprobleme, Arbeitslosigkeit, Schließung von Gewerbebetrieben, hohen Ausländeranteil, Kriminalität. Die Programme bestehen unter anderem im Einsatz von Quartiersmanagern (oft Stadtplanern) vor Ort und von öffentlichen Mitteln aus dem Programm „Soziale Stadt" der deutschen Bundesregierung (vgl. Becker 2000). Es handelt sich um „ein Stadterneuerungsprogramm, das einen integrativen und damit neuen Ansatz verfolgt: Es geht nicht um die Lösung baulicher Aufgaben, sondern um eine Verknüpfung von Wohnungs-, Arbeits- und Sozialpolitik mit dem Ziel, Stadtteile mit besonderen Problemen durch koordinierte und aufeinander bezogene Maßnahmen dauerhaft zu stabilisieren" (Duhem 2003; vgl. auch Häußermann 2003). Umgekehrt haben die städtebaulichen Maßnahmen dabei ihr Gewicht und ihre Bedeutung. „Die Aufwertung der öffentlichen Räume prägt nicht nur das Erscheinungsbild der Stadtteile, sondern wirkt auch konstitutiv für gute Atmosphäre und Sicherheitsgefühl" (Becker 2000, S. 147).

E Zusammenfassung und Schlussfolgerungen

Die systematische Darstellung von Stadt als *baulich-räumliche* Organisation, deren Entwicklung eigenen Gesetzmäßigkeiten folgt, erscheint nach dem jüngeren Stand der Forschung und Theorieentwicklung möglich. Dies verschafft dem Arbeitsfeld des *Städtebaus* einen klar benennbaren Gegenstand und bringt zugleich Gewinn für das Wechselverhältnis zu den anderen Teildisziplinen der Stadt- und Raumplanung. Die Beschreibung von Städtebau als einem besonderen Arbeitsfeld mit spezifischen Aufgaben innerhalb der Stadt- und Raumplanung kann deren theoretisches Gerüst insgesamt stärken und das Zusammenwirken der Teildisziplinen verbessern. Dies ebnet auch den Weg, das Überschneidungsfeld zwischen Stadtplanung und Gebäudeplanung (Architektur) genauer zu kennzeichnen und somit neue Ausgangspunkte für eine theoretisch induzierte Zusammensicht und Zusammenarbeit zwischen beiden zu finden. Die Beschreibung von Städtebau als besonderes Arbeitsfeld setzt allerdings voraus, dass es theoretisch eingeordnet und begründet wird.

Die Stadt als baulich-räumliche Organisation (als ‚Bauwerk‘) besitzt eine eigene Dimension, die der Stadt als sozialer, ökonomischer und ökologischer Organisation (Stadt als Gesellschaft, als Markt und als Biotop) gegenübergestellt werden kann. Die *baulich-räumliche* Organisation bezeichnet zugleich materiell-physische Möglichkeiten und Grenzen sozialer, ökonomischer und ökologischer Organisation von Stadt. Die vornehmliche Aufgabe von Städtebau ist dabei die Koordination und Steuerung der Bautätigkeit in einer Weise, dass nutzbare und wahrnehmbare (verständliche) *Orte* entstehen, die durch das *Netz* der Straßen und Wege und des *öffentlichen Raums* in erkennbare Beziehung und Verbindung zueinander gebracht werden und die darüber hinaus (wechselnde) Bedeutung erlangen können.

Erklärende Theorie

Eine erklärende Theorie des Städtebaus hat die baulich-räumliche Organisation der vorhandenen Stadt zum Gegenstand, einschließlich der historischen Entwicklung, die zum jeweiligen Bestand geführt hat. Eine solche Theorie ist im System des Außenraums, insbesondere des öffentlichen Raums begründet und in der Art der Anordnung, Beziehung und Verbindung (Konfiguration) der Raumabschnitte innerhalb eines Gebiets, sodann der Gebäude, Anlagen und Pflanzungen, die den öffentlichen Raum materiell darstellen und begrenzen. Dies gilt sowohl innerhalb der Siedlungseinheiten als auch sinngemäß zwischen den Siedlungseinheiten im Verhältnis zueinander und zur offenen Landschaft (im regionalen Maßstab).

Die Raumabschnitte oder *Orte* sind in unterschiedlichem Maß in das *Netz* des öffentlichen Raums beziehungsweise der öffentlichen Straßen und Wege ‚integriert‘, das heißt sie haben einen unterschiedlichen Grad der Zugänglichkeit von allen anderen Raumabschnitten oder Orten in einem Gebiet, der jeweils berechnet werden kann. Die räumliche Verteilung der Raumabschnitte von bestimmter Zugänglichkeit steht in signifikanter Beziehung zur jeweiligen Anzahl der Fußgänger oder Fahrzeuge im Straßen- und Wegenetz (Bewegung) und zur räumlichen Verteilung von Nutzungsarten sowie Nutzungs- und Bebauungsdichten in dem betrachteten Gebiet oder Teilgebiet. Dieser Zusammenhang kann, wie Bill Hillier gezeigt hat, für jede Siedlungseinheit empirisch dargestellt und überprüft werden, je nach Datenlage auch für historische Stadtgrundrisse.

Für die Nutzung und Wahrnehmung eines jeden Raumabschnitts oder Ortes spielen nicht nur seine Zugänglichkeit von allen anderen Raumabschnitten oder Orten, sondern auch die Sichtbeziehung zu benachbarten Raumabschnitten, seine bauliche Anlage und räumliche Form eine Rolle; im Einzelnen die Art der Raumbegrenzung und Bebauung, die Dimensionen und Gebäudeabstände, unterschiedliche Höhenlagen (Niveaus) sowie die Himmelsrichtungen; inwieweit er Sonne oder Schatten, Luftbewegung oder Windschutz, Gelegenheit zum Gehen, Stehen, Sitzen, Sehen, Hören, Reden bietet; mögliche Geschwindigkeiten. Auch dies kann, wie Jan Gehl gezeigt hat, empirisch überprüft werden.

Was für Raumabschnitte oder Orte in der Stadt gesagt ist, gilt analog auch für das Verhältnis ganzer Siedlungseinheiten zueinander. Für ihre Beziehung und Verbindung ist die Zugänglichkeit durch Transportnetze und öffentliche Verkehrsbedienung bestimmend; für ihre Wahrnehmbarkeit von innen und außen sind die Grenzlinien und Übergänge zu den benachbarten Einheiten beziehungsweise den angrenzenden Landschaftsteilen von Belang. Diese bilden im positiven Fall ein eigenes System von Landschaftsräumen, das auf regionaler Ebene den öffentlichen Raum (im weiteren Sinne) ausmacht.

Der Ansatz zu einer erklärenden Theorie des Städtebaus sei in den folgenden Sätzen zusammengefasst:

(1)   Die Ausprägung der baulich-räumlichen Organisation in einem Gebiet (Stadt) ist nicht nur Ausdruck und Folge von menschlichen (gesellschaftlichen) Aktivitäten, sondern sie liefert auch *Vorbedingungen* für diese Aktivitäten; die Wirkungsweisen gehen in beide Richtungen.

(2)   Die Vorbedingungen bestehen in Gebäuden, technischen Anlagen und Pflanzungen, und zwar in der Art ihrer *Anordnung, Beziehung und Verbindung* zueinander, vermittelt durch den öffentlichen Raum und die technischen Erschließungsnetze.

(3)   Die Art der Anordnung, Beziehung und Verbindung (Konfiguration) ermöglicht oder verhindert, unterstützt oder erschwert die menschlichen Aktivitäten. Sie schafft im positiven Fall Gelegenheiten des praktischen Gebrauchs (Nutzbarkeit) und der visuellen und körperlichen Wahrnehmung (Verständlichkeit) von Stadt und sie generiert *Bewegung.*

(4)   Die Bewegung von Fußgängern und Fahrzeugen im öffentlichen Straßen- und Wegenetz (im öffentlichen Raum) erzeugt oder beeinflusst ihrerseits die räumliche Ver-

teilung von Nutzungsarten sowie von Nutzungs- und Bebauungsdichte und zugleich die Herausbildung von *Orten*.

(5) Die Orte (Grundstück, Gebäude, Raumabschnitt oder Quartier) sind durch Lage (Zugänglichkeit), bauliche Anlage und räumliche Form gekennzeichnet. Sie können eine bestimmte *Bedeutung* erlangen.

(6) Die Bedeutung von Orten entspricht deren kollektiver Repräsentation im Bewusstsein der Einwohner und Passanten; sie enthält unter anderem eine Zusammensicht der baulich-räumlichen Organisation der vorhandenen Stadt sowie deren Nutzung und Wahrnehmung.

(7) Die baulich-räumliche Organisation wird in ihrem materiellen Bestand (Gebäude, Anlagen und Pflanzungen) durch *Bautätigkeit* geschaffen oder verändert, und sie erhält ihre Qualität durch gezielte Koordination und Steuerung, was die Aufgabe von Städtebau ist.

Normative Theorie

Wenn die Veränderung von Stadt als baulich-räumliche Organisation, ihre Erweiterung, Erneuerung oder ihr Umbau, durch städtebauliche Planung bewusst beeinflusst werden soll, bedarf es einer Aussage über die Zielsetzungen, nach denen die Steuerung der Bautätigkeit zu erfolgen hat. Diese Zielsetzungen betreffen das Erreichen positiver Wirkungen von Baumaßnahmen über deren einzelnen Zweck hinaus, nämlich die *räumlichen Synergien*, die sie für die Entstehung von Orten und deren Beziehung und Verbindung zueinander jeweils zustande bringen.

Die Ergebnisse der Beobachtung und Erforschung dieser Synergien an der vorhandenen Stadt bilden das *eine* Standbein normativer Theorie. Das andere besteht in Hypothesen darüber, welche Art baulich-räumlicher Organisation den gesellschaftlichen Anforderungen und ihrer künftig absehbaren Veränderung am besten entspricht. Dabei spielt es eine Rolle, bis zu welchem Umfang steuernde Eingriffe in die Bautätigkeit als legitim oder nicht legitim angesehen werden. Wesentlich ist, dass die Hypothesen die erkannten Gesetzmäßigkeiten und Auswirkungen baulich-räumlicher Organisation einbeziehen und jedenfalls nicht grundlegend gegen sie verstoßen. Denn die Muster und Merkmale der vorhandenen Stadt, auch ihrer historischen Ausprägungen, enthalten offenbar allgemein geltende Konstanten und sind nicht sämtlich überholt; ihre Missachtung für die zu planende Stadt stiftet Schaden.

Die Ergebnisse von Fehlentwicklungen in der zweiten Hälfte des 20. Jahrhunderts, nicht zuletzt verbunden mit einer scheinbar flächendeckenden Erreichbarkeit durch das Automobil, geben einerseits Anlass zur gründlichen Überprüfung bisheriger Zielsetzungen des Städtebaus. Solche Fehlentwicklungen zu Zielen erheben zu wollen bedeutete andererseits das Gegenteil einer normativen Theorie des Städtebaus, ein *laisser faire* ohne Verantwortung für die langfristigen sozialen, ökonomischen und ökologischen Auswirkungen.

Eine normative Theorie des Städtebaus muss offensichtlich Stellung beziehen und dabei die beiden genannten ‚Standbeine' miteinander in Beziehung bringen. Sie muss eine Aussage machen, inwieweit empirische Befunde und Erklärungen zur vorhandenen Stadt auch unter künftig veränderten gesellschaftlichen Bedingungen vermutlich ihre Geltung behalten werden oder aber in Frage zu stellen sind. Es ist zumeist dieser Punkt, an dem sich die Geister scheiden. Normative Theorie enthält stets auch eine subjektive Komponente, die dem jeweiligen Autor zuzuschreiben ist. Ihre Geltung erlangt sie über eine fortlaufende intersubjektive Abstimmung.

Der Ansatz zu einer normativen Theorie des Städtebaus sei unter dieser Voraussetzung in folgenden Sätzen zusammengefasst:

(1) Eine normative Theorie des Städtebaus gibt sich nicht damit zufrieden, dass irgendwo irgendetwas gebaut wird, sondern formuliert Zielvorstellungen und stellt *Regeln* auf, die einen Rahmen für die Bautätigkeit liefern.

(2) Diese Regeln dienen dazu, über die einzelnen Baumaßnahmen hinaus wechselseitige positive externe Effekte zu ermöglichen, anders gesagt: *räumliche Synergien* zu erzeugen.

(3) Räumliche Synergien entstehen durch die Art der Zueinanderordnung (Anordnung, Beziehung und Verbindung) von Grundstücken, Gebäuden, technischen Anlagen und Pflanzungen zu Außenräumen, insbesondere zu öffentlichem Raum; von Abschnitten öffentlichen Raums zu einem Raum-Netz (Straßen- und Wegenetz); von Siedlungseinheiten zu offener Landschaft.

(4) Die Erzeugung räumlicher Synergien ist auf die Funktion (Nutzbarkeit) und die Wahrnehmung (Verständlichkeit) von Stadt (und Landschaft) und die damit verbundenen langfristigen sozialen, ökonomischen und ökologischen *Auswirkungen* gerichtet (Nachhaltigkeit).

(5) Angestrebte soziale Auswirkungen sind, dass die Einwohner „sich begegnen, sich selber helfen, sich verteidigen, sich gegenseitig beistehen und einander alle jene Dienste leisten können, die ohne eigenen Schaden zur Vermehrung und Entwicklung des allgemeinen Wohlbefindens und Gedeihens beitragen" (Cerdá 1867, Bd. I, S. 32), und dass *Orte* entstehen, die sie als solche und im Zusammenhang mit anderen Orten nutzen und wahrnehmen können; angestrebte ökonomische Auswirkungen sind, dass das Kosten-Nutzen-Verhältnis für die individuellen Aktivitäten vor Ort und die Bewegung von Ort zu Ort insgesamt günstig ist, dass die Aufwendungen von Gemeinde und Staat für die Bereitstellung und Unterhaltung der Infrastruktur nutzbringend und die Kosten möglichst gerecht verteilt sind; angestrebte ökologische Auswirkungen sind: niedriger Ressourcenverbrauch, ausgeglichene Bilanz der Energie- und Stoffströme, Sicherung des Naturhaushalts im Sinne überlebens- und entwicklungsfähiger Biotope.

(6) Das Ziel der *Nutzbarkeit* von Stadt erfordert bauliche und räumliche Vorbedingungen für einen hohen Grad an Nutzungsmischung; eine (gestaffelte) Bebauungsdichte, die

bestimmte Standortvorteile und Versorgungsstandards überhaupt erst ermöglicht; ein nach Verkehrsarten und Entfernungen differenziertes (nicht: segregiertes) Transportsystem, das insbesondere in einem übersichtlichen Straßen- und Wegenetz, aber auch einer effizienten Bedienung durch öffentliche Verkehrsmittel besteht.

(7) Das Ziel der *Verständlichkeit* von Stadt erfordert wahrnehmbaren öffentlichen Raum, in Raumabschnitte gegliedert und zu einem Raum-Netz verknüpft; erfordert eine erkennbare Gliederung nach Maßstabsebenen innerhalb der Stadt oder Agglomeration und die erkennbar deutliche Unterscheidung von Siedlungseinheiten im Verhältnis zueinander und zur offenen Landschaft.

(8) Das Ziel der *Nachhaltigkeit* von Stadt erfordert sparsame Disposition über zu bebauende Flächen, eine (Mindest-)Bebauungsdichte, rationale Erschließung, ein robustes Raumsystem (,vollständiges' Netz), Energie sparende Transportsysteme und integrierte Siedlungseinheiten und Siedlungsteile.

Methodologie

Eine Methodologie des Städtebaus handelt von den Möglichkeiten und Grenzen der Steuerung der Bautätigkeit, den Verfahren und Instrumenten zur Verwirklichung seiner Zielsetzungen, der Koordination des Bauens an der Stadt. Die Verfahren und Instrumente sind in den wirtschaftlich entwickelten Ländern gut etabliert und bilden jeweils ein mehr oder weniger konsistentes System, in dem der *Vorgang der Herstellung* von Stadt der *Planung* von Stadt gegenübergestellt ist (siehe Abschnitt A 3). Dies entspricht den marktwirtschaftlichen Bedingungen mit ihrem Wechselverhältnis zwischen Marktgeschehen und Marksteuerung, im Städtebau zwischen Bautätigkeit und Steuerung der Bautätigkeit. Für die Methodologie ergibt sich daraus das Prinzip der Rahmensetzung durch die öffentliche Hand und Rahmenausfüllung durch die jeweiligen Bauherren oder Investoren beziehungsweise die beauftragten Bauträger, Architekten, Ingenieure und Baubetriebe. Die Darstellung der Methodologie bezieht sich, im Sinne eines Beispiels, hier vorwiegend auf das deutsche Planungssystem.

Im Bereich der Verfahren und Instrumente der Stadt- und Raumplanung hat die baulich-räumliche Dimension und damit die Teildisziplin Städtebau eine besondere Stellung. Denn jene Verfahren und Instrumente stützen sich zu einem nicht geringen Teil auf die Steuerung der *Bautätigkeit*, also der Errichtung, Veränderung oder Beseitigung von Gebäuden, technischen Anlagen und Pflanzungen und somit der materiell-physischen Vorbedingungen für die Nutzung von Grund und Boden und die Entwicklung von Stadt. Die Bautätigkeit und ihre Ergebnisse sind öffentlich sichtbar und deshalb leichter zu kontrollieren als die stattfindenden Aktivitäten. Die starke Stellung der Verfahren und Instrumente des Städtebaus innerhalb der Stadt- und Raumplanung hat Vorteile, mahnt aber auch zur Vorsicht. Die Vorteile liegen in der Ausrichtung auf konkrete (Bau-)Ergebnisse. Vorsicht ist gegenüber der Gefahr eigengesetzlicher und technokratischer Handhabung geboten.

Der Ansatz zu einer Methodologie des Städtebaus sei in folgenden Sätzen zusammengefasst:

(1)   Die Vorgehensweise städtebaulicher Planung ist verschieden von der Vorgehensweise der Gebäudeplanung; städtebauliche Planung betrifft nicht die Bautätigkeit an sich, sondern die *Rahmensetzung* für Bautätigkeit. Die Rahmensetzung erfolgt von Seiten der öffentlichen Hand durch *institutionelle, materielle* und *informationelle* Instrumente.

(2)   Institutionelle Instrumente bestehen in Optionen und Restriktionen für die private Bautätigkeit mittels der Aufstellung gesetzlich-formeller und informeller Pläne, der Zuweisung oder Begrenzung von Rechten bezüglich Bodennutzung und Bebauung; materielle Instrumente bestehen in der Schaffung realer Lage- und Standortbedingungen durch öffentliche Investitionen (Infrastruktur), gegebenenfalls in der Förderung privater Investitionen; informationelle Instrumente bestehen insbesondere in der Beteiligung der Betroffenen und der allgemeinen Öffentlichkeit an der Planung.

(3)   Die unterschiedlichen Arten von Instrumenten oder Maßnahmen müssen miteinander verknüpft werden, damit die Steuerungsfunktion voll wirksam werden kann; dies gilt für die verschiedenen *Planungsarten* im Einzelnen (Bodenordnung, Bebauungsplanung usw.) ebenso wie für das wechselseitige Verhältnis zwischen ihnen.

(4)   Die Planungsarten sind (oder sollten) auf die jeweiligen Komponenten baulich-räumlicher Organisation bezogen (sein), auf eine Systematik der vorhandenen und zu verändernden materiell-physischen Gegebenheiten: Bodeneinteilung zu *Bodenordnung*; Bebauung/Erschließung/Bepflanzung zu *Bebauungsplanung*; Außenraum | öffentlicher Raum zu *Infrastrukturplanung*; Orte und Netz sowie Maßstabsebenen zu *Bodennutzungs- und Standortplanung*. Hinzu kommen *Investitionsförderung* und *Urban management*.

(5)   Die genannten Planungsarten haben sämtlich Querschnittscharakter. Städtebau ist, ebenso wie Stadt- und Raumplanung insgesamt, *Querschnittsplanung*, das heißt seine Vorgehensweise ist auf die baulich-räumliche Organisation im Zusammenhang und als Ganzes gerichtet. Sektorale Planungen (Verkehrsplanung, Wohnungsplanung, Gewerbeplanung, Gesundheitsplanung usw.) beziehungsweise ihr baulich-räumlicher Niederschlag sind in die städtebauliche Planung in wechselseitiger Rückkoppelung einzubeziehen; ihre isolierte Handhabung ist für die Stadtentwicklung schädlich.

(6)   Planungen und Maßnahmen müssen auf den einzelnen *Maßstabsebenen* unterschiedlich ansetzen. Der städtebauliche Entwurf für einen Block oder Raumabschnitt, der Umgang mit der lokalen Eigenart eines Quartiers, die Strategie der Siedlungsentwicklung im gesamtstädtischen oder regionalen Maßstab, die Einordnung regionaler Entwicklungsperspektiven in globale Zusammenhänge sind je für sich vorzunehmen und zugleich laufend und wiederholt (,iterativ') miteinander zu verbinden.

(7)   Für jede Maßstabsebene müssen klare und konkrete Entwürfe vorliegen, die miteinander in Beziehung gesetzt und öffentlich diskutiert werden können, um sie dann zu

korrigieren, zu verwerfen oder zu bestätigen; nur hinreichend genaue Pläne können hinreichend genau diskutiert werden.

(8) Die Vielzahl der Beteiligten, die Komplexität des Planungsgegenstands, die zahlreichen querschnittsbezogenen und sektoralen Planungen mit ihren entsprechenden Kompetenzen bedürfen einer differenzierten Koordination, wenn eine zielgerechte Steuerung der Bautätigkeit gelingen soll. Dies ist Aufgabe des *Urban management,* das zur Stadt- und Raumplanung insgesamt gehört und gleichermaßen die sozialen, ökonomischen und ökologischen Planungen einschließt.

Zu einer Theorie des Städtebaus

Die in dieser Arbeit vertretene und in den einzelnen Abschnitten dargestellte Sichtweise zielt auf ein *Denkgerüst* des Städtebaus, das für die praktische Arbeit der städtebaulichen Planung hilfreich und nützlich sein soll. Grundlegend ist die Unterscheidung zwischen

(1)   der Beschreibung und Erklärung der vorhandenen Stadt,
(2)   den Zielvorstellungen und Handlungsfeldern für die zu planende Stadt und
(3)   der Steuerung der künftigen Entwicklung von Stadt,

und zwar jeweils in ihrer baulich-räumlichen Organisation, als Teil von Stadt- und Raumplanung insgesamt. Hilfe und Nutzen für die praktische Planung hängen davon ab, wie und inwieweit diese drei Theorie-Teile einerseits in ihrer sachlichen und begrifflichen Folgerichtigkeit, andererseits in den Köpfen der Handelnden miteinander verknüpft werden können; auch davon, ob es der Ansatz zu einer Theorie des Städtebaus den Handelnden erleichtert und sie dazu bewegen kann, die Anstrengung des stets erneuten Nachdenkens auf sich zu nehmen und nicht nur einer eingeführten Pragmatik zu folgen.

Eine Theorie des Städtebaus als Denkgerüst hat mit dem Selbstverständnis der in diesem Arbeitsfeld Handelnden zu tun. Sie sollte geeignet sein, eine reflektierte Verbindung zum Städtebau der Vergangenheit, seiner Realgeschichte wie seiner Ideengeschichte, herzustellen. Sie bildet eine Grundlage für die Vermittlung der Inhalte und Verfahren dieses Arbeitsfelds an die anderen Teildisziplinen der Stadt- und Raumplanung (und damit für eine Theorie der Stadt- und Raumplanung insgesamt), an die Nachbardisziplinen, an die politischen Entscheidungsträger und die allgemeine Öffentlichkeit. Denkgerüst bedeutet eine klare und konsistente Begrifflichkeit zu den Inhalten und Verfahren und der Versuch einer durchgehenden Systematik. Denk*gerüst* heißt zugleich, dass es sich um einen Entwurf und einen Rahmen handelt, der zu korrigieren beziehungsweise jeweils weiter auszufüllen ist.

Ausgangspunkt und zugleich Beweisgegenstand ist die Annahme und Feststellung, dass Stadt als baulich-räumliche Organisation seit mehr als fünftausend Jahren und bis heute existiert; die Vermutung oder Hypothese, dass sie weiterhin existieren wird, und die Auffassung, dass es sich lohnt und erforderlich ist, ihr Bestehen zu sichern und weiterzuentwickeln, also auch weiterhin Städtebau im Sinne von Koordination und Steuerung der Bautätigkeit gezielt zu betreiben. Eine passive oder rein technische Koordination führt nicht zu der besonderen räumlichen Qualität, die *Stadt* im engeren wie im weiteren Sinne ausmacht. Dies gilt insbesondere angesichts der Erscheinungen von räumlicher Dispersion, funktionaler Desintegration sowie schwindender Wahrnehmbarkeit und Verständlichkeit innerhalb vieler Siedlungseinheiten und im Siedlungssystem insgesamt (,Nicht-Stadt').

Während die reale Siedlungsentwicklung in vielen Ländern der Welt, so auch in Europa und Nordamerika, wenig koordiniert und weithin nach dem Prinzip des geringsten Widerstands verläuft, gibt es doch jüngere Beispiele von Stadterneuerung, Stadtumbau und auch Stadterweiterung, die offensichtlich baulich-räumliche Organisation mit städtischer Qualität von neuem entstehen lassen (Abschnitte C 3–5). Solche Beispiele für die *zu planende Stadt* beruhen fast immer auf *normativen* Theorieansätzen, das heißt man kann nachlesen, weshalb die Autoren jeweils so gehandelt haben, wie sie ihr Handeln begründen, auf welche Gedankengänge sie sich stützen und inwiefern sie sich auf Erkenntnisse über die vorhandene Stadt beziehen. Theorieansätze dieser Art mögen oft eher fallbezogen sein und nur wenige erklärende Elemente aufweisen. Sie zeigen aber, im Unterschied zur Bewegung der Moderne im 20. Jahrhundert, die Wiederkehr des Nachdenkens über Städtebau auch im *historischen* Zusammenhang. Nicht zuletzt stellen sie einen wachsenden Fundus von Erfahrungen darüber dar, wie es möglich ist, unter heutigen Bedingungen Stadt im Sinne einer besonderen Qualität baulich-räumlicher Organisation hervorzubringen.

Für die Entwicklung einer hinreichend allgemeinen Theorie des Städtebaus ist allerdings die Beschreibung und Erklärung der *vorhandenen* Stadt, sind *erklärende* Theorieansätze von entscheidender Bedeutung (Teil B). Dies meint die Erforschung von Gesetzmäßigkeiten baulich-räumlicher Organisation, die zu besonderer Qualität im Sinne eines hohen Grades räumlicher Synergie, zu Nutzbarkeit, Verständlichkeit und Nachhaltigkeit von Stadt führen und deren Unkenntnis oder Vernachlässigung eine solche Qualität verkommen lässt. *Vorhandene* Stadt schließt hier alle Formen von Siedlung beziehungsweise Baugebiete aller Art ein, bis hin zu den ,zersiedelten' Zwischenzonen in den wohlhabenden und den Squatter-Siedlungen oder Favelas in den armen Ländern. Die besondere Qualität baulich-räumlicher Organisation kann offensichtlich durch städtebauliche Planung sowohl erreicht als auch verhindert werden; und sie kann bei Abwesenheit einer Planung ,von oben' unter bestimmten Bedingungen auch durch gesellschaftlich organisiertes Vorgehen ,von unten' entstehen. Es kommt jeweils auf die bewusste (manchmal auch unbewusste) Einbeziehung und Ausnutzung der Gesetzmäßigkeiten der Entwicklung baulich-räumlicher Organisation an.

Die Erforschung solcher Gesetzmäßigkeiten ist deshalb der Angelpunkt einer analytischen beziehungsweise erklärenden Theorie, die dann einer normativen Theorie des Städtebaus Substanz und Rückhalt geben und die Methodologie gezielt mitbestimmen kann. Erfolg versprechende empirische Untersuchungen mit dem Ziel, solchen Gesetzmäßigkeiten auf die Spur zu kommen, sind in jüngerer Zeit von verschiedenen Autoren unternommen worden. Dabei geht es unter anderem darum, sehr alte Erkenntnisse, deren Überlieferung abgebrochen ist, mit Hilfe moderner Untersuchungstechniken neu zu verifizieren, sie aus der Aura einer nur rückwärts gewandten historischen Sicht zu befreien und ihnen Eingang in die Betrachtung industrieller und nachindustrieller Siedlungsmuster zu verschaffen. Dazu gehört eine Sichtweise, die sich mit vorschnellen Urteilen, etwa von der ‚Auflösung‘ der Stadt, nicht zufrieden gibt.

Der Bereich der *Methodologie* des Städtebaus beziehungsweise der Stadt- und Raumplanung ist nicht so sehr umstritten als vielmehr von der erklärenden und normativen Theorie zu sehr abgekoppelt. Zuweilen wird die Methodologie überhaupt als Theorie (beziehungsweise Theorieersatz) genommen, was die Gefahr technokratischen Handelns in sich birgt. Gesetzgebung, Verfahren und Instrumente im Städtebau sind in vielen Ländern hoch entwickelt, sichern aber für sich allein keine guten Ergebnisse. Erst die Verbindung mit einer profunden Kenntnis des Planungsgegenstands, der vorhandenen Stadt, und den darauf aufbauenden Zielsetzungen für die zu planende Stadt verleiht der Methodologie ihre Geltung. Überlegungen für die genauere Ausgestaltung dieser Verbindung sind geeignet, zur Schließung von Lücken im Planungssystem beizutragen. Eine dieser Lücken, die einen qualifizierten Städtebau erschweren, ist die zu große Eigengesetzlichkeit sektoraler Planungen, eine andere, und womöglich entscheidende, die weit gehende Abwesenheit der Komponente des öffentlichen Raums innerhalb des bestehenden Systems der Verfahren und Instrumente. Hierzu wurde der Vorschlag formuliert, den öffentlichen Raum zum zentralen Gegenstand der städtischen Infrastrukturplanung zu machen (Abschnitt D 3).

Die Möglichkeit einer allgemeinen Theorie des Städtebaus wurde bereits in der zweiten Hälfte des 19. Jahrhunderts von Ildefonso Cerdá gefordert und behauptet *(Teoría general de la urbanización)*. Dem wird andererseits immer wieder entgegen gehalten, dass jede einzelne Siedlungseinheit in ihrer baulich-räumlichen Organisation je besonderen und einmaligen örtlichen Bedingungen unterliege, deren Spektrum zu weit streue, als dass sie allgemeiner Erklärung und allgemeinen Normen zugänglich seien. Dahinter mögen zugleich auch die unterschiedlichen Sichtweisen von ‚Theoretikern‘ und ‚Praktikern‘ stehen.

Die Debatte ist legitim, dennoch erscheint sie mir als Scheindebatte. Was die *erklärende* Theorie angeht, so sind die Methoden der Erforschung von Gesetzmäßigkeiten baulich-räumlicher Organisation maßgebend. Wenn sie überhaupt geeignet sind, können sie, wie Hillier gezeigt hat, auf alle Arten von Siedlungseinheiten angewendet werden (Abschnitt B 0). Das Besondere muss sich dann im fallbezogenen Untersuchungsergebnis ebenso darstellen lassen wie das Allgemeine. Bei der *normativen* Theorie kommt es darauf an, dass sie nicht in die Nähe der Schematisierung von Zielsetzungen gerät, dass die in ihr enthaltenen Regeln nicht einfach nur angewendet, sondern mit Intuition verknüpft werden. Diese nährt sich nicht zuletzt von den örtlichen Bedingungen. Zugleich ist normative Theorie (wie auch die Methodologie) notwendigerweise allgemein, indem sie Zielvorstellungen und Regeln für mehr als einen Fall bereitstellen soll.

Vorzubeugen ist der Verselbständigung oder Ideologisierung von Zielvorstellungen. Dem dient die vorgenommene Unterscheidung zwischen zwei verschiedenen ‚Standbeinen' normativer Theorie (siehe oben). Die Unterscheidung soll deutlich machen, dass Hypothesen über künftige Veränderungen beziehungsweise planendes Eingreifen, wenn sie denn tragfähig sein sollen, immer auch auf empirisch belegte allgemeine Gesetzmäßigkeiten vorhandener baulich-räumlicher Organisation zu beziehen sind. Insgesamt geht es offenbar darum, allgemeine Erkenntnisse aus Forschungsergebnissen mit den jeweils besonderen Erfahrungen und Befunden vor Ort immer von neuem kritisch in Verbindung zu bringen. Die wenigen Argumente mögen zeigen, dass es im Städtebau – wie in anderen Arbeitsgebieten – darauf ankommt, dem Allgemeinen wie dem Besonderen seinen Platz zu geben, diesen entsprechend genau zu bestimmen und das Verhältnis zwischen beiden jeweils klar zu machen.

English abstract

After assessing recent developments in research and theory, it now seems possible to present *city* as *physical-spatial organization* with its own set of fundamental principles. This means that *urban design* becomes a clearly distinguishable field of work which, in turn, is of great benefit in the interactions between the various disciplinary fields within urban and regional planning. The description of urban design as a specific field of work with specific tasks within urban and regional planning can strengthen their overall theoretical framework and improve the combined effectiveness of the various disciplines. This also smoothes the way for a more precise definition of the interfaces between urban planning and building (architecture) and can thus reveal new starting points for theory-induced mutual vision and cooperation. The description of urban design as a specific field of work assumes that it can be theoretically determined and substantiated.

The city as physical-spatial organization (as *'edifice'*) possesses its own dimension which enables comparisons with the city as social, economic and ecological organization (city as society, market and biotope). The dimension of the *physical-spatial* organization indicates the material-physical possibilities and limitations of social, economic and ecological organization. It is the task of urban design to coordinate and pilot construction activity in such a way that functional and perceptible (intelligible) *places* emerge which through the *grid* of the roads, ways and the *public space* are brought into a recognizable relationship and interlinking, and which in addition can gain (varying) meaning.

The view presented in this book and its individual sections aims at creating a *frame of thought* for urban design which practitioners will find both helpful and useful. Fundamental differentiations are made between:

(1)   description and explanation of the existing city,
(2)   goals and objectives and action radiuses for the city to be planned and
(3)   piloting the future development of city,

each in their physical-spatial organization as part of overall urban and regional planning. To what extent practical planning finds these three fields of theory useful and helpful depends, on the one hand, how and to what extent their objective and conceptual consistency can be interlinked and, on the other hand, how and to what extent this process can be mobilized in the minds of the active participants. It also depends on whether the basics of a theory of urban design can make it easier for and inspire active participants to make the necessary effort of thinking and rethinking instead of simply relying on established pragmatism.

A theory of urban design as a framework of thought clearly involves the self-conception of the active participants. It should prove useful in producing reflective connections with urban design of the past, its real history and its history of ideas. It forms the basis for communicating the contents and procedures of this area of work with the other disciplinary fields of urban and regional planning (and consequently for a theory of urban and regional planning as a whole), with neighbouring disciplines, political decision makers and the general public. Framework of thought means a clear and consistent conceptuality concerning contents and procedures, as well as efforts to maintain constant systems. Framework of thought also means that we are dealing with a flexible draft which can be corrected, modified or extended.

The starting point as well as the object of proof is the assumption and the assertion that city as physical-spatial organization has existed for over five thousand years through to the present day; the supposition or hypothesis is that city will continue to exist, and the opinion is that it is worthwhile and necessary to secure and further develop city's existence, which in turn means continuing urban design in the sense of coordinating and piloting construction activity. Passive or purely technical coordination does not lead to the special spatial quality that constitutes city in both the narrow and broader sense (Section A 1). This is particularly relevant in face of such phenomena as spatial dispersion, functional disintegration, and declining perceptibility and intelligibility within many settlement complexes and in the settlement system as a whole ('non-city').

While real settlement development in many countries of the world, including North America and Europe, displays little coordination and usually takes the course of least resistance, there are recent examples of urban renewal, urban regeneration and urban extension which are clearly producing new physical-spatial organization with urban quality (Sections C 3–5). Such examples of *the city to be planned* are almost always based on *normative* theoretical approaches which means we can read up why the authors acted in that particular way, how they explain their actions, which trains of thought they followed and to what extent they have referred to insights into the existing city. Often this type of theoretical approach is case oriented and offers only a few explanatory elements. Nevertheless, in contrast to the modern movement of the 20th century, such approaches signify a return to reflecting on urban design, including the historical context. And last, but not least, they represent a growing accumulation of experience illustrating how, under present-day conditions, it is possible to produce city in the sense of special quality of physical-spatial organization.

In order to develop an adequate general theory of urban design it is certainly necessary to describe and explain *the existing city*, which means that *explanatory* approaches are of decisive importance (Part B). This entails researching principles of physical-spatial organization which lead to special quality in the sense of a high level of spatial synergy, to functionality, intelligibility and sustainability, so that eventually ignorance and neglect of such quality will decline. Here, existing city includes all forms of settlement and building areas of all kinds, through to the dispersed intermediary zones in wealthy countries and the squatters settlements or favelas in poor countries. It is clear that the special quality of physical-spatial organization can either be promoted or prevented by urban design; but, under certain conditions, it can also be achieved in the absence of planning 'from above' by socially organized action 'from below'. In each case it depends on the conscious (sometimes unconscious) inclusion and exploitation of the development principles of physical-spatial organization.

The exploration of such principles is thus the crux of an analytical or explanatory theory which can then provide substance and backing for a normative theory and have a determining influence on methodology. In recent times promising empirical studies directed towards discovering such principles have been undertaken from various perspectives. One of the aims here is to use modern research techniques to re-verify very old insights whose tradition has been interrupted, to free them from the aura of a purely backward-looking view of history and to integrate them into the examination of industrial and post-industrial settlement patterns. This calls for a type of view which is not satisfied with rash conclusions, for instance, the 'dissolution' of the city.

While the area of *methodology* of urban design, or urban and regional planning, is less controversial, it is nevertheless far too detached from explanatory and normative theory. At times the methodology itself is adopted as a theory (or a theoretical approach), and this harbours the danger of technocratic action. In many countries legislation, procedures and instruments in urban design are highly developed, but in themselves they do not guarantee good results. The methodology can only gain validity through its combination with a fundamental knowledge of the planning object, the existing city, and the resulting goals and objectives for the city to be planned. Thoughts about the precise development of this combination can help to close gaps in the planning system. One such gap, which makes qualified urban design more difficult, is the disproportional level of sectoral planning which acts according to its own laws. Another, maybe even decisive, gap is the predominant absence of the public space component within the existing system of procedures and instruments. This prompted the suggestion to make public space the key object in infrastructure planning (Section D 3).

The possibility of a general theory of urban design has already been called for and asserted in the second half of 19th century by Ildefonso Cerdá *(Teoría general de la urbanización)*. But it invariably meets with the argument that the physical-spatial organization of every individual settlement unit is always subject to specific and unique local conditions with such a broad spectrum that they remain inaccessible to general explanations and general norms. This type of argument may well be attributable to the differing viewpoints of the 'theoreticians' and the 'practitioners'.

Although the debate is legitimate, I still consider it somewhat hollow. As far as *explanatory* theory is concerned the methods of investigating principles of spatial-physical organization are decisive. If they are at all suitable, they can – as Bill Hillier has shown – be applied to all kinds of settlement units (Section B 0). The case-related investigation result has to be able to depict both the specific and general aspects. As far as *normative* theory is concerned, care should be taken to avoid schematisation of objectives, which can occur by simply mechanically applying the theoretical rules rather than combining them with intuition. And the intuition itself feeds to a great extent on the local conditions. At the same time, normative theory (and methodology) is essentially general, in that it has to provide goals and objectives and rules for more than one particular case.

It is important to prevent any drift towards isolated independence or ideologization of the goals and objectives. This is aided by the differentiation made between two separate 'buttresses' of normative theory (Part E). This differentiation is designed to show clearly that hypotheses about future changes or planning intervention – if they are to be viable – are always based on empirically proven general principles of existing spatial-physical organization. Evidently, the overall purpose is to combine general insights from research results with local experiences and findings in a permanent process of critical reappraisal. It is to be hoped that the small number of arguments will show that it is important in urban design, as in other fields of work, to allow leeway for both the general and the specific, leeway that is clearly and appropriately defined, and presents both aspects in a comprehensible relation to one another.

F Anhang

Glossar

Baulich-räumliche Organisation	Die Art und Weise der Anordnung von Grundstücken, Gebäuden, technischen Anlagen und Pflanzungen und ihrer Beziehung und Verbindung zueinander; im größeren Maßstab: von bebauten Gebieten oder Siedlungseinheiten und ihrer Beziehung und Verbindung zueinander.
Bautätigkeit	Die Herstellung, Veränderung oder Beseitigung von Gebäuden, technischen Anlagen und Pflanzungen durch private oder öffentliche Bauträger.
Bebauung	Die Gesamtheit der vorhandenen Gebäude und technischen Anlagen in einem Gebiet nach Art ihrer Anordnung oder Zueinanderordnung. Aus dieser ergeben sich unterschiedliche Bebauungs- und Gebietstypen und bestimmte (Un-)Möglichkeiten der → Nutzung, Nutzungsmischung, Dichte und Veränderung sowie verschiedene Ausprägungen von Außenraum, insbesondere → öffentlichem Raum.
Bebauungsplanung	Erstellen von Entwürfen und von Regeln für die → Bebauung eines Gebiets: Bebaubarkeit oder Freihaltung von Grundstücken, Nutzungsbestimmung; Art, Größe und Anordnung von Gebäuden, technischen Anlagen und Pflanzungen; Dimensionen und Ausstattung des öffentlichen Raums usw.
Behausung	Das Einnehmen von Raum *(occupancy)*. Die baulich-räumlichen Bedingungen für die Nutzung von → Orten (ortsbezogene Aktivitäten).
Bepflanzung	Die gesamte, ursprüngliche oder gestaltete Vegetation in einem Gebiet; im Zusammenhang mit Städtebau die Art der Anordnung von Pflanzungen zueinander, zu den Gebäuden und zum öffentlichen Raum.
Bewegung	Austausch und Transport von Personen und Gütern zwischen unterschiedlichen Orten *(movement)*, insbesondere über das Netz der öffentlichen Straßen und Wege als baulich-räumlicher Bedingung für netzbezogene Aktivitäten.
Bewertung	Überprüfung von Zielvorstellungen für die städtebauliche Planung im Hinblick (1) auf Folgerichtigkeit und Konsistenz des Zielsystems selbst und in Bezug auf den gesellschaftlichen Kontext, (2) auf die Einbeziehung der Erkenntnisse aus Beschreibung und Erklärung der jeweils vorhandenen Stadt.
Bodeneinteilung	Jeweils vorhandene Unterteilung eines Gebiets in einzelne Grundstücke oder Parzellen, meist zu Insel- oder Blockflächen zusammengefasst, und in die Flächen des → Straßen- und Wegenetzes (Netzflächen), welche die Verbindung zwischen den Grundstücken herstellen.
Bodennutzung	Im Zusammenhang von Stadtplanung und Städtebau: die Anordnung und Verteilung unterschiedlicher Nutzungsarten in einem Gebiet, bezogen auf die jeweils gegebene Bodeneinteilung (Grundstücke, Blockflächen usw.).
Bodennutzungs- und Standortplanung	Erstellen von Entwürfen und von Regeln (Optionen und Restriktionen) für die bauliche und sonstige Nutzung von Grundstücken, Block- und Netzflächen in einem Gebiet sowie deren Beziehung und Verbindung zueinander: Standortverteilung, Art, Umfang und Dichte von Bodennutzung und Bebauung.

Bodenordnung	Veränderung der vorhandenen → Bodeneinteilung in einem Gebiet als zweckentsprechende Voraussetzung für die Durchführung von Maßnahmen der Bebauungs-, Infrastruktur- und Bodennutzungsplanung: u.a. Ausweisung von Bauland, Umlegung, Grenzregelung, Enteignung.
Durchlässigkeit	Grad der Leitungsfähigkeit bzw. des Leitungswiderstands der räumlichen Verbindung zwischen Orten oder Raumabschnitten in einem Gebiet, z.B. Kontinuität oder Diskontinuität von Straßen, Wegen und Freiflächen. D. beeinflusst die → Zugänglichkeit der Orte oder Raumabschnitte.
Energie- und Stoffströme	Ihre Intensität in besiedelten Gebieten folgt aus der hohen Akkumulation von energetischen und materiellen Ressourcen auf begrenztem Raum. Die E. bezeichnen sowohl Produktivität und Versorgungsgrad städtischer Gebiete als auch die ökologische (Un-)Verträglichkeit der → baulich-räumlichen Organisation von Stadt.
Erklärende Theorie	Beschreibung und Erklärung von gebauter Stadt in ihrem jeweils vorzufindenden Zustand und ihrer Veränderung im zeitlichen Ablauf, insbesondere begründet in den → Gesetzmäßigkeiten der Entwicklung und den → Komponenten baulich-räumlicher Organisation.
Erschließung	Die Gesamtheit der Anlagen und Einrichtungen, welche die technische Versorgung und die Verbindung von den Grundstücken oder Gebäuden zum Quartier, zur Gesamtstadt und zur Region herstellen: Straßen und Wege, Wasserwege, ober- und unterirdische Schienenwege, Leitungssysteme usw.
Form von Stadt	Ausdruck von Qualität, gemessen am Grad der Erreichung gesetzter Zielvorstellungen und Bewertungskriterien für die baulich-räumliche Organisation: räumliche → Synergie oder Dysergie, Örtlichkeit oder Ortlosigkeit, ‚Stadt‘ oder ‚Nicht-Stadt‘.
Funktionale Eignung	Fähigkeit von Orten oder Raumabschnitten, durch ihre bauliche Anlage und räumliche Form die Aktivitäten der Einwohner oder Passanten zu unterstützen oder überhaupt zu ermöglichen.
Gegenstand Stadt	Zu unterscheiden zwischen Stadt als Gesellschaft, als Markt, als Biotop und als ‚Bauwerk‘; in ihrer sozialen, wirtschaftlichen, ökologischen und baulich-räumlichen Entwicklung; → Stadt im engeren und → im weiteren Sinne.
Generic function	‚Gattungsbezogene Wirkung‘, darin bestehend, dass der sesshafte Mensch Ort und Obdach braucht (→ Behausung) und auf die Verbindung zwischen den unterschiedlichen Orten angewiesen ist (→ Bewegung).
Gesamtstadt	Räumliche Maßstabsebene zwischen Quartier/Stadtteil und Region, entweder durch die Gemeindegrenze oder als im Zusammenhang bebautes Siedlungsgebiet definiert.
Gesetzmäßigkeiten	Entwicklung baulich-räumlicher Organisation nach G. der ‚aufsteigenden räumlichen Entwicklung‘ (→ *spatial emergence*), der ‚gattungsbezogenen Wirkung‘ (→ *generic function*) und solchen der Beziehung zwischen beiden.
Grundsicherung	Eines der vier Oberziele städtebaulicher Planung: das Minimum dessen, was die lokale Gesellschaft an Gebäuden, technischen Anlagen, Pflanzungen und Außenräumen sowie natürlichen Lebensbedingungen, an Behausung und Bewegung braucht, um im praktischen Sinne zu existieren.

Infrastrukturplanung	Erstellen von Programmen und Formulieren von Maßnahmen (1) zur Herstellung der räumlichen und technischen Verbindung zwischen den Grundstücken, Orten oder Raumabschnitten, Quartieren usw. (→ Erschließung), (2) zur gebietsbezogenen Ausstattung mit öffentlichen und privaten Versorgungseinrichtungen.
Instrumente	*Institutionelle* Instrumente: allgemein- oder behördenverbindliche Festsetzungen von Planinhalten gemäß Bau- und Städtebaurecht u.a.; *materielle* Instrumente: Investitionen der öffentlichen Hand in die technische und soziale Infrastruktur, → Investitionsförderung; *informationelle* Instrumente: ‚informelle‘ Programme und Pläne, Standortwerbung, Bürgerbeteiligung u.a.
Investitionsförderung	Der Einsatz öffentlicher Mittel zur Unterstützung privater → Bautätigkeit im Sinne eines gezielten, räumlich und zeitlich definierten Beitrags zur Verwirklichung städtebaulicher Ziele.
Konfiguration	Die Art und Weise der Zusammensetzung eines Stadtgebiets aus Gebäuden, Raumabschnitten oder Orten, deren jeder durch die Summe der Wegentfernungen zu allen anderen Gebäuden, Raumabschnitten oder Orten bestimmt ist; der jeweils unterschiedliche Wert bezeichnet die → Zugänglichkeit.
Koordination	Im Städtebau geht es, im Unterschied zur Errichtung einzelner Gebäude, nicht um das Bauen an sich, sondern um die Koordination und → Steuerung von → Bautätigkeit in einem Gebiet.
Maßstabsebenen	Stufen der räumlichen Gliederung von Stadt und Siedlungssystem: Teilgebiete unterschiedlicher Größenordnung: Inselfläche/Block, Quartier/Stadtteil, Gesamtstadt, Region usw. als gestufte Übergänge zwischen lokalem und globalem Maßstab.
Methodologie	Im Zusammenhang mit Städtebau die Lehre von der Art und Weise möglichen Eingreifens in den Vorgang der Entwicklung baulich-räumlicher Organisation von Stadt; dies durch → Koordination und → Steuerung der Bautätigkeit mittels unterschiedlicher → Planungsarten.
Nachhaltigkeit	Eines der vier Oberziele städtebaulicher Planung: die langfristige und umfassende Sicherung der Lebens- und Leistungsfähigkeit der sozialen, ökonomischen, ökologischen und baulich-räumlichen Systeme von Stadt unter weit gehendem Verzicht auf die Nutzung nichtregenerierbarer Ressourcen.
Naturhaushalt	Seine Aufrechterhaltung und Sicherung ist maßgebliches Kriterium für die ökologische Verträglichkeit baulich-räumlicher Organisation: Wasserhaushalt, Bodenfunktionen, Vegetation, Klima, Lebensraum für Pflanzen und Tiere u.a.
Netz	→ Raum-Netz, → Straßen- und Wegenetz.
Normative Theorie	Beschreibung von → Zielvorstellungen und Handlungsfeldern für die Entwicklung der baulich-räumlichen Organisation von Stadt vor dem Hintergrund gesellschaftlicher Wertsetzungen; Systematisierung der Ziele im Sinne eines Ziel*systems* und → Bewertung der Ziele.
Nutzbarkeit	Eines der vier Oberziele städtebaulicher Planung: Zweckentsprechung der Grundstücke, Gebäude, technischen Anlagen, Pflanzungen und Außenräume im Sinne praktischer und bequemer, ortsbezogener und netzbezogener → Nutzung: für die einzelnen Einheiten selbst, in ihrer Beziehung und Verbindung zueinander und auf den unterschiedlichen Maßstabsebenen.
Nutzung	Im Zusammenhang von Stadt das Verhältnis zwischen sozialer und baulich-räumlicher Organisation; zwischen den Aktivitäten der Einwohner, Erwerbstätigen und Passanten einerseits und der Bodeneinteilung, Bebauung, Erschließung und Bepflanzung andererseits.

Öffentlicher Raum	Besonderer Teil des städtischen Außenraums; als *gebauter* öffentlicher Raum das Ergebnis der Anordnung von Gebäuden, technischen Anlagen und Pflanzungen (‚Konstruktion'); als *sozialer* öffentlicher Raum durch das Handeln und Verhalten der Einwohner, Erwerbstätigen und Passanten bestimmt – begünstigt oder behindert durch die Konstruktion des gebauten Raums.
Orte	Das Produkt (1) ihrer Nutzung, baulichen Anlage und räumlichen Form, (2) der Anordnung aller anderen Orte in einem Gebiet. Stadt ist aus Orten (oder Raumabschnitten) zusammengesetzt, bestimmt durch das, was an ihnen geschieht, *und* durch die baulich-räumlichen Bedingungen dafür.
Planungsarten	Unterschiedliche Verfahren des Eingreifens in die Entwicklung baulich-räumlicher Organisation von Stadt (Intervention): Bodenordnung, Bebauungsplanung, Infrastrukturplanung usw. Den einzelnen Planungsarten entsprechen bestimmte → Instrumente.
Quartier	Soziale und baulich-räumliche Gebietseinheit mittlerer → Maßstabsebene, die sich innerhalb bebauter städtischer Gebiete von außen oder innen her abgrenzen lässt, sich von den umgebenden Siedlungsteilen unterscheidet, eine spezifische Qualität und Identität aufweist. Mehrere Quartiere bilden ggf. einen → Stadtteil.
Raumabschnitt	Bestandteil → öffentlichen Raums (des Raum-Netzes), Straßenabschnitt oder Platz, in seiner Ausdehnung bestimmt durch die Reichweite visueller oder körperlicher Wahrnehmung (→ Sichtfelder).
Raumbegriff	Der gebaute (öffentliche) Raum ist ein gesellschaftlicher; er erhält seine Funktion durch das Handeln und Verhalten der Nutzer und wird über ein Zeichen- und Symbolsystem wahrgenommen. Als Gegenstand bewussten Entwerfens ist er Produkt aus baulicher Anlage und räumlicher Form.
Räumliche Synergie	Das Zusammenwirken zwischen ‚Dingen und Dingen', die Art und Weise, wie Gebäude, technische Anlagen und Pflanzungen in einer Stadt oder Siedlungseinheit zueinander geordnet sind und damit Außenraum, insbesondere → öffentlichen Raum erzeugen, so dass das Handeln und Verhalten der Einwohner, Erwerbstätigen und Passanten unterstützt oder gar erst ermöglicht wird.
Raum-Netz	Gesamtheit der miteinander verbundenen Abschnitte öffentlichen Raums (→ Raumabschnitte), i.d.R. auf dem Straßen- und Wegenetz aufbauend, visuell und körperlich über die Verknüpfung von → Sichtlinien bzw. das Sich-Bewegen im Netz wahrnehmbar.
Region	Maßstabsebene oberhalb von → Gesamtstadt; in ihrer baulich-räumlichen Organisation bestimmt durch die Anordnung, Beziehung und Verbindung von Siedlungseinheiten und Landschaftsteilen unterschiedlicher Größenordnung, Nutzungsart und Nutzungsdichte.
Sichtfelder *(convex spaces)*	Gebildet durch ‚konvexe' Abschnitte öffentlichen Raums (Straßenabschnitte, Plätze usw.), die ein gewisses Maß an Umschlossenheit besitzen und unmittelbar einsehbar sind.
Sichtlinien *(axial lines)*	Durchblicke (Perspektiven) bestimmter Länge innerhalb des → Raum-Netzes, die dieses von der Wahrnehmung her konstituieren; ihre → Konfiguration innerhalb eines Gebiets ist ein wichtiger Indikator für die → Bewegung der Fußgänger und Fahrzeuge im Netz.
Spatial emergence	Das Prinzip der ‚aufsteigenden räumlichen Entwicklung', nach dem sich eine Stadt oder Siedlungseinheit im Verlauf ihrer Entwicklung baulich-räumlich organisiert: vom einzelnen Gebäude zum Quartier, vom Raumabschnitt zum Raum-Netz usw.; führt zur Herausbildung der unterschiedlichen → Maßstabsebenen.

Städtebauliches Entwerfen	Suchprozess, bei dem historische Erfahrung, theoretisches und empirisch-ortsbezogenes Wissen, programmatische Vorgaben und Entwurfsregeln mit räumlich vermittelter Intuition bezüglich der Anordnung, Beziehung und Verbindung von Gebäuden, Raumabschnitten usw. in einen modellhaften bildlichen Zusammenhang gebracht werden.
Stadt im engeren Sinne	Baulich-räumlich die Konzentration von Gebäuden, technischen Anlagen und Pflanzungen auf begrenzter Bodenfläche und in spezifischer Anordnung, Beziehung und Verbindung zueinander; ökologisch die Akkumulation energetischer und materieller Ressourcen auf begrenztem Raum.
Stadt im weiteren Sinne	Das gesamte Siedlungssystem oberhalb der Maßstabsebene der → Gesamtstadt; alle vorhandenen Ausprägungen von Siedlungseinheiten und Agglomerationen.
Stadterneuerung	Handlungsfeld der Stadtplanung und des Städtebaus: Maßnahmen, die einem vorhandenen Stadtgebiet oder Quartier zur Verbesserung der sozialen, ökonomischen, ökologischen und baulich-räumlichen Lebensbedingungen verhelfen sollen: Instandsetzung, Modernisierung, Abriss und Neubau von Gebäuden, Anpassung und Ergänzung der technischen und sozialen Infrastruktur, Inwertsetzung des öffentlichen Raums u.a.
Stadterweiterung	Handlungsfeld der Stadtplanung und des Städtebaus: die Anlage neuer Stadtteile oder Quartiere am jeweiligen Rand, auch innerhalb oder auch außerhalb der Stadt; in Bezug auf → ‚Stadt im weiteren Sinne' alle Arten von Inanspruchnahme bisher unbebauten Landes für Siedlungszwecke.
Stadtteil	Teilgebiet oder Siedlungseinheit mittlerer → Maßstabsebene, ggf. aus mehreren → Quartieren bestehend; in manchen Fällen nach Funktion und Bedeutung durch eine gewisse Eigenständigkeit und ein eigenes (Sub-) → Zentrum bestimmt.
Stadtumbau	Handlungsfeld der Stadtplanung und des Städtebaus: Maßnahmen größeren Umfangs innerhalb der vorhandenen Stadt in möglichst engem Wechselverhältnis zwischen gesamtstädtischen und teilräumlichen Konzeptionen; betrifft Infrastruktureinrichtungen, Umbau und ‚Rückbau' ganzer Wohnquartiere, Umnutzung ehemaliger Hafen-, Eisenbahn-, Industrie- oder militärischer Flächen u.a.
Stadt- und Raumplanung	Intervention in den Vorgang der sozialen, ökonomischen, ökologischen und baulich-räumlichen Entwicklung von Stadt und Region auf Grundlage koordinierter mittel- und langfristiger → Zielvorstellungen, wobei dem Städtebau die → Steuerung der *baulich-räumlichen* Entwicklung obliegt.
Steuerung	Im Zusammenhang mit Städtebau die gezielte Beeinflussung der Entwicklung baulich-räumlicher Organisation von Stadt, insbesondere die → Koordination der → Bautätigkeit.
Straßen- und Wegenetz	Stellt die räumliche Beziehung (→ Raum-Netz) und materiell-physische Verbindung zwischen den Grundstücken, Gebäuden usw. in einem Gebiet her; vermittelt → Zugänglichkeit und Lagegunst der einzelnen Orte oder Raumabschnitte. Seine Nutzung ist durch Bewegung, Begegnung, Austausch und Transport gekennzeichnet.
Urban management	Daraus erwachsen, dass die zur Verfügung stehenden Verfahren und Instrumente unter den Bedingungen des Bau- und Bodenmarkts, eines komplizierten Verwaltungssystems und einer weltweit verknüpften Wirtschaft nicht genügen, um eine befriedigende Stadtentwicklung zu erreichen. Versuch und Methode, die unterschiedlichen öffentlichen und privaten Akteure besser zu koordinieren und die Instrumente so einzusetzen, dass sich ihre Wirkung gegenseitig ergänzt und verstärkt.
Verständlichkeit	Eines der vier Oberziele städtebaulicher Planung: die visuelle und körperliche Wahrnehmbarkeit von Stadt und Siedlung in ihren Teilen (Orten, Raumabschnitten, Quartie-

ren usw.) und in ihrem Zusammenhang, insbesondere vermittelt durch den öffentlichen Raum. Bauliche Anlage, räumliche Form und → Raum-Netz sollen Örtlichkeit und Orientierung erlauben.

Zentrum   Die auf die unterschiedlichen → Maßstabsebenen bezogene räumliche Konzentration bestimmter Nutzungsarten, entsprechender Gebäude und Außenräume. Sie bedürfen besonderer → Zugänglichkeit oder können sich die Standortgunst aufgrund ihrer Marktposition verschaffen: soziale und kulturelle Einrichtungen, öffentliche und private Dienstleistungen, Einzelhandel usw.

Zielvorstellungen   Z. für den Städtebau liegen in Form von Schriften und Gesetzestexten, politischen Beschlüssen und Bürgerbegehren und in städtebaulichen Entwürfen vor. Definierte Z. sollen die Motive planungspraktischen Handelns bewusst machen, die Ziele in eine begründete, nachvollziehbare Verbindung zueinander bringen und die Kommunikation zwischen Bevölkerung, gewählten Entscheidungsträgern und Fachleuten befördern.

Zugänglichkeit   Aussage über die Lage oder Lagegunst eines Ortes oder Raumabschnitts, beschrieben durch seine Erreichbarkeit über das Straßen- und Wegenetz und ggf. andere Netze; rechnerisch die Summe der Weg-Entfernungen von einem Ort oder Raumabschnitt zu allen anderen Orten in einem Gebiet; beeinflusst von der → Durchlässigkeit der Wegstrecken.

Verzeichnis der Übersichten

Verzeichnis und Nachweis der Abbildungen

1 Bodeneinteilung: Berlin-Innenstadt, Parzellenplan um 2001 (Ausschnitt): Stimmann, Hans (Hrsg.), Die gezeichnete Stadt. Die Physiognomie der Berliner Innenstadt in Schwarz- und Parzellenplänen 1940–2010. Berlin: Nicolai, 2002, Plan 14
2 Bebauung: Berlin-Innenstadt, Schwarzplan um 2001 (Ausschnitt): wie Nr. 1, Plan 13
3 *Urban Villages*: Western Harbour, Leith, Edinburgh. Masterplan, nach 2000 (Robert Adam Architects. Landschaftsplanung: Landscape Design Associates): Robert Adam Architects, Winchester, England
4 ,Neue Vorstadt': Karow-Nord, Berlin-Weißensee, 1992–1997. Städtebaulicher Rahmenplan (Moore, Ruble, Yudell): Senatsverwaltung für Bau- und Wohnungswesen (Hrsg.): Stadt – Haus – Wohnung. Wohnungsbau der 90er Jahre in Berlin. Berlin: Ernst & Sohn, 1995, S. 292
5 ,Kritische Rekonstruktion': südliches Tiergartenviertel und südliche Friedrichstadt, Berlin. Planungen und Maßnahmen um 1987 (Bauausstellung Berlin): Internationale Bauausstellung Berlin 1987, Projektübersicht 1991. Berlin: Senatsverwaltung für Bau- und Wohnungswesen/S.T.E.R.N. Gesellschaft der behutsamen Stadterneuerung mbH, Kartenanhang
6 ,Behutsame Stadterneuerung': Luisenstadt und Kreuzberg SO36, Berlin. Stand der Planungen und Maßnahmen um 1987 (Bauausstellung Berlin): wie Nr. 5, Kartenanhang
7 ,Projekt Innenentwicklung': Stuttgarter Straße/Französisches Viertel, Tübingen. Städtebaulicher Rahmenplan, 1993 (LEHEN 3 Architekten und Stadtplaner): Stadtsanierungsamt Tübingen (Hrsg.), Stadt mit Eigenschaften: Tübingen – städtebaulicher Entwicklungsbereich „Stuttgarter Straße/Französisches Viertel". Tübingen: Stadt Tübingen, 1997, S. 8
8 Umbau von Großsiedlungen: Südstadt, Leinefelde (Thüringen). Stadtteilkonzept/Rahmenplan, 1999 (GRAS Gruppe Architektur und Stadtplanung): Rietdorf, Werner/Haller, Christoph/Liebmann, Heike, u.a., Stadtumbau in den neuen Ländern. Berlin: Bundesministerium für Verkehr, Bau- und Wohnungswesen, 2001, S. 96

Literaturverzeichnis

Albers, Gerd, Entwicklungslinien im Städtebau. Ideen, Thesen, Aussagen 1875–1945: Texte und Interpretationen. Düsseldorf: Bertelsmann Fachverlag, 1975 (Albers 1975)
Albers, Gerd/Papageorgiou-Venetas, Alexander, Stadtplanung. Entwicklungslinien 1945–1980. Tübingen: Wasmuth, 1984 (Albers/Papageorgiou-Venetas 1984)
Albers, Gerd, Zur Rolle der Theorie in der Stadtplanung, in: Deutsche Akademie für Städtebau und Landesplanung, Bericht 2000. Berlin: Edition StadtBauKunst, 2000, S. 12–34 (Albers 2000)
Alberti, Leon Battista, De re aedificatoria. München: Prestel, 1975 (1485) (Alberti 1975)
Alexander, Christopher/Ishikawa, Sara/Silverstein, Murray, A Pattern Language. Towns, buildings, construction. New York: Oxford University Press 1977 (deutsche Übersetzung: Eine Muster-Sprache. Wien: Löcker, 1995) (Alexander/Ishikawa/Silverstein 1977)
Altrock, Uwe/Schubert, Dirk, „Öffentlicher Raum" – einige Klarstellungen und Entwicklungsperspektiven, in: Jahrbuch Stadterneuerung 2003, Berlin: Technische Universität Berlin, Universitätsbibliothek, Abt. Publikationen, 2003, S. 95–108 (Altrock/D. Schubert 2003)
Apel, Dieter/Lehmbrock, Michael/Pharoah, Tim/Thiemann-Linden, Jörg, Kompakt, mobil, urban: Stadtentwick-

lungskonzepte zur Verkehrsvermeidung im internationalen Vergleich. Berlin: Deutsches Institut für Urbanistik, 1997 (Apel u.a. 1997)

Ascher, François, Les nouveaux principes de l'urbanisme. Paris: Editions de l'Aube, 2001 (Ascher 2001)

Baccini, Peter/Brunner, Paul H., Metabolisme of the Anthroposphere. Berlin/Heidelberg: Springer, 1991 (Baccini/Brunner 1991)

Baccini, Peter/Oswald, Franz (Hrsg.), Netzstadt. Transdisziplinäre Methoden zum Umbau urbaner Systeme. Zürich: vdf Hochschulverlag AG an der ETH, 1998 (Baccini/Oswald 1998)

Bach, Joachim, Zur Entwicklung einer allgemeinen Theorie der Stadtplanung, in: Schriften der Hochschule für Architektur und Bauwesen Weimar, Heft 55, 1988, S. 1–19 (Bach 1988)

Baugesetzbuch (BauGB), in der Fassung der Bekanntmachung vom 27. August 1997, BGBl. I. S. 2141, und 13. September 2001, BGBl. I, S. 2376

Baumeister, Reinhard, Stadterweiterungen in technischer, baupolizeilicher und wirtschaftlicher Beziehung. Berlin: Ernst & Korn, 1876 (Baumeister 1876)

Becker, Heidede/Jessen, Johann/Sander, Robert, Ohne Leitbild? Städtebau in Deutschland und Europa. Stuttgart/Zürich: Karl Krämer, 1998 (Becker/Jessen/Sander 1998)

Becker, Heidede, Das Bund-Länder-Programm „Soziale Stadt". Raumbezüge und Handlungsfelder, in: *Die alte Stadt* 2/2000, S. 139–149 (Becker 2000)

Bernoulli, Hans, Die Stadt und ihr Boden. Erlenbach-Zürich: Verlag für Architektur, 1949 (1946) (Bernoulli 1949)

Bodenschatz, Harald, Platz frei für das neue Berlin. Geschichte der Stadterneuerung in der „größten Mietskasernenstadt der Welt" seit 1871. Berlin: Transit, 1987 (Bodenschatz 1987)

Bodenschatz, Harald, u.a., Alte Stadt – neu gebaut. Themenheft der Zeitschrift *Die alte Stadt*, 4/1998, S. 297–371 (Bodenschatz 1998)

Bodenschatz, Harald, New Urbanisme and the European Perspective. Presumption, Rivalry or Challenge?, in: R. Krier, Town Spaces. Contemporary Interpretations in Traditional Urbanisme. Basel: Birkhäuser, 2003, S. 266–279 (Bodenschatz 2003)

Bodenschatz, Harald/Gräwe, Christina/Kegler, Harald/Nägelke, Hans-Dieter/Sonne, Wolfgang (Hrsg.), Stadtvisionen 1910 | 2010. Berlin Paris London Chicago. 100 Jahre Allgemeine Städtebauausstellung in Berlin. Berlin: DOM publishers, 2010 (Bodenschatz u.a. 2010)

Bolan, Richard S., Perspektiven der Planung, in: *Stadtbauwelt* 25 (*Bauwelt* 12/13), 1970, S. 14–20 (Bolan 1970)

Braunfels, Wolfgang, Mittelalterliche Stadtbaukunst in der Toskana. Berlin: Gebr. Mann, 1966 (¹1953) (Braunfels 1966)

Braybrooke, David/Lindblom, Charles, A Strategy of Decision. Glencoe, Illinois: The Free Press, 1963 (Braybrooke/Lindblom 1963)

Brockhaus in 15 Bänden. Leipzig/Mannheim: F.A. Brockhaus, Bd. 10, 1998 (Brockhaus 1998)

Buhtz, Martina/Lindner, Margit/Gerth, Heike/Weeber, Rotraut, Leinefelde-Südstadt, in: Die soziale Stadt. Berlin: Deutsches Institut für Urbanistik, 2002, S. 182–195 (Buhtz u.a. 2002)

Busquets, Joan, The plan for the *eixample* vs. the present *eixample* contents, in: J. Busquets i Grau u.a., Treballs sobre Cerdà i el seu eixample a Barcelona (Readings on Cerdá and the extension plan of Barcelona). Barcelona: Ministerio de Obras Públicas y Transportes/Ajuntament de Barcelona, 1992, S. 385–393 (Busquets 1992)

Castells, Manuel, The City and the Grassroots. A cross-cultural theory of urban social movements. Berkeley, Cal./Los Angeles: University of California Press, 1983 (Castells 1983)

Castells, Manuel, Space flow – der Raum der Ströme, in: Kursbuch Stadt. Stadtleben und Stadtkultur an der Jahrtausendwende. Stuttgart: Deutsche Verlags-Anstalt, 1999, S. 39–81 (Castells 1999)

Cerdá, Ildefonso, Teoría general de la urbanizacíon, Bd. I–II. Madrid: Imprenta Espanola, 1867 (Cerdá 1867)

Chapin, F. Stuart Jr., Urban Land Use Planning. Urbana/Chicago/London: University of Illinois Press, 1972 (Chapin 1972)

Choay, Françoise, La règle et le modèle. Sur la théorie de l'architecture et de l'urbanisme. Paris: Editions du Seuil, 1980 (Choay 1980)

Choay, Françoise, Twenty years ago, in: J. Busquets i Grau u.a., Treballs sobre Cerdà i el seu eixample a Barcelona (Readings on Cerdá and the extension plan of Barcelona). Barcelona: Ministerio de Obras Públicas y Transportes/Ajuntament de Barcelona, 1992, S. 325–331 (Choay 1992)

Choay, Françoise, Das architektonische Erbe. Eine Allegorie. Braunschweig/Wiesbaden: Vieweg, 1997 (^{1}1992) (Choay 1997)

Christaller, Walter, Die zentralen Orte in Süddeutschland. Jena: Fischer, 1933 (Christaller 1933)

Curdes, Gerhard, Wird das Bild der Stadt überleben? Der Einfluss von Raumlogik und Stadtbaugeschichte auf Struktur und Bild der Stadt, in: U. Altrock/D. Frick/Th. Kuder (Hrsg.), Zwischenbilanz. Standortbestimmung und Perspektiven der Stadt- und Regionalplanung. Berlin: Universitätsbibliothek der Technischen Universität Berlin, Abt. Publikationen, 1998, S. 165–200 (Curdes 1998)

Cuthbert, Alexander R., The Form of Cities. Political Economy and Urban Design. Malden, MA/Oxford/Carlton, Victoria: Blackwell, 2006 (Cuthbert 2006)

De Magalhaes, Claudio/Healey, Patsy/Madanipour, Ali, Assessing Institutional Capacity for City Centre Regeneration: Newcastle's Grainger Town, in: Cars, G. u.a. (Hrsg.): Urban Governance. Institutional Capacity and Social Milieux. Aldershot, England: Ashgate, 2002, S. 45–62 (De Magalhaes u.a. 2002)

Duden Fremdwörterbuch, Mannheim: Bibliographisches Institut, 1966 (Duden 1966)

Duhem, Gilles, La ‚ville sociale‘ en Allemagne: objectifs, résultats, limites et perspectives. Manuskript, 2003 (Duhem 2003)

Ellis, Cliff, The New Urbanisme: Critiques and Rebuttals, in: *Journal of Urban Design* 7, 3/2002, S. 261–291 (Cliff 2002)

Englert, Klaus, From Patchwork City to Network City. Typologie des neuen Urbanismus, in: M. Wentz (Hrsg.), Die kompakte Stadt. Frankfurt a. M./New York, 2000, S. 232–241 (Englert 2000)

European Council of Town Planners (ECTP), The Charter of Athens 2003. The European Council of Town Planners Vision for Cities in the 21st Century. Brüssel, 2003 (European Council 2003)

Faludi, Andreas, Critical Rationalism and Planning Methodology. London: Pion Limited, 1986 (Faludi 1986)

Feketics, Martin/Schenk, Leonhard/Schuster, Matthias, Bauen in der Stadt der kurzen Wege, in: Andreas Feldtkeller (Hrsg.), Städtebau: Vielfalt und Integration. Neue Konzepte für den Umgang mit Stadtbrachen. Stuttgart/München: Deutsche Verlags-Anstalt, 2001, S. 87–116 (Feketics/Schenk/Schuster 2001)

Feldtkeller, Andreas, Die zweckentfremdete Stadt. Wider die Zerstörung des öffentlichen Raums. Frankfurt a. M./New York: Campus, 1994 (Feldtkeller 1994)

Feldtkeller, Andreas (Hrsg.), Städtebau: Vielfalt und Integration. Neue Konzepte für den Umgang mit Stadtbrachen. Stuttgart/München: Deutsche Verlags-Anstalt, 2001 (Feldtkeller 2001)

Flecken, Ursula, Zur Genese der Nachmoderne im Städtebau. Entwürfe 1960-1975 in Westdeutschland. Berlin: Technische Universität Berlin, Universitätsbibliothek, Abt. Publikationen, 1999 (Flecken 1999)

Forßmann, Jörg, Thesen zu einer nachhaltigen Stadtentwicklung, in: Planerin 2/1999, S. 19 f. (Forßmann 1999)

Fourastié, Jean, Die große Hoffnung des zwanzigsten Jahrhunderts. Köln-Deutz: Bund-Verlag, 1954 (^{1}1953) (Fourastié 1954)

Freistaat Thüringen, Innenministerium, Drei städtebauliche „weltweite" Projekte zur EXPO 2000 in Thüringen. Stadt Leinefelde, 2000 (Freistaat Thüringen 2000)

Frick, Dieter, Wechselwirkungen zwischen Fußgängerverkehr und Gebäudenutzung. Berlin: Diss. Technische Universität Berlin, 1973 (Frick 1973)

Frick, Dieter, u.a., Stadtquartier und Qualität der Lebensbedingungen. Eine Untersuchung im Quartier ‚Saint Martin' in Paris unter Aspekten der Stadtplanung (deutsch und französisch). Berlin: Institut für Stadt- und Regionalplanung der Technischen Universität Berlin, 1990 (Diskussionsbeiträge Nr. 35) (Frick u.a. 1990)

Frick, Dieter, Wirtschaftsentwicklung und Nutzungsmischung. Ausgangsthesen, in: Berlin-Brandenburg, eine Region braucht Rat. Bochum: Vereinigung für Stadt-, Regional- und Landesplanung e.V. (SRL), 1993, S. 24–26 (Frick 1993 a)

Frick, Dieter, Anstoß zu Innovation und Reform – die Internationale Bauausstellung Berlin 1987 aus der Sicht von Handelnden und Beteiligten, in: Joachim Brech, Neue Wege der Planungskultur, Orientierungen in der Zeit des Umbruchs. Darmstadt: Verlag für wissenschaftliche Publikationen, 1993, S. 243–253 (Frick 1993 b)

Frick, Dieter/Mack, Gerlinde, Stadterneuerung in Paris, in: H. Bodenschatz/E. Konter/M. Stein/M. Welch Guerra, Stadterneuerung im Umbruch: Berlin, Universitätsbibliothek der Technischen Universität Berlin, Abt. Publikationen, 1994, S. 257–278 (Frick/Mack 1994)

Frick, Dieter, Stadtplanung, in: Lexikon der Bioethik, Gütersloh, 1998, S. 435–440 (Frick 1998)

Frick, Dieter, Möglichkeit und Unmöglichkeit dezentraler Selbstorganisation innerhalb großstädtischer Agglomerationen, in: Michael Mönninger (Hrsg.), Stadtgesellschaft. Frankfurt a. M.: Edition Suhrkamp, 1999, S. 126–133 (Frick 1999)

Frick, Dieter, Spatial Synergy and Supportiveness of Public Space, in: *Journal of Urban Design*, Vol 12/2, 2007, S. 261–274 (Frick 2007)

Friedrichs, Jürgen, Stadtanalyse. Soziale und räumliche Organisation der Gesellschaft. Reinbek b. Hamburg: Rowohlt Taschenbuch Verlag, 1977 (Friedrichs 1977)

Fuhrich, Manfred, Kompass zur Stadt der Zukunft. Indikatorengestützte Erfolgskontrolle nachhaltiger Stadtentwicklung. Bonn: Bundesamt für Bauwesen und Raumordnung, 2001 (Fuhrich 2001)

Ganser, Karl, Instrumente von gestern für die Städte von morgen?, in: Karl Ganser/Joachim Jens Hesse/Christoph Zöpel (Hrsg.), Die Zukunft der Städte. Baden-Baden: Nomos, 1991, S. 54–65 (Ganser 1991)

Gehl, Jan, Life between Buildings, Using Public Space. Copenhagen: Arkitektens Forlag, 1996 ([1]1987) (Gehl 1996)

Gemeente Amsterdam, Structuurplan Amsterdam, 1985 (Gemeente Amsterdam 1985)

Gemeinsames Landesentwicklungsprogramm der Länder Berlin und Brandenburg, in: Gemeinsam planen für Berlin und Brandenburg. Potsdam/Berlin: Ministerium für Umwelt, Naturschutz und Raumordnung/Senatsverwaltung für Stadtentwicklung, Umweltschutz und Technologie, 1998, S. 46 ff. (Gemeinsames Landesentwicklungsprogramm 1998)

Giseke, Undine/Lütke Daldrup, Engelbert, Stadtumbau im Leipziger Osten, in: Planerin 1/2002, S. 22–24 (Giseke/Lütke Daldrup 2002)

Goecke, Theodor/Sitte, Camillo, An unsere Leser, in: *Der Städtebau*, 1. Jg., 1904, S. 1–4 (Goecke/Sitte 1904)

Göderitz, Johannes/Rainer, Roland/Hoffmann, Hubert, Die gegliederte und aufgelockerte Stadt. Tübingen: Wasmuth, 1957 (Göderitz/Rainer/Hoffmann 1957)

Gualini, Enrico, Planning and the Intelligence of Institutions. Interactive approaches to territorial policy making between institutional design and institution-building. Aldershot, England: Ashgate, 2001 (Gualini 2001)

Hägerstrand, Torsten, Information Systems for Regional Development. Lund: Gleerup, 1971 (Hägerstrand 1971)

Hämer, Hardt-Waltherr, Behutsame Stadterneuerung in Kreuzberg, in: Internationale Bauausstellung Berlin 1987, Projektübersicht. Berlin: Senatsverwaltung für Bau- und Wohnungswesen Berlin/S.T.E.R.N. Gesellschaft der behutsamen Stadterneuerung Berlin mbH, 1991, S. 202–205 (Hämer 1991)

Häußermann, Hartmut, u.a., Stadt und Raum. Soziologische Analysen. Pfaffenweiler: Centaurus, 1992 (Häußermann u.a. 1992)

Häußermann, Hartmut, Die Ausgrenzung vermeiden – das Thema der „Sozialen Stadt", in: *Stadt und Raum*, 24. Jg., 6/2003, S. 374–378 (Häußermann 2003)

Hall, Peter, The World Cities. London: Weidenfeld & Nicolson, 1984 (1966) (Hall 1966)

Haspel, Jörg, Historische Kulturlandschaften und Großstadtdenkmalpflege, in: Architektenkammer Berlin (Hrsg.), Berliner Kulturlandschaften. Schriftenreihe der Architektenkammer Berlin, Bd. 9, 1997 (Haspel 1997)

Hatzfeld, Ulrich/Roters, Wolfgang, Zentrum – Peripherie: Was sollen wir wollen oder: Spielen auf Zeit?, in: *Informationen zur Raumentwicklung* 7/8, 1998, S. 521–535 (Hatzfeld/Roters 1998)

Hatzfeld, Ulrich, Die Entwicklung der Innenstädte in Deutschland. Probleme und Perspektiven. Ein Überblick, in: *Kommunalpolitische Schriftenreihe* 4/2000 (Petra-Kelly-Stiftung), S. 6 ff. (Hatzfeld 2000)

Haussmann, Baron George Eugène, Mémoires. Paris: Editions du Seuil, 2000 (1890, 1893) (Haussmann 2000)

Heuer, Hans, Sozioökonomische Bestimmungsfaktoren der Stadtentwicklung. Stuttgart/Berlin/Köln/Mainz: W. Kohlhammer, 1975 (Heuer 1975)

Heynitz, Jobst von, Ordnungspolitische Leitlinien und konkrete Gestalt einer künftigen Bodenordnung, in: Beate Dieterich/Hartmut Dieterich (Hrsg.), Boden. Wem nützt er? Wen stützt er? Braunschweig/Wiesbaden: Vieweg, 1997, S. 266–282 (von Heynitz 1997)

Hillebrecht, Rudolf, Städtebau und Stadtentwicklung, in: Archiv für Kommunalwissenschaften, 1. Halbjahresbd. 1962, S. 41–64 (Hillebrecht 1962)

Hillier, Bill, Space is the Machine. A configurational theory of architecture. Cambridge: Cambridge University Press, 1996 (Hillier 1996)

Hoffmann-Axthelm, Dieter, Die dritte Stadt. Bausteine eines neuen Gründungsvertrages. Frankfurt a. M.: Edition Suhrkamp, 1993 (Hoffmann-Axthelm 1993)

Howard, Ebenezer, Gartenstädte von morgen. Berlin/Frankfurt a. M./Wien: Ullstein, 1968 (1898) (Howard 1968)

Informationen zur Raumentwicklung 7/8, 1994 (Themenheft „Dezentrale Konzentration") (Informationen zur Raumentwicklung 1994)

Internationale Bauausstellung Berlin 1987, Projektübersicht 1991. Berlin: Senatsverwaltung für Bau- und Wohnungswesen/S.T.E.R.N. Gesellschaft der behutsamen Stadterneuerung Berlin mbH, 1991 (Internationale Bauausstellung Berlin 1987)

Jacobs, Jane, Tod und Leben großer amerikanischer Städte. Berlin/Frankfurt a. M./Wien: Ullstein, 1963 (¹1961) (Jacobs 1963)

Jaeger, Falk, Dinosaurier der Architektur. Das Hochhaus als überlebte Bauform dient nur dem Image des Bauherrn, in: *Der Tagesspiegel*, Nr. 14196, Berlin 1992 (Jaeger 1992)

Jost, Frank, Roter Faden „Gartenstadt". Stadterweiterungsplanungen von Howards *garden city* bis zur ‚Neuen Vorstadt'. Berlin: Mensch & Buch Verlag, 1999 (Jost 1999)

Katz, Peter (Hrsg.), The New Urbanisme: Toward an Architecture of Community. London: McGraw-Hill, 1994 (Katz 1994)

Keim, Karl-Dieter, Das Fenster zum Raum. Traktat über die Erforschung sozialräumlicher Transformation. Opladen: Leske & Budrich, 2003 (Keim 2003)

Kleihues, Josef Paul/Machleidt, Hildebrand, u.a., Südliche Friedrichstadt, Rudimente der Geschichte, Ort des Widerspruchs, kritische Rekonstruktion. Stuttgart: Gerd Hatje, 1987, insbes. S. 11–26 (Kleihues/Machleidt 1987)

Knox, Paul L., Creating Ordinary Places: Slow Cities in a Fast World, in: *Journal of Urban Design*, Vol. 10/1, 2005, S. 1–11 (Knox 2005)

Kohlbrenner, Urs/Werner, Christiane, Quartierskonzept Hellersdorf. Eine Großsiedlung wird zum Teil der Stadt. Berlin: Wohnungsbaugesellschaft Hellersdorf mbH., 1998 (Kohlbrenner/Werner 1998)

Konter, Erich, Bestandsentwicklung, in: Jahrbuch Stadterneuerung 1990/91. Berlin: Technische Universität Berlin, Universitätsbibliothek, Abt. Publikationen, 1991, S. 111–124 (Konter 1991)

Konter Erich, Leitbilder – wozu? Versuch einer Klarstellung, in: Jahrbuch Stadterneuerung 1997. Berlin: Technische Universität Berlin, Universitätsbibliothek, Abt. Publikationen, 1997, S. 53–60 (Konter 1997)

Kuder, Thomas, Nicht ohne: Leitbilder in Städtebau und Planung. Von der Funktionstrennung zur Nutzungsmischung. Berlin: Leue, 2004 (Kuder 2004)

Kunzmann, Klaus R., The Future of the City Region in Europe (1997), in: ders., Reflexionen über die Zukunft des Raumes. Dortmund: Institut für Raumplanung, Universität Dortmund (Dortmunder Beiträge zur Raumplanung 111), 2004, S. 44–62 (Kunzmann 1997).

Läpple, Dieter, Essay über den Raum. Für ein gesellschaftswissenschaftliches Raumkonzept, in: H. Häußermann u.a., Stadt und Raum. Soziologische Analysen. Pfaffenweiler: Centaurus, 1992 (Läpple 1992)

Lampugnani, Vittorio M., Vorwort, in: ders. u.a. (Hrsg.), Anthologie zum Städtebau, Bd. 3. Berlin: Gebr. Mann, 2005, S. 9–12 (Lampugnani 2005)

Lampugnani, Vittorio M., Erfindung, Gedächtnis und kritische Wissenschaft. Für eine Neugründung der Disziplin Städtebau, in: ders., Stadtarchitekturen/Urban Architecture. Luzern: Quart Verlag, 2006, S. 9–13 (Lampugnani 2006)

Lampugnani, Vittorio M./Frey, Katia/Perotti, Eliana (Hrsg.), Anthologie zum Städtebau, Bd. 3: Vom Wiederaufbau nach dem zweiten Weltkrieg bis zur zeitgenössischen Stadt; Bd. 1: Von der Stadt der Aufklärung zur Metropole des industriellen Zeitalters. Berlin: Gebr. Mann, 2005, 2008 (Lampugnani u.a. 2005, 2008)

Lampugnani, Vittorio M., Die Stadt im 20. Jahrhundert. Visionen, Entwürfe, Gedanken. Berlin: Wagenbach, 2010 (Lampugnani 2010)

Landeshauptstadt München, Perspektiven für die räumliche Entwicklung. München: Referat für Stadtplanung und Bauordnung, 1995 (Landeshauptstadt München 1995)

Le Corbusier, La Charte d'Athènes. Paris: Les Editions de Minuit, 1957 ([1]1942) (Le Corbusier 1957)

Lehmann, Bert, Bau- und Siedlungsstruktur als Determinante des Energieverbrauchs privater Haushalte. Berlin: Diss. Technische Universität Berlin, 1999 (Lehmann 1999)

Lehmbrock, Michael/Coulmas, Diana, Grundsteuerreform im Praxistest. Verwaltungsvereinfachung, Belastungsänderung, Baulandmobilisierung. Berlin: Deutsches Institut für Urbanistik, 2001 (Lehmbrock/Coulmas 2001)

Lösch, August, Die räumliche Ordnung der Wirtschaft. Jena: Fischer, 1944 (Lösch 1944)

Lütke Daldrup, Engelbert, Bestandsorientierter Städtebau. Möglichkeiten, Auswirkungen und Grenzen der Innenentwicklung. Dortmund: Dortmunder Vertrieb für Bau- und Planungsliteratur, 1989 (Lütke Daldrup 1989)

Lütke Daldrup, Engelbert, Risiken und Chancen der Schrumpfung – der Fall Leipzig, in: Deutsche Akademie für Städtebau und Landesplanung (Hrsg.), Schrumpfende Städte fordern neue Strategien für die Stadtentwicklung. Wuppertal: Müller & Busmann, 2002, S. 43–50 (Lütke Daldrup 2002)

Lynch, Kevin, Das Bild der Stadt. Berlin/Frankfurt a. M./Wien: Ullstein, 1965 (Originalausg.: The Image of the City, 1960) (Lynch 1960)

Lynch, Kevin, A Theory of Good City Form. Cambridge, Mass./London: The MIT Press, 1981 (Lynch 1981)

Machleidt, Hildebrand/Süchting, Wolfgang/George, Katharina/Schlusche, Günter, Südliche Friedrichstadt, in: Internationale Bauausstellung Berlin 1987. Projektübersicht. Berlin: Senatsverwaltung für Bau- und Wohnungswesen Berlin/S.T.E.R.N. Gesellschaft der behutsamen Stadterneuerung Berlin mbH, 1991, S. 94–97 (Machleidt u.a. 1991)

Madanipour, Ali, Why are the Design and Development of Public Spaces Significant for Cities?, in: Cuthbert, A. R. (Hrsg.), Designing Cities. Critical Readings in Urban Design. Malden, MA/Oxford/Melbourne/Berlin: Blackwell, 2003, S. 139–151 (Madanipour 2003)

Merlin, Pierre/Choay, Françoise, Dictionaire de l'urbanisme et de l'aménagement. Paris: Presses universitaires de France, 1988 (Merlin/Choay 1988)

Nationaler Aktionsplan zur nachhaltigen Siedlungsentwicklung (beschlossen vom Deutschen Nationalkommittee Habitat II am 5. März 1996). Bonn: Bundesministerium für Raumordnung, Bauwesen und Städtebau, 1996

Neal, Peter (Hrsg.), Urban Villages and the Making of Communities. London: SponPress, 2003 (Neal 2003)

Oswald, Franz/Baccini, Peter, Netzstadt. Einführung in das Stadtentwerfen. Basel: Birkhäuser, 2003 (Oswald/Baccini 2003)

Panerai, Philippe/Castex, Jean/Depaule, Jean-Charles, Vom Block zur Zeile. Braunschweig: Vieweg, 1985 (Panerai/Castex/Depaule 1985)

Partzsch, Dieter, Daseinsgrundfunktionen, in: Handwörterbuch der Raumforschung und Raumordnung. Hannover: Gebrüder Jänecke, 1970, S. 424–430 (Partzsch 1970)

Pasveer, Erik, Stadtentwicklung mit Gestaltungskonzepten, in: Strategien der Stadtentwicklung in europäischen Metropolen. Berichte aus Hamburg, Madrid, Rotterdam und Wien. Hamburg: Technische Universität Hamburg-Harburg (Harburger Berichte zur Stadtplanung, Bd. 1), 1993, S. 65–79 (Pasveer 1993)

Planungsgruppe 504/Haase & Söhmisch, München kompakt, urban, grün. Neue Wege der Siedlungsentwicklung. München: Landeshauptstadt München, Referat für Stadtplanung und Bauordnung, 1995 (Planungsgruppe 504/Haase & Söhmisch 1995)

Projektgemeinschaft Stadtentwicklungsplan Öffentlicher Raum (Arbeitsgruppe für Stadtplanung Jahn, Pfeiffer, Suhr/Büro Becker, Giseke, Mohren, Richard/Planergemeinschaft Dubach, Kohlbrenner/Bernhard Schneider), Entwurf zum Stadtentwicklungsplan Öffentlicher Raum. Berlin: Senatsverwaltung für Stadtentwicklung und Umweltschutz, 1995 (Projektgemeinschaft 1995)

Rapoport, Amos, Human Aspects of Urban Form. Oxford: Pergamon Press, 1977 (Rapoport 1977)

Rapoport, Amos, The Use and Design of Open Spaces in Urban Neighborhoods, in: D. Frick (Hrsg.), The Quality of Urban Life. Berlin/New York: de Gruyter, 1986, S. 159–175 (Rapoport 1986)

Rapoport, Amos, The Meaning of the Built Environment. A Nonverbal Communication Approach. Tucson: The University of Arizona Press, 1990 ([1]1982) (Rapoport 1990 a)

Rapoport, Amos, History and Precedent in Environmental Design. New York/London: Plenum Press, 1990 (Rapoport 1990 b)

Reichow, Hans-Bernhard, Die autogerechte Stadt. Ein Weg aus dem Verkehrs-Chaos. Ravensburg: Otto Maier, 1959 (Reichow 1959)

Rietdorf, Werner/Haller, Christoph/Liebmann, Heike, u.a., Stadtumbau in den neuen Ländern. Berlin: Bundesministerium für Verkehr, Bau- und Wohnungswesen, 2001 (Rietdorf u.a. 2001)

Schmals, Klaus, Die zivile Stadt, in: M. Wentz (Hrsg.), Die kompakte Stadt. Frankfurt a. M./New York: Campus, 2000, S. 30–46 (Schmals 2000)

Schmidt-Eichstaedt, Gerd, Städtebaurecht. Einführung und Handbuch. Stuttgart: Kohlhammer, 1998 (Schmidt-Eichstaedt 1998)

Schneider, Bernhard, Die Stadt als System öffentlicher Räume, in: M. Wentz (Hrsg.), Die kompakte Stadt. Frankfurt a. M./New York: Campus, 2000, S. 133–149 (Schneider 2000)

Schubert, Herbert, Städtischer Raum und Verhalten. Zu einer integrierten Theorie des öffentlichen Raumes. Opladen: Leske & Budrich, 2000 (Schubert 2000)

Selle, Klaus, Öffentlicher Raum – von was ist die Rede?, in: Jahrbuch Stadterneuerung 2001. Berlin: Technische Universität Berlin, Universitätsbibliothek, Abt. Publikationen, 2001, S. 21–34 (Selle 2001)

Selle, Klaus, Planen, Steuern, Entwickeln. Über den Beitrag öffentlicher Akteure zur Entwicklung von Stadt und Land. Dortmund: Dortmunder Vertrieb für Bau- und Planungsliteratur, 2005 (Selle 2005)

Senatsverwaltung für Bau- und Wohnungswesen (Hrsg.), Stadt – Haus – Wohnung: Wohnungsbau der 90er Jahre in Berlin. Berlin: Ernst & Sohn, 1995 (Senatsverwaltung für Bau- und Wohnungswesen 1995)

Senatsverwaltung für Stadtentwicklung, Umweltschutz und Technologie (Hrsg.), Planwerk Innenstadt Berlin. Ergebnis, Prozess, Sektorale Planungen und Werkstätten. Berlin: Kulturbuch-Verlag, 1999 (Senatsverwaltung für Stadtentwicklung 1999)

Sieverts, Thomas, Zwischenstadt. Zwischen Ort und Welt, Raum und Zeit, Stadt und Land. Braunschweig/Wiesbaden: Vieweg, 1998 (Sieverts 1998)

Sitte, Camillo, Der Städtebau nach seinen künstlerischen Grundsätzen. Wien: Georg Prachner, 1965 (1889) (Sitte 1889)

Stadtsanierungsamt Tübingen (Hrsg.), Stadt mit Eigenschaften: Tübingen – städtebaulicher Entwicklungsbereich „Stuttgarter Straße/Französisches Viertel". Tübingen: Stadt Tübingen, 1997 (Stadtsanierungsamt Tübingen 1997)

Steffen, Gabriele/Bartenbach, Heike, Robuste Quartiere: Erwartungen und Resultate, in: Andreas Feldtkeller (Hrsg.), Städtebau: Vielfalt und Integration. Neue Konzepte für den Umgang mit Stadtbrachen. Stuttgart/München: Deutsche Verlags-Anstalt, 2001, S. 170–213 (Steffen/Bartenbach 2001)

Stimmann, Hans, Wohnungsbau für die Großstadt, in: Senatsverwaltung für Bau- und Wohnungswesen (Hrsg.), Stadt – Haus – Wohnung: Wohnungsbau der 90er Jahre in Berlin. Berlin: Ernst & Sohn, 1995, S. 9–25 (Stimmann 1995)

Stimmann, Hans (Hrsg.), Die gezeichnete Stadt. Die Physiognomie der Berliner Innenstadt in Schwarz- und Parzellenplänen 1940–2010. Berlin: Nicolai, 2002 (Stimmann 2002)

Strecker, Bernhard/Hoffmann-Axthelm, Dieter, Städtebaulicher Strukturplan. Kritische Rekonstruktion des Bereichs Friedrichswerder, Friedrichstadt, Dorotheenstadt. Berlin: Senatsverwaltung für Bau- und Wohnungswesen, 1992 (Strecker/Hoffmann-Axthelm 1992)

Streich, Bernd, Grundzüge einer städtebaulichen Leitbildtheorie. Bonn: Institut für Städtebau, Bodenordnung und Kulturtechnik der Universität Bonn, 1988 (Streich 1988)

Strubelt, Wendelin (Hrsg.), Stadtumbau. Bonn: Bundesamt für Bauwesen und Raumordnung, *Informationen zur Raumentwicklung* 10/11, 2003 (Strubelt 2003)

Stübben, Josef, Der Städtebau. Braunschweig/Wiesbaden: Vieweg, 1980 (1890) (Stübben 1890)

Sutcliffe, Anthony, Naissance d'une discipline, in: La ville, art et architecture en Europe, 1877–1933. Paris: Centre Georges Pompidou, 1994, S. 121–128 (Sutcliffe 1994)

Taut, Bruno, Architekturlehre. Grundlagen, Theorie und Kritik, Beziehung zu den anderen Künsten und zur Gesellschaft. Hamburg/Berlin: VSA (Verlag für das Studium der Arbeiterbewegung), 1977 ([1]1938) (Taut 1977)

Tharun, Elke/Bördlein, Ruth, Die kompakte Stadt. Ein Fitnessprogramm für den internationalen Wettbewerb?, in: M. Wentz (Hrsg.), Die kompakte Stadt. Frankfurt a. M./New York: Campus, 2000, S. 56–66 (Tharun/Bördlein 2000)

Thompson-Fawcett, Michelle, The Urbanist Revision of Development, in: *Urban Design International* 1, 4/1996, S. 301–322 (Thompson-Fawcett 1996)

Tucholsky, Kurt, Das Ideal, in: Gesammelte Werke, Bd. II, 1925–1928. Reinbek b. Hamburg: Rowohlt, 1961 (1927), S. 839–840 (Tucholsky 1961)

Unabhängige Arbeitsgruppe des Deutschen Volksheimstättenwerks e.V., Vorschläge zur Wohnbaulandmobilisierung. Bonn, 1995 (Unabhängige Arbeitsgruppe 1995)

Webber, Melvin M., The Urban Place and the Nonplace Urban Realm, in: ders. u.a., Explorations into Urban Structure. Philadelphia: University of Pensylvannia Press, 1964, S. 79–153 (Webber 1964)

Weiche, Leonhard, Stadt Positionen Theorie. Dieter Fricks ‚Theorie des Städtebaus' als Grundlage von städtebaulichen Bewertungen am Beispiel Berlins zwischen Alexanderplatz und Spree. Berlin: Technische Universität Berlin, Institut für Stadt- und Regionalplanung, 2010 (Weiche 2010)

Wright, Frank Lloyd, Broadacre-City. A New Community Plan, in: *The Architectural Record*, April 1936 (New York: Dodge) (Wright 1936)

Namenregister